CIDADÃO CANNES

FSC
www.fsc.org
MISTO
Papel
proveniente de
fontes responsáveis
Papel procedente de
fuentes responsables
Paper from
responsible sources
FSC® C019498

A marca FSC é a garantia de que a madeira utilizada na fabricação do papel deste livro provém de florestas de origem controlada e que foram gerenciadas de maneira ambientalmente correta, socialmente justa e economicamente viável.

GILLES JACOB

Cidadão Cannes

O homem por trás do festival

Tradução
Maria Lucia Machado

COMPANHIA DAS LETRAS

Copyright © 2009 by Éditions Robert Laffont, Paris

Grafia atualizada segundo o Acordo Ortográfico da Língua Portuguesa de 1990, que entrou em vigor no Brasil em 2009.

Esta obra foi publicada com apoio do Ministério da Cultura francês — Centro Nacional do livro
[*Ouvrage publié avec le concours du Ministère Français chargé de la Culture — Centre National du Livre*]

Cet ouvrage, publié dans le cadre du Programme d'Aide à la Publication Carlos Drummond de Andrade de l'Ambassade de France au Brésil, bénéficie du soutien du Ministère français des Affaires Etrangères et Européennes.

Este livro, publicado no âmbito do programa de participação à publicação Carlos Drummond de Andrade da Embaixada da França no Brasil, contou com o apoio do Ministério francês das Relações Exteriores e Européias.

Título original | Citizen Cannes — La vie passera comme un rêve

Capa e caderno de imagens | Flávia Castanheira

Foto da capa | © Catherine Cabrol / Kipa / Corbis (DC) / LatinStock

Preparação | Leny Cordeiro

Índice onomástico | Luciano Marchiori

Revisão | Carmen S. da Costa
| Márcia Moura

Dados Internacionais de Catalogação na Publicação (CIP)
(Câmara Brasileira do Livro, SP, Brasil)

Jacob, Gilles
Cidadão Cannes : o homem por trás do festival / Gilles Jacob ; tradução Maria Lucia Machado. — São Paulo : Companhia das Letras, 2010.

Título original : Citizen Cannes : la vie passera comme un rêve.

ISBN 978-85-359-1653-9

1. Atores e atrizes cinematográficos 2. Competições - Cannes - França - História 3. Festival de Cannes - França - História 4. Filmes cinematográficos 5. Jacob, Gilles, 1930- 6. Produtores e diretores cinematográficos - França - Biografia I. Título.

10-03256 CDD-791.430794492

Índice para catálogo sistemático:
1. França : Produtores e diretores cinematográficos : Biografia 791.430794492

[2010]
Todos os direitos desta edição reservados à
EDITORA SCHWARCZ LTDA.
Rua Bandeira Paulista 702 cj. 32
04532-002 — São Paulo — SP
Telefone (11) 3707-3500
Fax (11) 3707-3501
www.companhiadasletras.com.br

Para Jeannette

Ele esperava apenas uma coisa, que enfim lhe dissessem: conte! E essa foi a única palavra que jamais lhe disseram.

Milan Kundera, *A ignorância*

Que chatice seria se não se falasse mais de cinema.

Marguerite Duras

Não havia proteção na sacada. Alguns acionistas saltaram do trigésimo andar da Wall Street Tower. Estavam mortos antes de se espatifar no solo. Aqui é a K City Radio, Nova York, e agora, de volta ao nosso programa musical.

Rádio americana

Sumário

1. Bolhas de vida

AS SEREIAS DA ESCRITA

Todo mundo conhece a famosa sequência de *A rosa púrpura do Cairo*, de Woody Allen. Aquela em que o herói desce da tela para se misturar ao público, corteja uma espectadora e se torna por isso mesmo um homem de carne e osso, um ser vivo.

Eu passei por uma metamorfose análoga, mas em sentido inverso.

Nasci para a cinefilia aos dezoito anos de idade, ou seja, entrei na tela em 1948 para me tornar sucessivamente crítico, editor e, finalmente, diretor do Festival de Cannes.

Um festival, são filmes mais dramas. Dramas que se revelarão, no fim das contas, não ser mais que minúsculas peripécias. Na Croisette, essa definição se verifica mais ainda: filmes do mundo inteiro, dramas de caráter frenético, aos quais é preciso acrescentar as delícias da Côte d'Azur. (Esse ponto não é insignificante: é difícil ver um festival de filmes de montanha inventar o mito da jovem atriz...)

A primeira das peripécias que tive ocasião de assistir foi a de minha nomeação. Voltarei a isso. A mais recente — e, sobretudo, a mais delicada para mim — foi a escrita dessas lembranças. Passo bastante arriscado, uma vez que mistura duas operações contraditórias. Agir e comentar o que se faz é correr o risco de enfeitar a verdade para deixar uma imagem lisonjeira de si mesmo. A menos que, tomado pelo humor judeu nova-iorquino, se prefira ganhar simpatia à força de zombar de si próprio. Daí, talvez, essa homenagem afetuosa a Woody Allen...

Pouco depois de minha chegada a Cannes, em 1976, tomei notas, sem jamais imaginar nem por um instante escrever uma história do Festival. Mesmo em um posto de observação tão privilegiado, seria preciso várias equipes para relatar tal aventura.

Procurei simplesmente fazer o retrato de alguns artistas e, no ritmo dessas imagens que se entrecruzam, dar a noção do que são a vida do Festival de Cannes em seus preparativos, seus costumes e seus ritos, a efervescência diante de uma premiação contestada, os caprichos das estrelas, o cerimonial incessantemente recomeçado da subida da escadaria e sobretudo, sobretudo, o privilégio de assistir "ao vivo" à ressurreição anual da célebre *Feira das vaidades* inventada bem antes de nossa época pelo profético Thackeray.

Em sua existência, cada um tem várias vidas. Eu tive pelo menos duas, minha vida biológica e minha vida cinematográfica. Não gostaria de fazer o suspense durar demais: elas se encontrarão e, mais que se equilibrar, se alimentarão uma da outra, como duas irmãs gêmeas.

A memória fez subir outra vez à superfície essas bolhas de vida pessoal. Por que estas, por que hoje? Talvez porque ninguém conhece sua hora, e o tempo não é mais que ilusão. Seria muito cômodo poder classificar as coisas sem ziguezagues: a memória seria o passado, a vida, o presente e a imaginação, o futuro. E como todo relato seria simples se a memória não fosse regida pela incerteza! A lembrança dos lugares onde vivi, das pessoas com quem cruzei, das coisas que vi se arrisca a ser deformada, bem sei, por leituras, sonhos, filmes, as sereias da escrita e mil outras influências, a começar pela lembrança que tenho hoje da lembrança original. Mas há, nessa paisagem sensorial, marcos tangíveis entre os quais tentarei encontrar meu caminho. Por exemplo: eu tinha nove anos quando caímos nesse abismo chamado Segunda Guerra Mundial, dezenove quando, desistindo de me tornar professor, entrei na indústria, 48 quando fui nomeado diretor do Festival de Cannes. Isto também pode ser escrito: eu tinha quatro anos quando fui picado por uma abelha, dezessete quando, na mesma noite, escutei Cocteau, Gide e Orson Welles, 54 quando disse adeus a François Truffaut.

* * *

Uma coisa é certa, adorei o cinema. O cinema e seus homens. Ainda hoje teria dificuldade em definir se prefiro os filmes ou os diretores. Os filmes são o que permanece, são a obra acabada, são o mármore eterno — e são o prazer; os diretores são o sofrimento.

Esse sofrimento, eu teria podido experimentar quando, tardiamente, me tornei documentarista. Mas não é assim. Quando a informática desembarcou nos escritórios do Festival de Cannes, logo compreendi o lado jubiloso de montar um filme no computador. Nenhuma necessidade de *chutier*,* de luvas brancas, de lápis oleoso, de cortadora-coladora. Tudo está ali, virtualmente, na mesa de montagem, com exceção da imagem, a alguns cliques do resultado. Como se guardam todas as propostas, todos os arrependimentos, todas as versões sucessivas, não se fica desencorajado se o filme com que se sonha ainda está longe. Somos tomados pela febre de experimentar, de experimentar novamente. Com esse poder absoluto sobre a matéria, o iniciante acredita-se um demiurgo. Que revelação perturbadora!

Prazer solitário, semelhante à escrita, quando descobrimos, tateamos, aprendemos, inventamos, corrigimos, conservamos, pomos música e quando, felicidade, acabamos por dizer: *é isso aí.*

* Acessório de sala de montagem destinado a ordenar fragmentos não utilizados de filme. (N. T.)

2. Os fios invisíveis

PAPAI, ME SEGURE!

Antes de mim, ninguém da família Jacob havia trabalhado nas profissões de entretenimento. Para que três pequenos camponeses lorenos se unissem a uma burguesia abastada e desposassem, o primeiro, a filha de um general, o outro, a de um engenheiro, e o terceiro, uma herdeira de grandes lojas, foi preciso um concurso de circunstâncias e um homem excepcional. Agricultor órfão, sobrecarregado de irmãs que precisavam de dote, meu avô, Auguste Jacob, sem saber reinventa o comércio. Divide em dois um hectare de boa terra, vende cada metade pelo preço do total, torna a comprar um campo, dobra a aposta: a bola de neve imobiliária está lançada. Foi à imagem de uma mesma avalanche que Jeanne Weil, sua mulher, lhe deu um após outro três meninos, os três pequenos Jacob de Nancy. Já que o sucesso lhe sorria, Auguste tomou coragem. Acompanhado de seus três filhos, veio instalar-se em Paris como negociante de bens sob a insígnia da Société AJF, Auguste Jacob e Filhos, no Boulevard Malesherbes, 117, a vinte casas do imóvel onde — ironia do destino — o Festival de Cannes fixará residência setenta anos mais tarde.

No fim dos anos 1920, Simon, Pierre e André (meu pai) começaram a negociar imóveis na Alta Normandia. Enquanto não os vendiam, dispunham deles. Foi assim que, de Rouen a Fécamp, de Elbeuf a Manneville-la-Goupil, passávamos nossos fins de semana em residências cada vez diferentes, um sítio, uma casa de personalidades, um local de reunião de caçadores, um castelo. Nascera meu nomadismo. Ficávamos um pouco surpresos, meu irmão Jean--Claude e eu, com essas bruscas mudanças semanais, mas meu pai nos levava para passear de carroça, muitas vezes a burra se recusava a avançar, e minha mãe sorria.

— Papai, me segure! — Foi no castelo de Boissey-le-Châtel, no Eure, que aprendi a andar de bicicleta. Meu pai decidiu tirar as rodinhas de minha bela Alcyon azul-céu. Ele era corpulento, então, e corria atrás de mim gritando:

— Pedale, pedale! Não pare! — E eu berrava... Aquele fracote "papai, me segure!" ficará nos anais da família. Mas, depois, fiquei bem seguro. Não larguei mais minha bicicleta, a não ser no dia em que, soltando as mãos num caminho lamacento, quebrei o pulso.

Quando minha mãe saía e a casa estava silenciosa, eu me enfiava no quarto dela e ali, diante do espelho de três faces, abria sua caixinha de tartaruga de pó de arroz, tirava o pompom de pluma, esfregava suavemente nas minhas bochechas como a tinha visto fazer tantas vezes, o pó de arroz que esvoaçava ao meu redor cheirava bem, e a criada de quarto me surpreendia:

— O que você veio remexer de novo nas coisas de madame?

MANTER SUA POSIÇÃO

Antes da guerra, todo mundo usava chapéu. Os cavalheiros, palhinha, chapéu de coco ou feltro mole, para cumprimentar um conhecido na Avenue du Bois no passeio dominical, as damas de chapeuzinho, toque ou capelina, para enfeitar o rosto, realçar a silhueta com algo bonito. A voga das modistas estava no auge e o véu, filtrando a luz, suavizando o nascimento de uma ruga, aprofundava o mistério dos olhos. Em minha família, as mulheres não trabalhavam. Cuidavam da casa, criavam os filhos, administravam o serviço doméstico. Em suma, mantinham sua posição. Os homens ganhavam a vida, elas gastavam o dinheiro. Mais tarde, ao enviuvar, elas saíam pouco, quase não recebiam visitas, comiam pouco, dormiam mal. Ícones vestidas de preto, encarnavam o respeito devido aos antepassados, de olhos baixos sobre uma tristeza secreta. Em qualquer circunstância, meu pai e seus dois irmãos visitavam sua mãe todas as tardes às cinco horas. Os apartamentos da família estavam agrupados no bairro Monceau, com exceção daquele dissidente do tio Pierre, que se aventurara até a Rue de Longchamp. Mas também ele não faltava ao encontro.

O MOINHO DE VLAMINCK

Nasci em 22 de junho de 1930. Chabrol nasceria dois dias depois, Godard ainda tem cinco meses para espernear na barriga da mãe, Jean Vigo terminava a filmagem de *À propos de Nice.* O cinema e a Côte d'Azur serão minhas boas estrelas, mas ainda não sei disso.

Também não sei muita coisa do imóvel onde nasci, na Rue Margueritte, em Paris, perto do Boulevard de Courcelles, onde viveria Bernard Blier cinquenta anos mais tarde. Na verdade, em todos os lugares onde morei, sinais misteriosos, que eu não notava, me ligaram ao cinema. Toda a estranheza do destino se prende sem dúvida a esses fios invisíveis. Por mais que tente me desligar deles, não consigo. Nos anos 1960, Marcel Carné era nosso vizinho no Boulevard Suchet. Em Anthouillet, onde passávamos os fins de semana, por cima da cerca eu via Eddie Constantine pôr seu cavalo a trote. Na Rue Raynouard, em 1950, a gente discutia de nossas varandas: Anatole Litvak tagarelava com Terence Young, Simone Berriau usava o *béguin*, como se chamavam aqueles chapéus que se atavam sob o queixo, tão solidamente enfiado na cabeça que devia, imagino, conservá-lo em todas as circunstâncias. Mesmo na cama. E antes da guerra, quando meus pais se instalaram na esquina do Boulevard Haussmann com a Rue de Courcelles, morávamos bem em frente do imóvel onde Louis Malle rodaria *Ascensor para o cadafalso.*

Como era grande o nosso apartamento do Boulevard Haussmann! Maior ainda que o tamanho de verdade na lembrança de um menino de cinco, seis anos. De um lado a outro da fachada e em pleno meio-dia, a sacada do 170 corria ao longo do bulevar, acima da casa Perret-Vibert, antiguidades da China, virava o aposento circular que meu pai, como bom oficial da reserva, requisitara para ali instalar seu escritório, e depois, em frente ao florista Veyrat, ladeava a Rue de Courcelles para a qual davam os quartos das crianças e a rouparia. O portão me parecia gigantesco.

Para os apreciadores de cinema, direi que nosso elevador Roux-Combaluzier hidropneumático funcionava melhor que o de Louis Malle, mesmo que a cabine acolchoada fosse tão lenta que preferíamos, Jean-Claude e eu, subir os seis andares correndo. Embaixo, um otorrino, o dr. Salomon, ia esmerar-se em me introduzir espatelas no fundo da garganta e os sinistros funis de inox dos quais aparafusaria a rosca para dilatar o conduto que leva ao tímpano... Tristes otites.

Entrava-se em nossa casa por uma vasta galeria onde meu pai havia disposto sua porcelana branca da China, que na verdade era azul, e uma deusa Kwan-yin cujos dedos, por milagre, tinham permanecido intactos. Quanto ao resto, minha mãe se mantivera firme: o grande salão que se abria por duas portas corrediças para uma sala de jantar *art déco* e o quarto dos pais em fileira, com sua colcha de cetim rosa, cortinas de crepe da China, um pastel de Berthe Morisot e um *Moinho à beira do rio*, de Vlaminck, tinham sido confiados a uma amiga decoradora.

Koula-la-Roumaine tinha estilo para camuflar as luzes e fizera todo o possível nas molduras de estuque. Minha mãe se apaixonara também por frágeis terracotas, assinadas por Maurice Charpentier-Mio, que atraíam poeira em posturas suplicantes. Então, quanto a meu pai, nem pensar em ficar para trás: o sr. Mohr, do Faubourg Saint-Antoine, aluno do sr. Jules Leleu, concebera para o escritório circular uma biblioteca que um jogo de prateleiras, moldando-se à forma da parede, arredondaria como dinheiro até o fim do mês. Eu a tenho ainda hoje. Ali reinava o mogno enquanto nos aposentos de minha mãe tudo era apenas ébano, pau-santo e nó de nogueira. O carpete de lã grossa de cinco filamentos era marrom-escuro para meu pai, em outros lugares combinava com os olhos azuis de minha mãe.

Empate!

Por contraste, nossos quartéis eram atapetados de linóleo, revestimento ideal para nosso exército de soldados de chumbo e para o trem elétrico da casa Roussy, no bairro Saint-Lazare, uma maravilha de eletromecânica com suas passagens de nível automáticas, que meu pai ameaçava dar ao filho do porteiro se não o arrumássemos todas as noites. Não me lembro mais se tínhamos cada um um quarto próprio ou se, como caçula, eu partilhava o da "mademoiselle" que cuidava de nós, nos banhava, empurrava nossos carrinhos de bebê, acalmava nossas brincadeiras. Brigávamos para dispor de um brinquedo e eu cobiçava o mapa-múndi luminoso de meu irmão mais velho.

Depois dos aposentos das crianças, que abriam para o pátio, ficava a área de serviço: cozinha, copa, lavanderia, sala de passar, o domínio de Valérie Ogier, a cozinheira, independente uma vez recebidas as ordens; de Reine Courtois, a criada de quarto com a língua solta das *soubrettes* de Molière, e do arrogante motorista de meu pai, que chamávamos de Gros-Albert, que se plantava na copa à espera do patrão, ralhando com uma, lançando olhares amorosos à outra, passando descomposturas no rapaz que entregava o gelo tirando-o de um saco de juta que carregava nos ombros: seguia-se seu rastro úmido desde a escada de serviço, em seguida ele o cortava com o furador e o enfiava em blocos na geladeira... E enquanto Gros-Albert cantarolava, brincando com a criada de quarto, eu contemplava o misterioso quadro elétrico com os indicadores luminosos "senhora", "senhor", "banheiro", "escritório" (o sinal da sala de jantar era acionado por uma campainha de pé cujo fio passava sob o tapete), quadro que reencontrarei mais tarde em *O diário de uma camareira*, com Jeanne Moreau no papel de Reine Courtois, e que anunciaria, com a chegada da guerra e dos novos tempos, o fim de certa burguesia francesa.

Meus pais eram ricos? Eu não me fazia a pergunta, não tendo nenhuma ideia do que era a riqueza. Meu pai gostava de se vestir, sair, ir a um espetáculo, atravessar Paris para ir ver um móvel ou um objeto, minha mãe fora presenteada com vários casacos de pele, um castor, uma lontra, um astracã, que ela usava com tato e nos quais, sobretudo na lontra, escondido no grande roupeiro todo de espelhos, eu ia enfiar a cabeça, voluptuosamente. A lontra cheirava a água de rosas. Uma vida inteira teria podido escoar naquele apartamento de coisas suaves e luminosas...

3. Um dia sonhado na vida de Maurice Pialat

SYLVIE, AONDE É QUE VOCÊ VAI?

Em Fabas, Haute-Garonne, cinquenta anos mais tarde, nossos vizinhos são Daniel Toscan du Plantier e Maurice Pialat. Exasperado por nos ver passar, minha mulher e eu, os fins de semana em sua casa, Daniel disse brincando:

— Comprem logo uma casa, e não se fala mais nisso! — O mais espantoso é que ele acabou por encontrá-la para nós...

Naqueles anos 1990, eu trabalhava em um livro intitulado *Les visiteurs de Cannes*. Uma ideia simples: pedir a grandes diretores *habitués* do Festival que nos confiassem, à sua escolha, um documento, um desenho, uma carta, um testemunho. Como fazia questão de ter um texto de Pialat e seu temperamento rude me fazia temer uma recusa, Daniel se propôs a me acompanhar.

Contornamos a casa, uma casa que se impõe pela personalidade, com uma linda vista do alto para o vale, como as que se descobrem a cada curva nessa parte do Comminges. No gramado, uma pequena cabana para crianças. Maurice está de bom humor. Está contente com seu *Van Gogh* recém-concluído. Mas acaba de se dar conta de algo que vai estragar todo o nosso fim de semana: com duas horas e 45 minutos, o filme terá apenas três sessões diárias. É pouco para ultrapassar 10 mil entradas no primeiro dia. Hoje, Pialat se angustia, mas amanhã estará num daqueles estados que tornam difícil a convivência com ele.

De qualquer maneira, Maurice se diz doente, nem mesmo sabe se poderá continuar a fazer filmes: o coração.

— Vamos! Afinal, o que você tem no coração, Maurice?

— Tenho pressão alta, pressão muito alta. De fato, sei de tudo isso porque fiz que me mostrassem meu relatório, tenho um bloqueio em vez de um semibloqueio, oscilações do batimento cardíaco, uma aurícula hipertrofiada, e o que mais? Um ventrículo também, acho que o esquerdo, não sei mais se é o lado mais perigoso... então não sei se ainda vou filmar, aí vocês podem pensar que vou retomar a pintura... o problema é que, para voltar a ser um pintor, não digo bom, digamos mais ou menos decente, são necessários cinco anos, mas eu estou aborrecendo vocês com minhas histórias, de qualquer maneira com a posição a que me alçaram no cinema francês... vocês vão dizer que talvez seja falta de modéstia de minha parte, mas eu sou o primeiro a reconhecer que meu trabalho não vale grande coisa, ainda que tenha feito duas ou três coisas que me agradam, enfim, que me agradam... isso é um exagero, digamos que não são muito desonrosas em comparação com as outras que são ainda mais nulas, mas mesmo isso não quer dizer grande coisa, já que não se acham mais profissionais, vejam a pretensão de todos os diretores de fotografia, e no entanto o que é um diretor de fotografia? Não passa de um técnico que só se aperfeiçoou em arrogância, um artesão que não é sequer um bom artesão e que nunca está pronto quando seria preciso, eles trabalham horas num dia, o que não permite que eu trabalhe mais que alguns minutos, e depois me reprovam por me irritar ou por estar atrasado... na cena às margens do Loing, eu proibira meu diretor de fotografia de usar um gerador, apenas alguns defletores, pois bem, se vocês soubessem o tempo que isso lhe tomou, tenho certeza de que Truffaut nunca foi até lá, ir visitar o velho Renoir em Los Angeles é outra coisa, é verdade que Renoir, do ponto de vista humano, não era muito... um militante comunista que vai para a Itália rodar um filme para os fascistas, como vocês chamam isso, Sylvie, aonde é que você vai? Você está sempre se levantando, para ir buscar alguma coisa... diga se isso não lhe interessa... pode ser que eu seja um velho idiota, como você diz, mas você é superchata, ah, sim, acho que na França os dados estão viciados, seria preferível ser um desconhecido, ou então um grande italiano, porque os críticos... os mais nulos são ainda os críticos de província... eu me pergunto se não deveria mudar de nacionalidade... vocês podiam me fazer naturalizar suíço ou alemão ou italiano, sim: italiano não seria mau, olhe, eu não lhe disse, Daniel, encontrei outro dia um livro que eu já tinha lido e que talvez pudesse dar um filme, é um livro de Constantin-Weyer, como é mesmo: *Un homme se penche sur son passé* — o livro foi reeditado como livro de bolso, diz Sylvie —, talvez com o sucesso do sujeito com os lobos lá, se volte a fazer westerns — continua Maurice —, notem que não acredito nisso, mas pode ser... não é que eu tenha vontade de rodar externas com menos 35, mas há muitas... cenas de estúdio, quando digo western não é exatamente isso, ou então minha história em Lyon, eu lhes falarei disso, por que não vêm almoçar amanhã? Vamos jantar na casa de Daniel amanhã à noite? Eu sei, Sylvie, mas Gilles só precisa chegar antes, assim a gente pode conversar...

A TRANCA

Um dia, durante a guerra, dei um tapa no rosto de minha mãe. A cena se passa em um canto do salão do hotel Hermitage, em Nice, onde estamos refugiados. Tenho dez anos. O hotel está fechado, salvo para alguns hóspedes amigos da casa que dividem o local com o exército italiano de ocupação. Meu pai é prisioneiro na Alemanha, minha mãe está sozinha para cuidar de nós, meu irmão Jean-Claude e eu. Então, por não sei mais qual razão, eu lhe dou um tapa no rosto, ou melhor, retribuo o dela. O fato de que essa resposta se tenha dado em público, em presença de um amigo de minha mãe, não contribuiu pouco para a vergonha que na mesma hora me invadiu.

— Suba já para o seu quarto — diz minha mãe, de repente muito pálida e assombrada pelo fato de seu menino, seu bebê, ter se tornado culpado de tal sacrilégio. Eu me precipitei na escada e subi os três andares soluçando. O peso da punição que, inevitavelmente, se abateria sobre mim era mais do que podia suportar uma criança da minha idade. Eu queria morrer. Evaporar para sempre. Girei a tranca da janela e me preparei para saltar. Na pressa, havia esquecido de trancar a porta. Minha mãe entrou naquele instante como se houvesse pressentido uma asneira irreparável e, em vez de ralhar comigo, me tomou nos braços. Foi um momento de fusão silenciosa no qual ainda hoje não posso pensar sem ficar comovido. Ela me apertava com mais força que de hábito, como se quisesse me fazer retornar à sua carne, como se quisesse me dizer, sem fazer ouvir sua voz: fui eu que dei a vida a você, meu querido. Eu chorava e ria ao mesmo tempo. Seu coque se desfizera, estávamos lambuzados de lágrimas e de batom. Ela me deixou dormir junto dela aquela noite.

O MÉDICO DO SEGURO

Maurice vai muito bem, me diz Daniel no carro, mas gasta seu tempo indo a médicos. Não surpreende que eu tenha problemas com o seguro: é o único diretor no mundo que consulta *pessoalmente* o médico do seguro, veja você! O sujeito lhe diz, como a todo mundo: tudo bem?, disposto a assinalar tudo que se quiser, e ele começa a lhe descrever todos os sintomas de um grande cardíaco, então o que o sujeito escreve em seu relatório? Uma possibilidade em duas de acidente cardíaco grave. Consequência: uma enorme soma apenas para fazer um seguro... Uma noite, às duas horas da manhã (isso lhe acontece o tempo todo), ele acorda Sylvie, o pulso está em 150, urgência cardiológica: o médico chega e Maurice lhe mostra o ombro esquerdo e o braço e lhe diz, isso está me matando por dentro, está tudo obstruído, o sujeito faz um eletro: nada, nenhum sinal. Por precaução, eles o hospitalizam em Boucicaut, tubos por toda parte, Maurice está encantado. No dia seguinte, ao meio-dia, lhe trazem o iogurte desnatado e a compota de maçã dos cardíacos graves. Então ele arranca todos os tubos, se veste e vai almoçar a dois passos dali, no Bistrot 121, depois volta ajuizadamente a se pôr na cama e fica uma semana mandando fazer eletros e tirar sua pressão. Como você quer que o seguro não torça o nariz depois disso? De fato, o que aconteceu foi que lhe propuseram rodar um anúncio, o primeiro que lhe pediam. Você se lembra: *Seu dinheiro nos interessa*, aquela coisa da Société Générale. Não é o dinheiro que lhe interessa, ele tem todos os defeitos do mundo, é resmungão, fraco, mentiroso, preguiçoso, paranoico, violento, e outras coisas mais, você vê, isso não deixa muito espaço para a cupidez, mas afinal ele assina o contrato para o anúncio. Ele devia começar numa segunda-feira. No primeiro dia, ele não se apresenta; bom, no segundo telefona para dizer que não pode ir... Os sujeitos do anúncio — não é como no cinema — começam a se irritar; no terceiro dia, tudo que ele arranjou foi o serviço de emergência, e aí está toda a história. E tudo é assim, só que ele é o maior, nunca fez um filme ruim e não há nenhum filme que não tenha terminado.

O ÓDIO AO INGLÊS

No dia seguinte, chego à casa de Maurice. Preparei perguntas... Maurice lê a primeira, coloca a folha na mesa, não responderá a nenhuma. De repente me diz que seus pais foram colaboracionistas e ele também. Eis por que detesta Louis Malle e seu *Lacombe Lucien*, por que sempre quis fazer um filme sobre a eliminação dos colaboracionistas, por que, sobretudo, se sente tão mal consigo mesmo. Faz questão de dizer que seus pais não fizeram nada de repreensível. Que ele permaneceu em casa, a repisar seu ódio ao inglês sob arrebatamentos germanófilos. Ódio também aos judeus? O que responder a Maurice? Falar-lhe das duas guerras? Dizer-lhe que nada, na sua idade, obrigava meu pai a apresentar-se como voluntário, em 1916, e a portar-se tão corajosamente que obteve cruz de guerra com citação e medalha militar?

O sangue martela meus ouvidos. Gostaria de estar em outro lugar. Confio-lhe apenas que, durante a guerra de 1940, eu estava do lado daqueles que a Gestapo vinha buscar de madrugada em seus conversíveis pretos.

4. O noviciado do Santo Rosário

MOÇA CINZENTA

Um dia de 1942, dois conversíveis freiam bruscamente no cascalho e rodeiam os degraus de entrada do hotel Hermitage, nos altos de Cimiez. Uma pequena tropa desce e pergunta ao porteiro pelo coronel Rati, chefe do exército italiano de ocupação. Mas o coronel voltou a Roma à noite. Alertado pelo barulho, vejo pela janela os homens da Gestapo que se precipitam para o hotel. São personagens de chapéu e casaco de couro preto, seguidos por duas mulheres de uniforme cinza. Eu nunca tinha visto nada igual. A sensação era a de estar em um filme de espionagem. Nesse instante, minha mãe entra no meu quarto com meu irmão. Por que ela está tão pálida?

— Você vai fazer exatamente o que lhe digo — ela se agachou perto de mim —, você vai seguir Adolphe, o *barman*. Ele cuidará de vocês, ele sabe o que deve fazer. Peguem a escada de serviço, não há um minuto a perder e, você está me ouvindo?, isto é muito importante: a partir de agora você se chama Jousse, Gilbert Jousse, não vai esquecer? Se alguém perguntar quem você é, você se chama Jousse... Repita!

Eu não quero deixá-la, lanço-me sobre ela, embora tivesse compreendido que o momento era grave, não quero. *Prefiro ficar com você.* Meu irmão me empurra para a porta. Minha mãe me estreita nos braços, sorri para nos tranquilizar:

— Rápido, mexam-se, Adolphe está esperando vocês. Em dois ou três dias, no máximo, eu me encontrarei com vocês: façam tudo o que ele disser. Até logo, meus filhos.

Lanço-me escada abaixo atrás de meu irmão e avisto através do patamar os soldados que sobem. Eles se dividem nos andares, ouvem-se ordens em uma língua desconhecida. Batidas em portas. Entre o segundo e o terceiro, cruzo com uma das mulheres de cinza; querendo desviar para lhe dar passagem, involuntariamente fico no seu caminho, ela ergue meu queixo e me encara, jamais esquecerei seu olhar. Então eu lhe escapo e retomo minha corrida. Por um instante, o destino parece hesitar sobre minha sorte. Minhas solas duras batem na escada. Tenho quase doze anos e meu irmão, catorze.

Eu nunca vira Adolphe vestido de outra maneira que não de *barman*. Ele está de short de algodão e camisa Lacoste. Arrasta-nos pela mão, quase correndo. Está ofegante, pela primeira vez desde o acidente em que prendera a cabeça no elevador de pratos está sem as bandagens.

— E minha mãe? — eu digo.

— Não se preocupe. Esta noite sua mãe estará em lugar seguro. Vou levar vocês para a casa de amigos, os Bellagamba, será preciso obedecer a eles e não fazer barulho. Em alguns dias vocês estarão perto de Grenoble.

Adolphe nos conduz pelo bairro Masséna, um local que não conheço, para um andar térreo no fundo de um pátio escuro. Roupa secando pende a meia altura dos dois lados da ruela. Uma porta se abre, Pierre Bellagamba se afasta para nos deixar entrar. Adolphe aperta sua mão sem dizer nada e se afasta às pressas. Pierre é baixo, corpulento, de olhar vivo, cabelos pretos. É de uma semelhança notável com o ator Bob Ingarao, aquele que fará cenas perigosas nos filmes de Eddie Constantine. Sua mulher Félicienne, de ar severo, os cabelos puxados em coque, não demora a se juntar a nós. Pierre explica os planos:

— Vocês vão ficar aqui dois ou três dias. É proibido sair. É proibido abrir a porta. É proibido olhar pela janela. Enquanto estivermos no trabalho, vocês se esconderão na adega. Vocês vão ver, é confortável. Depois de amanhã, Félicienne partirá com Jean-Claude, que de agora em diante se chamará Alexis. E quando ela voltar, Gilbert, será a sua vez. — Não entendo. Ah, sim, Gilbert sou eu. E para onde iremos? — Tudo está previsto. Vocês entram num seminário que fica além da montanha de Voiron. Vocês dois já estão inscritos lá com seu novo nome, Gilbert entra na oitava série e Jean-Claude, na nona. Ninguém está por dentro. No começo, vocês serão externos e sua mãe morará com vocês, bem em frente, em uma casinha da aldeia que se chama Miribel-les-Échelles, mas antes de ir pegar o trem é preciso esperar que as coisas se acomodem, há muita fiscalização neste momento...

Eu me pergunto como minha mãe pôde prever tudo assim, organizar tudo, e sinto admiração e orgulho por isso. Pierre se obriga a nos interrogar, a nos fazer repetir dez vezes nossa identidade, o lugar para onde iremos, o que vamos fazer lá.

O dia seguinte é um domingo. Os Bellagamba — ele nos explicou que era representante de vinhos e sua mulher, secretária — concedem a si mesmos um momento de descanso. Todo um código de afeição. Puxam duas cadeiras dobráveis para o canto da sala que está ao sol, seus dedos se tocam, sem dúvida, como todos os domingos, cada um por seu lado lê um romance policial da coleção L'Empreinte, retomando a leitura na página com o canto dobrado. Já descobri no quarto sua pequena biblioteca numa prateleira giratória, e me preparo para ler um romance do "Masque". No dia seguinte Jean-Claude parte com Félicienne. Ao ficar só, sinto um aperto no coração.

UM GRANDE RATO PRETO

De acordo com as ordens de Pierre, fico escondido na adega atravessada por um riacho onde Pierre põe seu vinho para refrescar. Puxando uma cordinha, faço surgir duas garrafas de branco, do vinho da Alsácia que Pierre reserva para uma próxima degustação. Ou para a vitória? Eu as ponho de volta na água. A cada meia hora mais ou menos, ouve-se um estrondo. O riacho fica mais caudaloso e uma grande onda vem lamber o espaço em que estou. Essa subida da água com odor acre dura cerca de cinco minutos. De vez em quando, um outro ruído, um pequeno guincho. Escuto meu coração saltar no peito. Nesse instante, vejo sair do riacho um olho que me encara: é um rato, um daqueles grandes ratos de pelo cinza escuro de que o canal está cheio e que me dão calafrios. Naquela noite sonho que estou subindo o esgoto a nado, que os ratos me perseguem, que vou me afastar deles quando uma grade barra o rio...

Volto a subir para o apartamento, às carreiras: delatores ou não, eu me recusarei, aconteça o que acontecer, a retornar à adega. Fico um pouco mais calmo. Encontro uma pilha de velhos *Cinévie*, que leio e releio avidamente. O cinema já ocupa em minha vida um lugar de que ainda não me dou conta. No dia seguinte Félicienne volta, mas não sei por que está de muito mau humor e me trata com aspereza a noite toda, sem dúvida porque Pierre se queixou de que não tive juízo, quando não foi nada disso. É como minha mãe, que tinha o dom de contar a meu pai principalmente o que ele não devia saber. Nesses momentos, eu ficava muito zangado com ela. Não consigo mesmo entender os adultos.

Ao escutar os Bellagamba atrás da porta quando todo mundo está deitado, percebo que se trata de Adolphe. Adolphe que foi torturado. Adolphe que não falará, mais tarde eu saberei. Depois também saberia que aos poucos se organizava toda a rede de resistência sudeste, mas na época o próprio termo membro da resistência me soava totalmente estranho.

No dia seguinte, Félicienne me acompanha de trem até a estação de Voiron. Não estou tranquilo. Tenho medo de me atrapalhar se me perguntarem alguma coisa. Então pegamos o ônibus para Les Échelles, de onde se sobe para a aldeia de Miribel, a cinco quilômetros, na estrada que leva ao Vercors. O curioso é que meus pais fixaram nosso refúgio a uma légua do que se tornará um dos maiores refúgios da Resistência! Mas ainda não chegamos lá.

Há fiscalização. Um homem com sotaque cantado passa a cabeça pela porta do ônibus. Usa braçadeira e tem um revólver na cintura.

— Polícia francesa! Desçam, o menino também. Mostrem seus papéis... Ei! você, como se chama?

— Jousse, senhor.

— Seu primeiro nome?

— Gilles.

— Mas aqui está inscrito Gilbert, mostre sua cara.

— É um diminutivo — intervém Félicienne. — O nome dele é Gilbert, mas todo mundo o chama de Gil, gê, i, ele.

— Deem o fora!

O ônibus torna a partir aos solavancos. Chegamos ao entardecer.

O padre responsável nos faz entrar no parlatório do seminário, um grande aposento frio com altos bancos de igreja. Há um odor circundante de cera e de incenso que arranha a garganta. Um relógio de pêndulo marca pesadamente as horas. Nenhum outro móvel guarnece o cômodo. Um afresco que mostra o Cristo na cruz foi pintado diretamente na parede, tendo embaixo, em caracteres góticos, as seguintes palavras em latim: *Adveniat regnum Tuum*, que aprenderei serem a divisa dos padres da Assunção. Fico impressionado com a imponência do lugar e também com a do homem de sotaina negra que entra no parlatório. O padre Bruno se apresenta a Félicienne: é o padre superior do noviciado do Santo Rosário. Ele tem queixo quadrado, olhos desconfiados mas sorridentes, sotaque da Alsácia. Noto sua tonsura quando ele se vira. Sem uma palavra o padre Bruno abre uma porta: minha mãe está lá. Ela me toma nos braços, continua a cheirar a água de rosas, acho que ela mudou, mas a família se reconstitui. O padre explica que ninguém deve saber quem somos nós, nem mesmo os professores. Eu seguirei, como meu irmão já em aula, a vida do convento e assistirei aos ofícios.

— Você não é obrigado a cantar os cânticos nem a fazer o sinal da cruz, mas, na sua vez, deverá ler as preces no refeitório — continua o padre superior. — Conto com você para acompanhar a vida de seus colegas. E para estudar com a maior seriedade. Você vai ver, o nível é bastante elevado aqui. Você estudou latim e grego? Perfeito. Eu serei seu professor principal, você vai morar com sua mãe, ah, muito importante: chegue na hora de manhã. Esta casa aprecia o trabalho e a pontualidade. Senhoras... — O padre inclina a cabeça e deixa o parlatório. Ele manca ligeiramente.

Agora eu uso o uniforme dos alunos seminaristas e, à tardinha, atravesso a rua para reencontrar minha mãe, que alugou dois quartos em uma casinha contígua a um sítio. Na quinta-feira, minha mãe pede que eu vá buscar leite e ovos, mas as galinhas não estão pondo e a feitora é avarenta. Nós mesmos fazemos nossos queijos, que deixamos secar sobre engradados recobertos de folhas de salada. Não estou acostumado com o frio nem com o banheiro no fundo do jardim, tampouco com aquele professor de ciências naturais que estala as falanges quando nos interroga. Cruzo com meu irmão no refeitório, fico conhecendo meus novos colegas no recreio, onde jogamos na rede:

formamos duas equipes e os padres prendem sua sotaina no cinto de couro para correr mais à vontade contra o campo dos seminaristas. Estou infeliz? Será que compreendo que, no minuto em que escapei da moça cinzenta, no Hermitage ("esses dois pequenos aí, eu bem que os teria cozinhado"), é como se tivesse recebido uma segunda vida?

LAGOSTINS

Nada acontece. As notícias da guerra não chegam até nós, nem mesmo amortecidas. De qualquer maneira, estou dividido entre uma inquietação difusa e uma vontade louca de me divertir. O raciocínio é simples: se não brinco na minha idade, quando o farei?

Os cursos se sucedem aos ofícios: matinas, completas, vésperas, a missa todas as manhãs, não demoro a saber de cor os cantos gregorianos que entoo com os outros, como devo ter berrado "Maréchal nous voilà" a plenos pulmões marchando na estrada do Château, em Nice, mas lá o coração não participava. Aqueles hinos, o órgão que os acompanha, me fazem ter ideias religiosas. Mas minha mãe disse a meu irmão e a mim que não tínhamos de nos persignar. Persignar-se, o que é isso? Nos domingos de verão, meus colegas e eu passamos tardes inteiras apanhando lagostins no rio e salpicando uns aos outros de lama ao saltar na água fria. É a prodigiosa monotonia dos dias bonitos. No outono, o seminário todo sai cantando, ao longo dos caminhos e dos bosques, para recolher nozes. Mamãe nos informa que vai se encontrar com a mãe dela que está escondida em Pau, na casa de um primo rabino, refugiado ali... Eis-nos então, Jean-Claude e eu, internos sob um nome falso no noviciado do Santo Rosário. Minha mãe partiu, mas não estou triste.

E se o hábito nos tornar insensíveis?

Sou uma criança que não ri. Estudo muito. Sou o segundo, atrás de um menino de cujo nome me lembro perfeitamente, Pierre Gallay. Os clássicos me absorvem, por exemplo, *Ester* [de Racine] ou *Polieuto* [de Corneille]. Gosto de Tácito e Cícero. Pronuncio o latim à maneira antiga. O padre superior me abre o espírito e me confia aos grandes autores.

Um dia o padre ecônomo me manda à aldeia buscar pães redondos. Evidentemente não tenho o sotaque nem a fala regional dos meninos da Savoia, nem aquela maneira segura de bater os tamancos na soleira da loja onde se agita uma cortina de contas.

— É o pequeno parisiense — cochicha a mulher do padeiro a uma cliente: exatamente os rumores que minha mãe queria evitar. Ao sair, vejo um camponês que persegue um outro com seu forcado.

— É por causa de sua namorada — me explica meu irmão.

Um ou dois anos antes, senti uma estranha perturbação à leitura de uma revista, um *Mickey*. Será que conseguirei reconstituir a história? Mickey seguia um itinerário que consistia em uma linha que ele não devia transpor por nada deste mundo. Do outro lado dessa fronteira havia Minnie, uma graciosa jovem em traje de trapezista cujo tutu se erguia a cada passo, e ela lhe dizia cuidado, toda vez que você ultrapassar a linha proibida eu pisarei em sua cauda. Por mais que Mickey prestasse atenção, nem sempre podia evitar atravessar a fronteira, e Minnie então esmagava a cauda dele com um pé ágil. Mas acontecia de esta coincidir exatamente com a linha, sem contudo a transpor. Minnie pressionava o pé assim mesmo e eu me dizia que ela trapaceava. Era nesses momentos que a inquietação me invadia. Essa emoção me enchia de um prazer desconhecido e, embora eu tivesse toda a coleção dos *Mickey*, era a esse álbum que eu voltava sempre. Outras vezes, Minnie me cingia o pescoço e, com uma pressão firme, me forçava a pousar a cabeça sobre seu seio, que eu entrevia disfarçadamente. Eu resistia com todas as minhas forças, mas não podia impedi-lo. A inquietação então me tomava mais uma vez.

Para as refeições, todo mundo se reencontrava no refeitório onde um de cada vez lia um versículo do Evangelho, comia-se sem ter o direito de falar enquanto, sobre um estrado, os padres faziam sua refeição aos cochichos. Estávamos no regime das rutabagas, dos topinambos, dos tíquetes de racionamento. Os padres, na falta de tabaco, fumavam folhas de tussilagem. E nós tossíamos.

Ao nosso redor, a Terra girava. Os acontecimentos se desenrolavam com grande estrondo no mundo e nós não sabíamos de nada; em todo caso, os homens de sotaina nunca falavam deles na nossa frente. Uma vez, ao passar diante da cela do padre superior — sem dúvida à procura de uma estação proibida —, ouvi a interferência característica do rádio, mas de Gaulle, Churchill, Stálin, Hitler, Mussolini, Mers el-Kebir, Pearl Harbor, a frente russa, o que se compreende de tudo isso aos doze anos, toda aquela efervescência? Os meninos de minha idade não eram muito espertos naquele tempo. Ainda hoje as meninas são mais vivas.

Minha mãe me explicara, é claro, o que eram a estrela amarela, a Gestapo, a deportação. Era ruim ser judeu? Eu tinha pesadelos imaginando meus pais sendo levados pela polícia. Eles se esforçavam para abrir a porta do vagão em que estavam encerrados. Tentavam salvar-se, não conseguiam. Agora a chuva. Eles se abrigam nos braços um do outro, não têm nada para comer, fazem suas necessidades num canto do vagão diante dos outros prisioneiros. Se eu me convertesse ao catolicismo minha família seria poupada? Eu sentia que seria simples demais e, além disso, ninguém me pedira isso.

Um sábado em que eu lia na cama (os outros passavam o fim de semana no sítio dos pais), um colega de uma classe superior entrou no dormitório e saltou sobre mim. Rolamos sobre as camas próximas com cobertas bem dobradas e, enquanto lutávamos, ora um, ora outro levando a melhor — mas muitas vezes era o outro, o grande, que me cavalgava —, senti a mesma inquietação, a ponto de nas semanas que se seguiram procurar o momento em que, me encontrando a sós com ele, eu poderia provocar Nicolas, pois esse era o seu nome, que parecia também encontrar prazer naquilo. Às vezes um de nós gritava "Para!", e, ainda ofegantes, escutávamos o ruído de alguém se aproximando, naqueles frios e compridos corredores consagrados ao silêncio e ao recolhimento. Mas não, ninguém, e de novo nos precipitávamos febrilmente um contra o outro. Restam-me dessas lutas alegres o odor do corpo de Nicolas, a dureza de seus braços nervosos, aquele hálito com perfume de morango que ele se divertia em me soprar no rosto em sinal de vitória.

Algum tempo depois, o padre superior me diz que, em sua opinião, a guerra está em declínio, que não vai mais demorar muito. Como eu gostaria, então, que ela ainda demorasse a acabar, o maior tempo possível, senão eu seria separado de Nicolas. E na mesma hora sinto vergonha de ter pensado isso. Como se, com esses pruridos de má consciência, minha alegria não perdurasse. Por muito tempo eu me perguntarei o que foi feito de Nicolas. Se cruzasse com ele um dia na rua, será que o reconheceria? No entanto, isso me acontecerá, sessenta anos mais tarde, com outra pessoa.

O HARMÔNIO

O padre Mathias, que tocava harmônio nas missas, achava que eu tinha uma voz bonita, que ainda não mudara, ainda que acontecesse de minha pessoa ser o lugar de transformações que eu não explicava. Um dia em que estava sozinho na capela, me empoleirei no banco do harmônio, me estiquei para alcançar os pedais e puxei as chaves como vira o padre Mathias fazer, aqui o fagote, ali o corne-inglês, e me pus a substituir as vésperas e o *Miserere* pelas cantigas populares que Gros-Albert cantalorava para Reine Courtois, e que mesmo hoje eu não teria nenhuma dificuldade em fazer ressurgir.

Pressionando com toda a força de minhas pernas curtas os pedais do harmônio, avisto no vão da porta o rosto do padre superior que me espia. Ele se aproxima, sempre claudicando, fecha a tampa do harmônio e diz:

— O que está fazendo? — E, depois de um tempo: — É um *Sol* sustenido, volte ao estudo. — Como tive prazer em tocar, juro por todos os santos (oh, perdão!) que de agora em diante me limitarei a decifrar os motetos sacros espalhados na estante, sem contar as sonatinas de Clementi. Como adivinhar que, apenas em algumas horas, o padre me dirá, com seu toque de sotaque alsaciano e um sorrisinho tranquilizador: — Está acabado, hem, mas escapamos por um triz...

O GRANDE TIBUM

Em nossa honra, Toscan serviu *foie gras* de pato e uma garrafa de Latour. Tudo vai bem com Pialat, mas é a calmaria antes da tempestade. Como esses raios que de repente abrasam os Pireneus, Maurice se põe a fulminar. Tem um de seus famosos acessos de cólera de anjo exterminador e abre fogo metodicamente sobre tudo que se move. Com exceção de Eustache e Rozier, ele despreza todos os colegas. Todos. É muito simples, a escutá-lo, o cinema francês não passa de um cinema de tios bons de pistola*... mas agora é ele quem mata. Então ele volta ao *Van Gogh* e a Dutronc, que foi absolutamente "nulo": "Ele

*Alusão à comédia policial de Georges Lautner, *Os tios bons de pistola* (*Les tontons flingueurs*), de 1963. (N.T.)

atua molengão, Dutronc, a gente vê isso imediatamente... Desde que sai do trem compreende-se que está acabado; ele nem sequer sabe beber um copo de água, seria preciso soprar-lhe tudo: apanhe o copo, segure-o bem, leve-o aos lábios, comece a beber, *comece a be-ber*, o que você está esperando para pô-lo de volta? Santo Deus, não, com ele decididamente não há nada a fazer. Na cena do piano com Marguerite Gachet, é ela que rouba tudo, mas olha-se para Dutronc porque se sabe que ele é o herói. De qualquer maneira, no fim do filme estamos gelados, ficamos pregados, certamente que isso não vai funcionar, era de esperar, com Dutronc...".

Fingida ou não, a exasperação de Maurice não é boa para suas extrassístoles. Sua voz apagada, os pelos rebeldes da barba grisalha, o olhar de homem acossado atrás dos óculos o fazem ficar quase com a cara no chão. De fato, sem que o confesse, Maurice está de novo louco de ansiedade, teme o fracasso com o único filme que lhe interessa...

Maurice se desculpa: foi mal-educado, jamais deveria ter chateado a gente com tudo aquilo... Depois de sua saída, sentados na escada, falamos dele, naturalmente. Pialat, o pintor que vê tudo de modo sombrio, o artista à margem da sociedade, o gênio em permanente espera do reconhecimento do público. Então, a amargura. A violência verbal. A perseguição que beira a neurose. Maurice está tão angustiado que foi preciso adiar o lançamento do *Van Gogh*.

Sophie, a mulher de Daniel:

— Não gosto quando ele fala da morte. Do grande tibum, como ele diz.

— Que louco — diz Daniel.

— Sim, mas um louco genial.

CARRO BLINDADO COM METRALHADORA

Um dia de 1944. Momento de serenidade. Do terraço do seminário, a vista se estendia de todos os lados e, na horta, havia um constante movimento de meninos mais velhos do que eu que também se escondiam, fugindo do STO, o serviço do trabalho obrigatório. A primavera fazia rebentar os botões. Vigiando uma abelha com o canto do olho, eu cavava a horta com os jovens "refratários". Foi então que *os* vi. Raios de sol insólitos luzem no trigo novo. Ao norte, no lado da colina, o parque se estende por quilômetros, e de repente os adolescentes começam a correr, deixando cair suas ferramentas, rápido, rápido, os padres me fazem entrar e o próprio padre superior manda que eu me esconda com meu irmão. O noviciado acaba de ser cercado por uma coluna alemã que procura combatentes da resistência e sobe pesadamente ao ataque, de baioneta calada. Há até mesmo, ao lado, um carro blindado armado de metralhadora. Meu irmão me arrasta para trás do harmônio, onde um pequeno espaço entre ele e a parede permite a passagem apertada. Agachados, com o coração batendo, esperamos horas.

Às vezes a vida nos prega peças estranhas: os Bellagamba estenderam suas cadeiras dobráveis ao sol, as moças cinzentas nos teriam realmente torturado, o camponês trespassou o amante com seu forcado e eu acabo de correr com todas as minhas forças no meio dos pés de tomate e da terra mole da horta do mosteiro... Será que tudo isso tem um sentido? Essas perguntas, e muitas outras, eu não as faço, escondido atrás do harmônio do padre Mathias. No silêncio de meu refúgio, prendo a respiração.

Os homens do STO se dispersaram pela pequena porta que dá para a aldeia, mas os soldados alemães revistam o seminário de alto a baixo, apesar do protesto dos padres. Em certo momento, o ruído dos passos se aproxima, encolhemo-nos ainda mais quando o padre superior penetra na capela, seguido por um oficial nazista. Eu me esforço em contar mentalmente para não pensar em meus pais. As botas ressoam naquelas lajes que conheço tão bem. O oficial se aproxima, aperta uma tecla do harmônio que não emite nenhum som. Revejo o rosto suave de minha mãe e de repente me sinto muito infeliz. Se formos fuzilados, quem lhe dará a notícia? Desvio de atenção. Um apelo externo. O ruído claro e indiscutível de um fuzil que se arma. Agitação. Acaba-se de descobrir um rapaz, que é levado. Essa captura nos salvou, a Jean-Claude e a mim? Um bálsamo, a voz grave e potente do padre Bruno, que fala em alemão com o chefe do destacamento, acalma um pouco meu pavor, embora eu não entenda o que dizem. O padre leva consigo o meu medo, no barulho da porta que volta a se fechar, no barulho dos passos que diminuem no silêncio recuperado. Seu eco repercute sob a abóbada como em um filme ruim de efeitos pesados. Continuo sem me mover. O momento que se segue dura o tempo do silêncio. É como uma maçã que se vai morder, que se esfregou no pulôver, eu a contemplo, vou devorar a vida redescoberta, essa vida que se apodera de novo de meus braços entorpecidos, de minhas pernas enferrujadas quando, transformado em pedra, prendi a respiração, detive o sangue que martelava em minhas têmporas. O silêncio se vai. Depois volta a cair pesadamente. Muitos anos mais tarde, reconhecerei esse silêncio após o silêncio no fim de um terremoto em Los Angeles.

A VIDA SALVA

Uma mosca zumbe na janela. Como conseguimos nos safar? Deus nos tomou sob sua proteção? Mas qual Deus? O do meu tio Simon, que todo sábado na sinagoga se balançava para a frente e para trás quando orava, ou o Deus da Igreja católica? Para agradecer-lhe, é preciso abraçar sua religião? *Adveniat regnum Tuum*. Será que, depois, a vida de todos os dias vai recuperar seus direitos? É claro que os sofrimentos de minha família são tão minúsculos em comparação com o Holocausto que pode parecer indecente mencioná-los. Mas foi naquele dia que compreendi de onde eu vinha, é minha vida, minha própria vida que dá a esses acontecimentos, que milagrosamente não nos atingiram em nossa carne, esse aspecto de catástrofe. Restam as sequelas, um caráter ansioso, esse medo das viagens, uma necessidade de segurança que daí em diante me acompanharão aconteça o que acontecer, aconteça o que me acontecer... Em todo caso, mesmo que eu não tenha mais de fingir ser católico, nunca deixarei que digam na minha frente que a Igreja não ajudou os judeus durante a guerra, e o laço sagrado entre o noviciado do Santo Rosário e mim durará até o fim dos tempos. Quando mais tarde, muito mais tarde, eu quis voltar lá, o seminário havia se tornado uma instituição para doentes mentais, bem ao lado do cemitério, como eu dizia.

COMIDA NA BOCA

Detesto os enterros, mas gosto dos túmulos, os túmulos não são tristes, em torno deles flutuam átomos dos desaparecidos. Tive meu primeiro contato físico com a morte quando minha avó materna se deixou levar pela anorexia. Foi a preocupação conosco durante a Ocupação? De volta a Paris, ela não conseguia engolir nenhum alimento, mesmo líquido. Foi preciso arranjar-lhe sifões azulados de água de Seltz, que tomávamos emprestados da casa Balzar, no Quartier Latin. E lhe dávamos comida na boca, como ela nos alimentara quando crianças. Era como se o ciclo natural da vida retomasse seu curso, imutável mas invertido: uma colher para Denise, uma colher para Gilles... Durante a guerra, ela sobrevivera para não incomodar. Uma vez certa de que a filha e os netos estavam sãos e salvos, despediu-se.

Não gosto dos carros funerários, das pompas fúnebres, dos coveiros — todo esse cerimonial de praxe que a sociedade elaborou. Recusei-me a ver minha avó em seu leito de morte. Em compensação, mesmo que seja invadido pela emoção, me sinto em paz no cemitério Montparnasse, onde repousam meus pais, cada um com sua família, a duzentos metros um do outro. A vida inteira, e embora ele a tenha abandonado, minha mãe nunca se divorciou de meu pai, mas antes de morrer deixou uma carta. Quis ser enterrada junto dos seus, de que tinha tanto orgulho. Meu pai, desaparecido três anos depois dela, se juntou aos antepassados sob uma pesada laje de mármore negro. Pequenas pedras, símbolos da passagem de um parente na religião judaica, são seu único ornamento, enquanto o mausoléu da família Lévy é enfeitado, quando não neva, de gerânios e de urzes que mandamos renovar, como prometemos. Foi lá também que, em 30 de janeiro de 2005, enterramos meu irmão Jean-Claude. Ele tinha 77 anos. Eu, que não sou crente, teria gostado de depositar nesses túmulos símbolos de outros ritos. Alinhar, ao lado das pedras, vestígios de uma devoção filial, minúsculas velas em sinal de pensamento e de vida, mas os intolerantes não o teriam permitido.

5. *Os bons companheiros*

A PESCA DOS FILMES HOLLYWOODIANOS

Inverno de 1990. Para enfrentar o que se chama de um frio polar, basta ir a Nova York em dia de grande geada, quando o vento norte rola do Alasca sem encontrar obstáculo. Era preciso absolutamente que eu conseguisse um filme de Martin Scorsese, aquele ano, e isso me deixava nervoso. A nevasca também me deixava nervoso, pois devia estar de volta a Paris no dia seguinte. Há muito tempo, fiquei ilhado por uma tempestade de neve em Montréal. Desde então, faço viagens breves. Uma noite, sobrevoando o Kennedy, depois de ter girado muito tempo numa cobertura de neve, o 747 acabou por pousar em Newark, o aeroporto vizinho. Prazer das viagens. Ninguém podia sair por causa das bagagens e esperava-se que a pista do JFK fosse reaberta para pouso e decolagem. Ergui triunfalmente minhas duas pequenas sacolas de mão, abriram-me a porta e, alvo da inveja dos outros passageiros, aluguei um carro até Manhattan.

A particularidade do número 1619 da Broadway é que não está situado na calçada ímpar, mas do outro lado da avenida. Ansioso por poder mostrar, no Festival de Cannes 1990, *Os bons companheiros*, filme popular inteligente como todo mundo gosta, eu marcara encontro no escritório de Scorsese. Terry Semel, diretor da Warner, se juntaria a nós, me dissera Marty, que queria envolvê-lo em nossas discussões. Pobre ingênuo que eu era! Ia me deixar enganar por Terry. Depois de algumas idas e vindas infrutíferas pela calçada coberta de gelo, tive enfim a ideia de atravessar a rua. Tarde demais: Terry chegou antes de mim e se trancou com Marty. Eu espero. Sei que devo principalmente convencer Semel, que nunca vai querer estar em competição. Marty, sim, tem quatro razões para ir a Cannes aquele ano (sendo a primeira a mais importante): 1. para apresentar *Os bons companheiros*; 2. como ator em *Sonhos*, de Kurosawa (ora, o papel de Van Gogh); 3. como produtor de *Os imorais*, uma maravilha de filme *noir* assinada por Stephen Frears, futuro presidente do júri; enfim 4. um colóquio sobre a preservação dos filmes, assunto que o apaixona mais que qualquer outro... Com tantas sérias boas razões, esquivar-se parece impossível. Mas nos Estados Unidos todos passam a responsabilidade adiante. O responsável pela decisão final é múltiplo, anônimo e impossível de encurralar. A porta se abre: Scorsese e Semel apertam minha mão. Mas Terry já está de sobretudo e desaparece. O Festival é o que menos o preocupa. Em lugar de nossa discussão, tenho direito a um monólogo de Marty. Marty está em forma, inesgotável, impressionante. Eu já sei, passar de um assunto a outro é sua especialidade: o filme que ele está terminando, os que fez, os que vai fazer, os filmes dos outros, sem esquecer os filmes que ele impede que se percam para sempre... Ufa! Ele me pede que encontre uma cópia de *Orgueilleux* [Orgulhosos], título que ele pronuncia comicamente, dizendo:

— Sei muito bem que o pessoal da Nouvelle Vague não gostava dele, mas eu gosto! E depois — acrescenta —, quem pode saber que filmes vão permanecer? Se tivessem dito aos pintores do Renascimento que duzentos anos depois a França seria a capital da pintura mundial, eles teriam rido. — Rimos então como os pintores do Renascimento. Eu bem que tento, de tempos em tempos, trazer a conversa de volta a *Os bons companheiros*, mas ele é arrastado por mil ideias por minuto. Enfim, fala dele. Seu filme é um documentário sobre várias gerações da Máfia: como, por exemplo, a faca de cozinha deve cortar alguns legumes na diagonal para a esquerda e outros para a direita, até que se concentre em outras cutiladas... Já que o assunto é faca, ele não conseguirá reduzir o filme a duas horas, é o próprio filme que ditará a duração que deve ter. Quanto à competição, Marty é reticente, embora reconheça que em relação aos atores, especialmente o "espantoso" Joe Pesci, isso é injusto. Ficamos uma hora batendo papo, sobretudo ele, e eu saio tão encantado com nossa conversa que caminho vinte minutos no ar amarelo gelado de Nova York antes de perceber que sigo na direção das docas, do lado oposto ao Méridien. E de perceber um pouco tarde que *Os bons companheiros* vai me escapar. Sem dúvida alguma, não estou à altura. Marty me fez vir à toa. É uma boa lição. Haverá outras.

No entanto, foi o ano em que a sra. Steve Roth, esposa do grande diretor da Warner, produziu um documentário sobre Quincy Jones. Como ela morria de vontade de ir a Cannes, devem ter lhe dito que não era o momento de me contrariar. Mas Semel tomou outra decisão. Eles tanto usaram de artimanhas, tergiversaram, prometeram, recuaram, prometeram de novo, cancelaram, que o Festival se passou sem que um ou outro dos filmes viesse. A atitude de Marty foi, dois anos depois de *A última tentação de Cristo*, de lavar as mãos.

Uma noite em Hollywood, um desses banquetes em que os Borgia jantam na casa dos Átridas. De uma ponta a outra da mesa, Richard Fox, diretor internacional da Warner, enumera os méritos comparados de Cannes e de Veneza. Naturalmente, no dia seguinte, um amigo presente me contou tudo. Hoje eu sei que o bloqueio veio de Irwin Winkler, o produtor do filme. Explicação oficial: De Niro estará filmando e não poderá ir a Cannes. E no filme de quem? De Irwin Winkler, que realiza seu primeiro filme como diretor. Como não poderá desfilar na Croisette, ele cria obstáculos. Mas a verdadeira razão, sou o único a conhecê-la: Winkler prefere Veneza por um motivo pessoal. Irwin tem um filho. Um filho que dirigiu um primeiro filme. O comitê de seleção de Cannes o viu. Depois o recusou. E Winkler considerou essa recusa como má vontade. *Se Gilles tivesse mandado programá-lo em uma sala pequena...* Em suma, rancor, e rancor tenaz. De meu lado, eu não cedera: sem *Os bons companheiros*, nada de mulher do presidente... Marty acabará indo, mas sem seu filme.

Essa fábula ilustra as quedas de braço que se instalaram desde sempre com os estúdios hollywoodianos, no mais das vezes de modo pouco favorável ao Festival. Por mais necessários que sejam o entusiasmo e a energia, a pesca dos filmes exige uma boa dose de obstinação, mas também de fatalismo. "*Goodfellas*", isso quer dizer "bons companheiros".

6. Fellini entre dois gendarmes

UM MENINO CHAMADO GANDHI

Julho de 1993. Comunicado da Agência France-Presse: Fellini acaba de ter um derrame. Um derrame cerebral.

Penso em seu olhar intenso e terno, em sua vozinha aguda, e telefono a seu assessor de imprensa.

— Será que posso dar uma palavrinha com Federico?

— É proibido, mas ele está melhor — mente com cuidado Mario Longardi.

E compreendo que meu amigo vai morrer.

Eu o revejo uma manhã de fevereiro, em seu escritório do Teatro 5 (o famoso estúdio principal de Cinecittà), onde, com suas canetas hidrográficas coloridas, ele desenhava maquinalmente suas fantasias de matronas robustas e um esboço para o cartaz do Festival, o navio *Rex*, de *Amarcord*, cuja proa fendia o mar com imponência. Ainda o Teatro 5, onde, sob os tanques de *E la nave va*, maquinistas brincalhões acionavam à mão aquele mar mais verdadeiro que o natural. Eu o revejo em casa, na via Margutta, com ar embaraçado como sempre, por me recusar alguma coisa, os pés calçados com estranhas babuchas. Eu o revejo em Cannes, em entrevista coletiva, a juba grisalha muito comprida no pescoço, o olhar brilhante, na tortura de ter de falar de si mesmo ou, pior, de ter de explicar seus filmes.

— Ele sabe que os amigos estão pensando nele — diz Mario —, ele está em uma clínica em Ferrara onde trabalha duro em sua recuperação física, seis horas por dia. Giulietta desabou, está no hospital em Roma: repouso absoluto. Mas Federico não perdeu seu humor: Ferrara não é uma cidade para mim, ele me confidenciou, Ferrara é para Antonioni. Claro: a cidade dele é Rimini, a cidade dos *Boas-vidas*. O mar no inverno, as nuvens baixas, os jovens que andam por ali, Alberto Sordi, a *pasta*... — Você sabe — diz enfim Mario — que quando muito jovem Federico era um garoto esfomeado, que mesmo na praia se recusava a pôr traje de banho? Para caçoar dele, os outros meninos o chamavam de Gandhi.

Algum tempo depois de seu acidente, Federico escolheu safar-se: fugiu do hospital de Rimini para onde fora transferido. Quis festejar, é claro, seu quinquagésimo aniversário de casamento, e teve uma recaída. Três dias depois da escapada, entrou em coma profundo.

Estamos em 31 de outubro, a France-Presse anuncia que Fellini acaba de morrer. Sinto-me órfão, e não sou o único. Entre cinéfilos, nos telefonamos, trocamos lembranças, anedotas. Comentamos que, se existe alguém que não merecia ser atingido no cérebro, é justamente o cineasta da fantasia, da memória e do íntimo. Remexendo em meus papéis, encontrei o cardápio do jantar dado em sua honra, no Festival, por *Entrevista*, e uma carta me explicando que sem a ajuda de um incorporador imobiliário esse filme jamais teria sido financiado — nem, *a fortiori*, apresentado em Cannes: a mulher do multimilionário queria subir a escadaria. Do que dependem as obras-primas!

Em 2 de novembro, uma recepção qualquer na Rue de Valois. O ministro me chama de lado.

— Escute — me diz Jacques Toulon, que trata todo mundo por você —, amanhã levo você ao enterro de Fellini. Oito horas, Villacoublay...

Cancelo meus compromissos.

VIATURA COM SIRENE

Às sete e meia, no salão de honra de Villacoublay, Costa-Gavras, Nicolas Seydoux, Anne de Gaspéri e Toscan du Plantier já tomam café. Espera-se apenas Anouk Aimée, a Luisa de *8 ½*. O ministro se impacienta: dirigimo-nos para o Fokker quando ela aparece na passarela.

Dez e meia, aeroporto militar de Roma: embaixador em posição de sentido e honras militares. O pequeno grupo se enfia em um comboio que restabelece na contramão uma circulação impossível. Na Itália, a viatura com sirene, encarregada de abrir caminho, roda na segunda posição; assim, o carro do ministro corre todos os riscos. Atrás, nosso motorista corre também, para "costurar". À nossa entrada na cidade, concerto de buzinas: está tudo bloqueado. Já em *8 ½*, Mastroianni escapava de um engarrafamento passando do teto de um carro ao outro...

Nervos à flor da pele, afinal chegamos: dois minutos para as onze horas.

MAGALI CHOROU

A Piazza della Repubblica, onde está situada Santa Maria dos Anjos e dos Mártires, basílica dos funerais nacionais, está repleta de gente. Uma multidão solene, unanimemente recolhida sob um pálido sol de outono; de modo nenhum uma multidão romana. Em Nápoles, se se cruza com um comboio fúnebre, aponta-se um par de cornos e se tocam os testículos; não aqui. É preciso atravessar essa multidão. Nós seguimos de braços dados, em cordão, até alcançar a nave, nos esgueirando entre as câmeras da Rai. Nosso grupo é conduzido para bem perto do coro, nos bancos do corpo diplomático. Aperto a mão de meu colega, Gian-Luigi Rondi, o diretor da Mostra de Veneza, como sempre vestido de preto. Não longe de mim, Monica Vitti, muito triste, me faz um pequeno sinal, Vittorio Gassman chega um pouco mais tarde, Magali Noël, Sandra Milo choram, e também, mais comoventes ainda, os artesãos, os maquinistas, os cenógrafos, toda o pessoal da Cinecittà, reconhecíveis por seus grossos pulôveres bem como por seu grande pesar. Faz frio. Mantive meu sobretudo. Atrás de mim, logo se instala Mario Cecchi-Gori, o produtor de *A voz da lua*: uma cara de dar medo, que atribuo à emoção. Como adivinhar que, no dia seguinte, ele por sua vez será levado por um ataque cardíaco? Guardadas todas as proporções, é a morte de Cocteau eclipsada pela de Édith Piaf, no mesmo dia.

Logo, vinda de fora, explode, à italiana, uma salva de palmas, que aumenta mais e pouco a pouco alcança a basílica. O historiador Lorenzo Codelli me contou que, ao contrário, o caixão de um defunto, um socialista condenado por corrupção, foi vaiado...

GELSOMINA

Quem poderia dizer que Federico Fellini entraria no paraíso entre dois gendarmes? Seu caixão não é carregado por diretores de cinema, mas por desconhecidos, escoltados por imensos carabineiros de penacho verde, branco, vermelho. Sob a onda dos aplausos, os fotógrafos suspendem por um momento seus flashes como uma homenagem suprema ao homem que inventou a palavra *paparazzi*. No coro, a pobre Giulietta, inerte, encolhidinha nos braços dos amigos, só reagirá no final, quando os despojos do marido se vão e com a mão ela lhe dirige um longo, um dilacerante adeus.

Em frente, como num jogo de derrubar latinhas de parque de diversões, foram alinhados o presidente da República, os presidentes do Senado e da Câmara, o chefe do governo. Estão todos lá, fazendo caras graves e tristes, parecem estátuas jacentes. Bem perto, Francesco Rosi representa seus colegas. Outros artistas estão espalhados na nave: avisto Antonioni, lívido, como que desolado de sobreviver a Federico mesmo tendo sido fulminado antes dele... E se o destino tivesse feito questão de atingir com o mesmo mal os três maiores diretores italianos, Visconti, Antonioni e Fellini, com aquele derrame cerebral tão simbólico da sorte recente do cinema italiano?

De repente, a missa. Como sempre, os órgãos arrancam lágrimas do menino judeu camuflado de seminarista. Aqui, a pompa é grandiosa, o fausto é tutelar (Verdi em vez de Nino Rota), mas a ausência de penumbra por causa dos projetores de televisão que enxovalham a abóbada os transforma em espetáculo. Dava quase para imaginar os religiosos dançando. Todos — cardeal, bispo, prelados, diáconos, subdiáconos, arciprestes — evocam tão irresistivelmente o universo de Fellini e, particularmente, o desfile de moda religiosa de

Roma (ah, as irmãs de patins, com suas toucas que batiam asas), que o cineasta parece ter se insinuado, uma última vez, atrás da câmera para realizar seu sonho mais louco: dirigir o próprio enterro.

Ele está lá, tenho certeza, esvoaçando entre nós, deambulando em alguma parte no transepto, com seu chapeuzinho mole xadrez, seu sobretudo xadrez e sua echarpe vermelha, seu megafone na mão, e sorri a cada um, pisca o olho a um maquinista, recoloca no lugar uma sobrepeliz, atravessa os grupos, agradece por nos termos dado ao incômodo, desculpando-se pelo atraso: não é a hora da *pasta*? No fim, enquanto uma campainha aguda anuncia a elevação, ele se aproxima do catafalco, ajoelha-se, vira-se para mim e, com sua voz aflautada, me pergunta, provocador:

— Sabe quem morreu hoje? Foi o cinema, morto pela televisão.

Há ainda um último momento de emoção, quando um trompete toca forte uma variação sobre o tema de Gelsomina: a nota sobe, sobe ao coro, último suspiro de um gênio que desaparece — e com ele todo um universo.

À saída da basílica, a multidão é ainda maior. O silêncio ocupa todo o espaço. A Itália acaba de viver o enterro de Victor Hugo.

7. Estranha proposta!

O SALVADOR DE APARÊNCIAS

O que deu neles, em Robert Favre Le Bret, presidente do Festival de Cannes, e em Maurice Bessy, seu diretor-geral, para me propor a direção do Festival naquele dia ensolarado do outono de 1975? É o crítico de cinema — há doze anos já — que eles queriam contratar? No entanto, sempre fui pouco diplomático, não sei falar em público, não tenho presença de espírito... enfim, ia me esquecendo, sou naturalmente pessimista. Em suma, tudo que é preciso para compor um diretor-geral sem futuro. A meu favor, o amor pelo cinema, uma curiosidade genuína, certo conhecimento do cinema mundial e a experiência da gestão. Será que isso bastava? Isso bastaria? A verdade é que, mal eu recebera minhas indenizações de demissão de *L'Express* (voltarei a isso), Favre Le Bret me telefonou. Depois, no dia seguinte, Maurice Bessy. Eles me convocaram, mas em separado. Como se não houvessem combinado.

Primeiro Favre Le Bret, no escritório do Festival. Ao ler minhas críticas, percebeu, me diz ele, independência de espírito e discernimento. Depois Maurice me convida para almoçar no Chez André, na Rue Marbeuf. Conversa amável. Prefiro deixá-lo falar. Cada um deles me fará exatamente o mesmo discurso: 1) foi ele que pensou em mim! 2) procuram alguém a quem ensinar o trabalho, com o qual seja possível entender-se; o posto é para mais tarde... A ideia me agrada? Gosto de viajar?

O que lhes dizer? Que já não gosto das viagens. Que precisaria levar uma maleta de medicamentos para hipocondríaco. Que sou de uma geração que nunca teve lições: a guerra não o permitiu... A natação, o tênis, a máquina de escrever: aprendi tudo sozinho, a duras penas. Sou nulo em sociedade, não desenho, não danço, não esquio. Ah, sim, o piano. Professora sra. Barraine, na Rue Caulaincourt, a mãe de Elsa Barraine, compositora de Jean Grémillon, mais um fio invisível. Ela dava aula em um pequeno apartamento onde imperavam um piano de armário e um metrônomo exigente. Ela logo percebeu que eu mentia: não tinha praticado meus exercícios nem meu solfejo. Em vez disso, como nos bons velhos tempos do harmônio, em Miribel, eu gostava de tirar canções populares tateando, pois não tenho ouvido absoluto, e também de compor sonatas, que um dia tive a imprudência de interpretar para ela, em estreia mundial. Essa negação de uma vida inteira consagrada a transmitir seu saber a irritou. Certo, eu não era César Franck, mas dizê-lo a mim, tão severamente, era indigno.

CINEFILIA

Sim, o que dizer a Bessy e a Favre Le Bret? Se vocês estão procurando um cinéfilo, eu sou o homem. Em todo caso, eu me transformei em um; ao contrário do que se pode crer, a cinefilia não é decretada de uma vez e para sempre. Se tivesse nascido vinte anos mais tarde, talvez descobrisse o cinema com *Os incompreendidos* em vez de *Alerte en Méditerranée*, mas o que isso teria mudado? Há altos e baixos. Paixonites. Crises de desencorajamento. Lembro-me muito bem do período em que parei de ir ao cinema. Foi em uma sala pequena da Rue Cujas, no Quartier Latin, onde estavam passando *Vautrin*. Diretor: Pierre Billon; intérpretes: Michel Simon no papel-título, Madeleine Sologne, Georges Marchal, Louis Seigner... Era — ainda é — uma ilustração absolutamente idiota do romance de Balzac, como o propagavam, na época, os que chamamos, segundo o humor do momento, de "esforçado" ou de "criador razoável". Tinha feito quinze anos. Saí na calçada, desci o Boulevard Saint-Michel. Na frente da livraria Gibert Jeune, parei para pegar o ônibus, o cobrador passou meu bilhete por seu aparelhinho preso à barriga e ali, na plataforma, enquanto ele puxava o cordão, tomei minha decisão. Era mais do que certo, o cinema não equivalia à literatura. Jamais atingiria sua riqueza romanesca, nem a profundidade infinita de seus devaneios e de sua reflexão. Dali em diante me pareceu claro que eu não podia mais perder meu tempo assim. Sem me arrepender, deixei de ir ao cinema, e toda vez que a vontade me tomava ou um colega tentava me arrastar, eu me dizia ah, não, resista, cinema é muito idiota (divertido encontrar mais tarde as mesmas palavras na boca de Robert Bresson). Chega de filmes ruins! Eu já tivera a minha conta. Ainda não sabia que pode ser delicioso descobrir um filme péssimo e que há sempre uma cena a ser salva em qualquer filme. Principalmente eu não compreendera que o cinema é o amor louco, a beleza das emoções, a própria poesia. No cinema, podemos ver leões devorar cristãos, Nero incendiar Roma, Nastassja Kinski sorrir. Podemos ver Jennifer Jones e Gregory Peck abraçar-se e matar um ao outro...

Um ano depois, tive uma recaída à visão de não sei mais que cartaz e acompanhei uma moça que presumidamente me apertaria a mão no escuro diante de um filme de terror... Ela ignorou minha mão, mas minha recaída foi para sempre.

LER O CINEMA

Sem que me desse conta, aos poucos fui pressentindo que o cinema é uma matéria que fermenta, e a cinefilia, um amor que se alimenta. Não a analisei imediatamente, apenas fez parte de mim. Quando, por exemplo, Buster Keaton desafia o furacão, quando Cyd Charisse dança com um vestido verde ou um menino rema num braço de rio... Eu me pus a ler sobre cinema, devorei tudo que me caía nas mãos, jornais, gazetas, revistas, livros, toda uma literatura emergente na época, pois coincidia com a idade de ouro da cinefilia. Os críticos dos diários dispunham de espaço para seus artigos e, nos semanários, escritores que tinham estilo não relutavam em escrever sobre cinema. Nada como isso para brilhar nos jantares.

Havia livrarias especializadas, Le Minotaure, na Rue des Beaux-Arts, onde despontava Roger Cornaille, ou a livraria Fontaine, na Rue de Médicis. Eu passava lá toda semana para ver as novidades. Havia *Les cent visages du cinéma* [As cem faces do cinema], de Marcel Lapierre, *O cinema tem alma?*, de Henri Agel, *Le mythe de la femme dans le cinéma américain*, de Jacques Siclier, *Le cinéma et ses hommes*, de Henri Colpi, *A tela demoníaca*, de Lotte Eisner, *Panorama du film noir américain*, de Borde e Chaumeton. Ado Kyrou inventara o amor louco com *Le surréalisme au cinéma* e Claude Mauriac, a especificidade cinematográfica em *L'amour du cinéma*. Havia *La Revue du Cinéma*, de capa amarela, que Gallimard logo iria interromper, as revistas de estudantes, *Raccords*, *Positif*, *L'Âge du Cinéma*, *Ciné-Club*, *Saint-Cinéma-des-Prés*... (Nos preparatórios para a Escola Normal Superior, com alguns amigos: Flacon, Balland, Ducrot, Nadal, Chanut, Grenier, havíamos fundado *Raccords*, revista de cinema trimestral, depois mensal, aprendêramos como se produz um jornal e resistimos dois anos. Hoje ninguém mais sabe o que foi *Raccords*, nem o que essa iniciação representou para nós.) Havia os cineclubes que prosperavam, debates muito concorridos ou mesmo tempestuosos, agitadores como André Bazin, Armand J. Cauliez ou Jean Cheray, historiadores como Georges Sadoul ou Jean Mitry, editores como Bernard Chardère, em Lyon, havia salas de cinema de arte, os Agriculteurs, o Studio 28, as Ursulines, o Panthéon, o Cardinet, os Reflets, o Studio Raspail 216, outros, como o Studio Parnasse, que praticava o "jogo das perguntas", ou o Cluny Palace, onde, certas noites, se enfrentavam os cinéfilos da linha de frente — Chabrol, Truffaut, Rivette, Schérer, conhecido por Rohmer (os dos *Cahiers*), mas também Kyrou, Benayoun, Goldfayn (os de *Saint-Cinéma-de--Prés*, de *Positif*), muitos outros menos conhecidos, que frequentavam sobretudo a Cinémathèque Française, primeiro na Avenue de Messine, onde o fiscal se chamava Frédéric Rossif, depois, mais tarde, na Rue d'Ulm. O chique era sentar-se nas três primeiras filas ou, melhor ainda, se não houvesse mais lugar, no chão diante da tela. Enfim, havia jogos no rádio e na televisão: no programa *La tête et les jambes*,* de Pierre Bellemare, ganhei, dez anos mais tarde, minha primeira televisão. Convém esclarecer que eu "fazia" a cabeça, sendo as pernas encarnadas por um atleta, escalador de corda sem o uso dos pés. Toda vez que eu errava uma resposta, ele tinha de se alçar em ângulo reto, quase sem descanso. Como ele forçosamente penava, fui copiosamente vaiado pelo público...

Na época, o cinema tinha apenas cinquenta anos.

* Jogo com dois candidatos, um (a cabeça) responde perguntas sobre um tema preciso e, quando erra, deve ser salvo pelo desempenho de um esportista (as pernas). (N.T.)

Todo cinéfilo, mesmo o mais erudito, tem lacunas na lista dos filmes imprescindíveis de serem vistos. Mas ainda era possível preenchê-las, o que se fazia pouco a pouco, ao acaso das exibições e das reprises. Hoje, que o cinema tem cem anos e as ofertas de lazer se multiplicaram por dez, adquirir uma cultura são outros quinhentos.

UMA LUMINÁRIA DE ESCRITÓRIO

Ao chegar ao escritório do Festival, na segunda-feira, 5 de janeiro de 1976, eu não compreendera que Bessy e Favre Le Bret haviam feito um pacto: a ideia era *distrair* os poderes públicos que exigiam a saída de Bessy e ganhar tempo até a substituição do próprio ministro. Onze ministros da Cultura em dez anos, isso era auspicioso e, uma vez instalado o novo, o tempo para que ele tome pé da situação... Para substituir Bessy, já tinham sido testados dois candidatos que haviam deixado o cargo sem ter tido tempo de apreciar-lhe os benefícios. De fato, Bessy e Favre Le Bret não haviam escondido que não era um posto a que se chegava, mas do qual se saía. Eu tinha sido contratado em tempo parcial, a título de experiência, por seis meses não renováveis: impossível ser mais prudente.

No escritório, descobri uma atmosfera sepulcral, quase fora do tempo. O hall do Ritz sem a riqueza nem a fantasmagoria. Lá fora, era a verdadeira vida, o Faubourg Saint-Honoré, área de meus antepassados, e sua barulheira dos diabos. Mas as vidraças duplas não deixavam penetrar mais que uma espécie de murmúrio vegetal, como se o fícus da entrada tentasse se fazer ouvir. Pouco pessoal, essencialmente feminino. Desocupado demais para se isentar dos mexericos e de lamuriar-se. Alguns anos mais tarde, faremos livros de aniversário, filmes-montagem, exposições, aulas de cinema, retrospectivas, homenagens — motivos para animar a pequena equipe e torná-la orgulhosa de reforçar "o maior festival do mundo", e tanto pior se os jornais quase não falam disso, absorvidos que estão pela competição!

À espera, aquelas damas conversavam em voz baixa, cada uma ocupada em se dizer sobrecarregada. Mas, de junho a dezembro, se fiscalizava o momento em que o contador, único homem da casa além do motorista, poria em execução um de seus planos vitais: fazer a sesta, deitar-se cedo. Esperava-se principalmente a hora do chá. Com exceção da secretária da direção, sra. Ponsignon, que espionava as outras para agradar ao patrão. Tudo girava em torno dele. Nenhuma ação, nenhuma decisão, nenhuma ideia vinha de outro. E ele se abrigava atrás do consentimento do inspetor do Estado para o mais ínfimo aumento ou a menor compra de primeira necessidade. Assim é que — sendo o pátio muito escuro — tive de forçar os olhos por meses antes de poder dispor de uma luminária de escritório.

Prometi a mim mesmo que um dia o Festival teria aquilo de que necessitava. E consegui isso.

ENXAQUECAS E CORPOS DE BAILE

Eu mal conhecia Robert Favre Le Bret, que tinha reputação de homem hábil, pouco fanático por cinema moderno. De fato, ele possuía um instinto e uma inteligência raros. Mais que o cinema, morria de amores pela dança. A dança ou, antes, as dançarinas, chegando a se casar com uma delas, que em seguida se tornou diretora da escola de dança do Opéra de Paris. Assim, o amor dava asas a FLB — pois era por essas três iniciais que todo mundo o chamava. Não causará surpresa, então, que suas missões para o Festival, através do mundo, o arrastassem, como por encanto, aos países onde o corpo de baile se apresentava. Mas ele via poucos filmes, pois lhe davam enxaqueca. Assim que chegava, se fazia conduzir ao melhor hotel da cidade e tirava sua pressão. Em seguida, contatava os dois maiores produtores do lugar; uma visita a um:

— O que é que você tem este ano?

Um almoço com o outro:

— Então, é assim que estamos indo, caro amigo?...

E era tudo.

Quando se pediam notícias dele, respondia com uma vozinha:

— Não se vai muito mal, eu lhe agradeço — ou, numa voz mais fraca ainda: — Vamos bem devagarinho. — Mas ele dedicava sua vida a lançar, a proteger, a desenvolver *seu* festival com um faro e uma visão bastante assombrosas. Era um homem discreto, que me passou o gosto pelo segredo, pelas negociações em conversa privada. Mostrava-se indiferente às boas relações que tinha com uma imprensa que ele desprezava cordialmente. Às vezes me chamava ao seu escritório e me convidava cerimoniosamente a me sentar:

— Há algo que está me aborrecendo um pouquinho, caro amigo — me dizia ele, agitando a perna. Era preciso entender: "Estou completamente louco de raiva de você...". Eu ficava mais à vontade com Bessy, que fora jornalista (dirigia o semanário corporativo *Le Film Français*). Favre Le Bret era um protestante que emigrara para a Suíça; Bessy, natural de Nice que fora para Paris: vale dizer que não havia muitas afinidades entre eles. Mas se conheciam de cor e tinham necessidade um do outro.

Quando FLB chegava ao Faubourg Saint-Honoré pelo voo de Genebra, as damas do escritório se lançavam a seu sobretudo como se estivessem numa liquidação. Disputavam para ver quem o dobraria, tiraria seu pó, o alisaria com as costas da mão. E o instalaria amorosamente em um cabide. Em *seu* cabide!

EFETIVADO

Desconfiado, Favre Le Bret previra tudo. Mesmo os complôs. Fizera que fossem adotados estatutos sob medida em que ele era designado a uma só vez como presidente vitalício e como presidente reeleito a cada três anos, e utilizava com muita frequência a fórmula *ninguém é indispensável* para não excluir a si próprio do campo de sua aplicação. Em todo caso, mesmo a partir do dia em que a saúde o obrigou a arranjar um diretor, função que ele assumira durante mais de trinta anos, ele tivera a prudência de conservar os instrumentos do poder: a gestão do orçamento, os convites, os cargos, as relações com os poderes públicos e a prefeitura. Isso me caía como uma luva, pois só o cinema me interessava. Assim eu tinha liberdade de ação, mesmo que, de tempos em tempos, FLB me censurasse por não informá-lo o suficiente. Eu replicava que ele se imiscuía nos problemas sem conhecê-los: se quando eu estava viajando lhe passavam os russos com quem as relações estavam tensas, ele se comprometia sem saber, e tudo tinha de recomeçar. Quando, justamente, eu estava no avião para Moscou...

Ao fim dos seis meses combinados, FLB me convocou a seu escritório, de onde saí efetivado por seis meses, dessa vez em tempo integral e com salário de dois mil francos! Progredíamos. Só que eu não tinha nada para fazer. Meu escritório era vizinho ao de Bessy: quando ouvia ruído no dele, por exemplo a visita de um estrangeiro, eu batia, entrava e Maurice, com um sorriso enigmático, me apresentava à sua maneira:

— Você conhece meu amigo Gilles Jacob? — *Meu amigo Gilles Jacob!* Como se eu tivesse passado para lhe dar bom-dia...

8. Um aperto de mão histórico

GIDE

Aos dezessete, dezoito anos, Orson Welles era um de meus ídolos. O outro era André Gide. Duvido muito que hoje ainda se encontre uma foto daquela reunião, mas eu os vi juntos, em carne e osso. Eu os vi falar um com o outro, apertar as mãos! Já não devemos ser muitos os que presenciaram aquele acontecimento. Alexandre Astruc, talvez... Com Gide, foi, infelizmente, meu único encontro.

Acabávamos de chegar, com minha mãe, a uma projeção privada, no Club Objectif 49, onde eu fora apadrinhado por Jacques Doniol-Valcroze, um dos melhores críticos de cinema da época e fundador dos *Cahiers du Cinéma*. Muitos cinéfilos e alguns esnobes se espremiam para assistir à primeira apresentação mundial do *Macbeth* de Orson Welles. A coisa se passava na Maison de la Chimie, na Rue Saint-Dominique, no exato lugar, ficarei sabendo bem mais tarde, onde jovens da Resistência tinham sido condenados ao fuzilamento por uma corte marcial nazista, em 1942.

Fazia um frio danado, mas os casacos de minha mãe, suas suaves peles de antes da guerra, haviam desaparecido com o resto. Welles aceitara dizer algumas palavras, e Cocteau, que acabava de mostrar no cinema, sucessivamente, *A águia de duas cabeças* e *Les parents terribles*, não continha sua alegria de introduzi-lo. Estava-se entre colegas, não é mesmo? Gide estava ali como um próximo, acolhido, festejado, acompanhado por sua tradutora e amiga, Dorothy Bussy, que o acaso quis que fosse então parceira de bridge de meu pai. Ora, o autor de *Os subterrâneos do Vaticano* e de *Se o grão não morre* era então aquele velho senhor de aparência eclesiástica, friorentamente embrulhado em sua famosa capa de lã, de boina na cabeça e olhar lacrimejante? Eu o olhava ao mesmo tempo encantado e aflito. Ele me lembrava o sr. Billot, meu professor de literatura no décimo ano no Louis-le-Grand, também embrulhado num sobretudo grande demais para ele, protegendo o pescoço com um charmoso fular, deleitando-se com as palavras iniciais de *Paludes*:

> Às seis horas chegou meu grande amigo Hubert; voltava da equitação. Disse:
>
> — Ah! Está trabalhando?
>
> Respondi:
>
> — Estou escrevendo *Pântanos*.

O sr. Billon lia tão bem, destacando cada sílaba, se deliciando com elas, que ficávamos enfeitiçados, e o silêncio que se seguia à leitura ainda era parte do prazer. Depois, nos precipitávamos para um livreiro do Boulevard Saint-Michel para comprar todos os Gide usados que podíamos encontrar.

Querendo prolongar meu deslumbramento, minha mãe propusera a Dorothy Bussy que levássemos Gide de volta, de carro, à Rue Vaneau. Era eu que dirigia o Citroën, Gide estava sentado à minha direita. Naturalmente, imaginei o trajeto mais improvável, aleguei sentidos proibidos, ia a dez por hora, já que a distância entre a Saint-Dominique e a Vaneau é muito curta. Gide deve ter percebido essas maquinações, mas se calava, me olhava com o canto do olho. Mas sentiu que eu estava com o olhar fixo em seus lábios como o mergulhador em busca de pérolas no fundo do oceano. Por fim, girou sua bengala entre os joelhos ossudos e se inclinou para mim. Sua frase anódina continua em meu espírito com uma estranha precisão.

— E o senhor, o que tem a intenção de fazer?

Eu bem via que era uma banalidade, mas tinha Deus no meu carro.

Para dizer a verdade, nem eu próprio sabia quem eu queria ser. Respondi qualquer coisa.

— Mais tarde, gostaria de escrever.

Ele balançou a cabeça. Eu o vigiava furtivamente. O risco de perder um fragmento do que ele ia me dizer me apertava o coração.

— Ah, isso é bom — fez ele, e seus lábios finos formaram com relutância um simulacro de sorriso.

Infelizmente, já estávamos na esquina da Rue Vaneau com a Rue de Varenne. Gide saiu do Citroën com dificuldade, ou melhor, Dorothy o arrancou dali. Então, enquanto ele se enfiava no prédio com passos miudinhos, vi desaparecer para sempre aquela figura notável que para mim encarnava a grandeza e o mistério da literatura.

Graças à minha mãe, eu tocara a mão do grande homem! Gide, Welles, Cocteau, Sartre talvez, Camus com certeza, o homem da capa de chuva, a quem eu pedira uma dedicatória em uma venda de livros e que me autografara *A peste* (ele escrevera: "sinceramente"): mal se imagina o que essa exibição de gênios podia representar para um rapaz de dezessete anos, tímido e pouco à vontade, não sabendo nada da vida e convivendo apenas com alguns rebatedores de bola numa quadra de tênis e com algumas obras artísticas, em sua cidade natal que conhecia tão pouco. Mas inclinado à admiração e cheio de uma vontade sonhadora: desempenhar ele próprio um papel, por pequeno que fosse, em uma seara a ser descoberta. Eu redescobriria essa mesma exaltação em cada um de meus grandes encontros. O entusiasmo estava lá, não me abandonaria mais.

Aquela noite, minha mãe ficou surpresa de me ver voltar ao seu quarto.

— Eu não tinha dado boa-noite direito a você — eu lhe disse.

ORSON

No ano em que fui contratado para Cannes, em 1976, Maurice Bessy me leva a Los Angeles (para lhe ensinar o trabalho, ele me diz) e me envia em seguida a Moscou (para me ensinar a vida?). Em meu quarto, no Beverly Wilshire, um garrafão de água mineral italiana me transmite os cumprimentos de Dino Di Laurentis, amigo de Bessy. Sem contar as cestas de frutas com a assinatura dos principais estúdios hollywoodianos.

— Eles querem nos adular? — perguntei a Maurice.

— Não, cortesia de costume. Digamos, briga pelo poder.

Nessa época, cada estúdio tem a intenção de enviar um filme a Cannes, mas não à competição. Pelo prestígio. E, de preferência, filmes "cabeça", filmes de autor que os *executives* não sabem como lançar em salas, sem falar do ego dos diretores preocupados com reconhecimento internacional. Sobretudo depois que Altman ganhou a Palma de Ouro, em 1970, com *MASH*, filme cuja ironia eles não apreciam muito. Então, Cannes...

Em uma sala de projeção, em Beverly Hills, estamos examinando rolos e mais rolos de filme para a seleção de Cannes quando, de súbito, a luz se acende e a porta se abre com força. Encantado de nos fazer essa brincadeira, precedido por seu enorme riso cascateante, Orson Welles, meu ídolo do momento, faz sua entrada. Com o devido respeito, ele arrasta um pouco uma perna.

Eu me pergunto se a lembrança que ele evoca, para a geração de hoje, não é sobretudo a sombra desmedida que corre na tela na Viena de *O terceiro homem* e o homem que diz coisas divertidas sobre os relógios suíços chamados cucos...

Era a época em que ele não era visto em parte alguma: nada de número de telefone, um domicílio hipotético em Las Vegas — vale dizer, impossível de encontrar. Não para seu amigo Bessy, que, creio, tivera algo a ver com *Relatório confidencial* (fio invisível: nome do herói representado por Akim Tamiroff? Jakob...). Mais tarde, Maurice publicará um livro sobre Welles utilizando seus documentos sem lhe dizer, e Welles não falará mais com ele.

Mas lá, Orson fala. Com facilidade e improvisando. Ele nos faz um de seus números tonitruantes de prestidigitador.

Então se põe a bater papo com Maurice de uma maneira tão elíptica que sua tagarelice toma para mim ares de sociedade secreta. Depois, Orson se volta para mim e falamos de cinema. Como com Pialat, compreendo que poucos cineastas de hoje caem em suas boas graças: Welles por certo gosta de Martin Scorsese, e também de Terrence Malick, autor de *Terra de ninguém*, que ainda não é um filme cult.

E isso é mais ou menos tudo.

A CONTA DO CRILLON

Contemplo Orson. Seu corpo elefantino envolto na famosa capa escura. Do esbelto herdeiro de *Cidadão Kane* que ia comprar um teatro de ópera para uma cantora não subsiste mais que o nariz, um nariz ridiculamente pequeno, como sinal daquela vulnerabilidade juvenil que o torna tão atraente. Ignoro o que lhe deu esse invólucro carnal de perímetro alarmante. Por certo não o abuso de sorvete de baunilha que conferiu a Brando uma barriga tão considerável. Quem sabe o álcool. Ou aquela gordura de presunto que ele adora. Mas os verdadeiros culpados são o sistema hollywoodiano, a falta de dinheiro e as vertigens suicidas do excesso. Assim, nos estúdios, se neutraliza o gênio.

Resta-lhe o brio. De passagem por Paris para uma homenagem na Cinémathèque, o mirabolante Orson se dirige a seu hotel, sobe ao seu quarto, telefona para Oja Kodar, sua companheira que ficou em Los Angeles, e, quando termina a conversa, Orson não desliga o telefone: simplesmente pousa o fone na mesa de cabeceira. Assim, ele ficou na linha durante três dias. Imagina-se a cara do fiscal de Estado do Centre National de la Cinématographie quando o contador de Langlois lhe apresentou a conta do Crillon...

SALADA LEVE

Los Angeles, restaurante Ma Maison, alguns anos mais tarde. Impossível esquecer aquela voz que parece saída de uma barrica. Tão bela em Shakespeare, tanto podia vir de sir Falstaff quanto do paquiderme pesadamente afundado na primeira mesa à direita, na entrada do bistrô francês então na moda em Beverly Hills. Um desses cafés em que os garçons, quase todos atores, exercitam a memória recitando os pratos que não constam do cardápio. Uma cena repetida a cada mesa e digna de Henri Michaux.*

* "O que você tem aí no seu prato não está no cardápio" (Henri Michaux: *Um certo Plume*).

* * *

Os *executives* que ali se espremem em multidão comem sua entrada no terraço sobre a calçada, só Orson está sentado no interior.

Quando vou cumprimentá-lo aquele dia, Orson Welles está sozinho.

Ele faz menção de se levantar, tenta resolver o problema. Ele, que conheci sucessivamente magro e gordo, rico e pobre, mas sempre pronto a rir às gargalhadas, inicia o processo que o conduzirá à posição vertical, enquanto sua cadeira emite um rangido de satisfação. Apesar de minha insistência, ele permanece em pé durante toda a conversa. Por cortesia e, como ele diz, para honrar o Festival de Cannes, frase que pronuncia de um jeito engraçado. Seu terno está puído nos punhos e respiro ao seu redor um fino odor de cânfora, como se ele tivesse desejado manter à distância toda aquela fauna hollywoodiana cujos pios, lá fora, repercutem sob o toldo.

Convido Orson a ir entregar um prêmio em Cannes, ideia que evidentemente o diverte. Ele o fará, aliás, e assistiremos a uma cena surrealista em que ele entregará o *prêmio do cinema de criação* (?) conjuntamente a Bresson e a Tarkóvski, estupefato de ver o público vaiar: como Welles poderia adivinhar que Bresson, por seu filme *O dinheiro*, era acusado de ter contratado Valérie, a filha de Jack Lang, em troca da ajuda direta do ministro da Cultura? Pouco importava: as más línguas não fazem bons filmes.

Por ora, Welles evoca um futuro não muito mais emocionante. Solta primeiro um daqueles espirros homéricos que podem passar por um riso. E quando, à beira da asfixia, aspira enfim um bocado de ar, seus olhos enterrados na gordura brilham com uma alegria selvagem.

Ele me explica que o futuro não é do cinema infantil com que são inundados os adolescentes, mas que está muito velho para esperar. De resto, esperar o quê? Ele toca o rosto com as costas da mão como para verificar que seu narizinho continua a existir. Perdeu sua faceta de querubim irônico para adotar a de velho cético, último moicano de uma raça em via de desaparecimento: os demiurgos visionários.

Orson me oferece um gole de Cabernet sauvignon, desculpando-se de que não seja um Margaux.

— Olhe só para eles — diz Orson, contemplando a Hollywood inteira que, no pátio, belisca sua salada leve. — Observe-os se pavonear com sua pele bronzeada, suas pequenas transas lamentáveis, sua cocaína ao alcance da mão... Veja como têm medo de perder seu lugar, com seus olhares mortíferos e seu sorriso de cobra. Outro dia, uma dessas cobras, um garoto de vinte e oito anos, *executive vice-president* num estúdio, acho que na MGM, pediu a Billy Wilder que lhe contasse o que tinha feito na vida. A Billy, você se dá conta? E sabe o que Billy respondeu? Respondeu *You first* (Você primeiro)! — (Aí Orson sufoca de rir.) — Aproveite, meu caro amigo, Hollywood inteira está aí... — (Conheço várias pessoas lá fora, ele fala alto, fico embaraçado...) — Sim, os ratos estão aí — continua ele —, os executivos dos estúdios, os atores, os diretores, os advogados, os agentes, as mulheres, *as mulheres!* E toda essa merda que eles produzem hoje, não é a vitória do cretinismo e da grana?... — Nesse exato momento Orson volta a ter a veemência do rei Lear: — Hollywood se tornou um tonel que rola para o abismo. Eles matam uns aos outros. Veja o chão deste restaurante, está cheio de cadáveres...

E novamente, só para mim, o marinheiro O'Hara conta a famosa história de *A dama de Shangai*, a história dos tubarões que lutam entre si e cujo sangue tinge o mar de vermelho... Sob a hilaridade vingadora dessa filípica não é difícil perceber um grito de sofrimento.

Eu me esquivo, deixando Orson, que voltará a sentar, com seu delicado problema de energia cinética. O cineasta Henry Jaglom, que vem almoçar com ele, já se aproxima sorrindo.

— *He is all yours*, ele é todo seu, Henry — eu lhe digo. E retorno à minha melancolia.

Limusines estacionam na Melrose. O sol ricocheteia sobre cromados e carrocerias escaldantes. Ao volante de um quatro-portas, um Oldsmobile com estribo ou um Pontiac, avisto um homem velho e triste que só pode ser o motorista de Orson. Um motorista que, imagino, deve transportá-lo três vezes por semana como Eric von Stroheim conduzindo Gloria Swanson em *Crepúsculo dos deuses*. De Billy Wilder, justamente.

Enquanto espero meu carro, o proprietário do restaurante, sobrinho do dono de La Tour d'Argent, me acompanha. Bem perto de nós, na calçada, uma pequena fonte jorra com uma voz clara. Palmeiras, buganvílias, roseiras trepadeiras. Terrail está enfarpelado como um príncipe. Seus sapatos de dois tons, seu terno azul vivo com riscas afastadas, sua gravata amarela, acompanhada de um exuberante lencinho laranja, têm tudo para seduzir a bela clientela. O outono se aproxima. Um bando de corvos-marinhos volta para o norte.

— Venha nos ver de novo — diz Terrail.

9. A roda de fiar de minha avó

A LUTA DOS CLÃS

Não somos nada se esquecemos nossos antepassados. Minha avó materna nasceu Marguerite Salomon, em 5 de abril de 1880, na Place du Théâtre-Français, 5. Era filha única do sr. e da sra. Alexis Salomon, meus bisavós, instalados no Boulevard de la Station, 20, em Garches. Aos vinte anos, casa-se com um engenheiro que estava entre os melhores da escola politécnica. Ele então se exonera do exército. Lambert Lévy se torna, muito jovem, diretor da L'Est Lumière, ancestral da CPDE, a Compagnie Parisienne de Distribution de Electricité. A ele se deve a invenção da iluminação de ruas nos subúrbios. Esse demolidor dos bicos de gás, muito facilmente quebrados por vadios, morreu cedo demais (em 1934) para que minhas lembranças dele — lornhão, barbicha, bigode — não venham mais de fotografias que de meu estoque pessoal. Lembro-me, porém, tinha três ou quatro anos, de uma plataforma de estação, no verão, de apitos de locomotivas a vapor, de um velho senhor de botinas que me lança ao céu: devia ser Papa Coco, seu apelido para meu irmão e para mim, voltando à tardinha de Montreuil para sua casa de Garches...

Antes de seu casamento, ele morava na Rue de la Harpe, no número 1. Reencontrei há pouco um cartão em que ele escreve à minha avó Marguerite.

É ela que chamávamos de Maman Do e que morava na Rue du Louvre, 16; usava uma bengala com punho de guidão que reforçava minha ideia — na copa eu ouvia falar de Tourmalet, de Aubisque, de Isoard — de que ela quebrara o colo do fêmur em uma etapa do Tour de France. Tinha cabelos com rinçagem violeta, curiosamente armados do lado, e óculos de tartaruga clara que suavizavam ainda mais o oval do rosto. Mesmo na meia-estação, ela dizia "Estou gelada" e se aquecia junto da salamandra de mica avermelhada que, a seu pedido, era deixada acesa noite e dia. Largava atrás de si um delicado rastro de mel de hamamélis e abastecia sua *bonbonnière* com pastilhas de chocolate que nos eram destinadas. Era um amor de avó.

Havia briga pelo poder entre a Rue du Louvre e a Rue de Courcelles, onde foi morar Jeanne, minha outra avó, depois da morte do marido, Auguste, o corretor de imóveis, também em 1934, um ano de hecatombe para os avôs franceses, em todo caso para os meus. A esta avó aqui, Jeanne Jacob, nascida Weil, chamávamos simplesmente avó: parece que meu pai, desde o nascimento de meu irmão mais velho, fez antecipadamente uma opção por esse título oficial, não havia o que discutir. Depois da morte de seu marido, ela se vestia toda de preto, o pescoço ornado por uma fita de seda também preta. Todo esse preto me impressionava, assim como a cicatriz redonda na maçã de seu rosto — antigo ferimento causado pela flecha de uma espingarda de criança. Para receber, a avó "tinha seu dia". Tinha igualmente um gato de porcelana que não resistiu ao golpe de aspirador de uma empregada espevitada. Tinha, enfim, um jogo das pulgas e uma roda de fiar. Ela deve ter trazido essa roda e todo o equipamento de fiandeira como troféus de seus próprios antepassados, os Weil de Colmar. Quando eu mexia um momento na meada e na bobina de cânhamo, fazia saltar algumas pulgas para dentro do copinho e brincava com o carro de bombeiro, vermelho como se deve, ela me mandava de volta com vinte tostões. Maman Do ganhava facilmente essa partida me entregando às escondidas cinco francos. Depois ela me instalava diante do trem elétrico que tinha na própria sala e aquecia no banho-maria chocolates untuosos como cardeais da Igreja.

À noite, em casa, meu pai emburrava:

— Seus filhos vão ver sua mãe com mais frequência que a minha... — Foi aí que, sem saber, adquiri rudimentos de diplomacia. As brincadeiras na casa da avó não me divertiam mais havia muito tempo, mas eu fingia me distrair para agradar meu pai. E, para marcar bem essa supremacia diante de minha mãe, ele me pegava no colo e me dizia: — Hem, você se diverte muito na casa da avó...

Depois da aula, era mais fácil ir à Rue de Courcelles ao sair do Carnot, para se regalar na padaria com as trancinhas de alcaçuz escuro que se enrolavam sobre si mesmas em volta de uma bolinha vermelha de açúcar-cândi. Mas minha mãe usava de artifícios, vindo nos buscar com o Talbot ou o Delaunay-Belleville, no volante do qual, como boa precursora do feminismo e orgulhosa de ter sido uma das primeiras mulheres a ter carta de motorista, ganhara em La Baule um concurso de elegância. Ela me levava ao Carnot em seu belo carro novo. Teria adorado me deixar bem na frente do liceu mas, por vergonha ou por pudor, eu preferia descer mais longe.

Não tenho lembrança de refeições com os dois clãs reunidos. De resto, entre nós não existiam os grandes banquetes. Mas sobrevivi àqueles milhares de fatias de fígado de vitela bem cozidas que era preciso comer até o fim porque "o fígado contém ferro".

A competição se exercia em todos os campos, inclusive no da arte, mas, entre o Napoleão III apreciado em Courcelles e o *art nouveau* da Rue du Louvre, entre um retrato de família gasto e uma horrível marinha (uma onda côncava de dar enjoo), como se pronunciar? O Comissariado Geral para as Questões Judaicas, que não olhava isso tão de perto, a não ser que fosse a vizinhança, fez a mudança dos dois mobiliários sem se preocupar com comparações.

10. O cavalo da rua Tagánskaia

MIGUEL STROGOFF

Fevereiro de 1977. Minha primeira grande negociação internacional.

Tem-se a impressão de que não há uma multidão ao pé da escada do Iliúchin, em Cheremetievo. Faz um frio de rachar. Não avisto nem o vice-ministro, sr. Ermach, nem o responsável pelos festivais no Goskino,* sr. Chkalikhov, nem o diretor da Air France, sr. Tchepelkin, nem o chefe de escala, sr. Antoine, tampouco o sr. Lazerges, da France-Presse, nem a sra. Elena, mulher recomendada por Bessy e que, entre outros talentos, devia falar francês, nem mesmo o estranho sr. Ivan.

Sem dúvida, esses dignitários recearam não me identificar sob o chapéu de pele que me dá ares de Miguel Strogoff. Em seu abono, um vento violento, para o qual nenhum relevo constitui obstáculo entre Verkhoiansk e Moscou. Milicianos arrogantes me poupam do salão de honra e decifram laboriosamente os vistos.

A porta para a pista ficou aberta. Uma corrente de ar glacial. Eu a empurro. Um soldado se aproxima, abre a porta de novo com um pontapé, depois me

* Órgão central do cinema soviético.

reconduz para a fila, seu kaláchnikov apontado para o meu peito. Bom. Não estou mais no campo da iniciativa individual...

É a minha vez. O guarda encara minha foto, ergue a cabeça. Então volta àquela fotografia que tem bem uns dez anos. Será que vou passar a noite numa cela como Yves Boisset, que viera buscar o grande prêmio do festival e se impacientara? Mas não se podia entrar sem visto e o visto demorava oito dias para ser obtido, caro sr. Kafka... Reconhecido no dia seguinte, Yves — no entanto inscrito no PC — recusara as desculpas e exigira que o pusessem no primeiro avião.

— Mas é um voo para Estocolmo...

— Para onde o senhor quiser, desde que eu me safe daqui!

BÁBUCHKAS

Recupero minha bagagem. Uma mão agita com indolência um cartaz com meu nome.

— Senhor Ivan? — pergunto.

— Senhor Ivan. Sou seu intérprete.

Ivan tem um fino bigode ruivo e a cordialidade volúvel da alma eslava. A noite cai, o motorista dirige muito depressa pelos subúrbios com construções uniformes. Placas de neve acinzentadas rangem sob os pneus.

Na frente do hotel Sovietskaia, o antigo hotel de luxo reservado aos hóspedes estrangeiros, duas velhas *bábuchkas*, ajoelhadas na calçada, cavam o gelo com buril, e sua respiração pendura sob seus fícus minúsculas estalactites. Quando erguem a cabeça me dirigindo um sorriso modesto, sou tomado por forte emoção, algo vindo da noite dos tempos: tenho a impressão de ver o reflexo de minhas duas avós, como se, mergulhando silenciosamente sob a diferença de sua condição, elas tivessem sonhado com uma outra vida em outro mundo.

— Esse não é um trabalho de mulher — digo a Ivan.

— O senhor sabe — todas as suas frases começavam por "o senhor sabe" — , durante a guerra a União Soviética perdeu 25 milhões de seus filhos, a maior parte do sexo masculino — recita ele.

A guerra, as consequências da guerra; mas chegou o momento de visitar meus aposentos.

Não estou sendo esperado. É preciso telefonar. Discussões intermináveis. Escaramuças com a recepção. As coisas acabam por se arranjar, mas meu passaporte é confiscado, o que, à noite, em uma cidade cuja língua não conheço, desperta num ex-perseguido pela Gestapo pavores doentios.

Passada uma hora, estou enfim em meu quarto. Ivan fez questão de me acompanhar. É para me entregar uma soma em rublos com a qual deverei viver. Ao fim de três dias, ele renovará o adiantamento... Mas é sobretudo para me perguntar — ele baixou a voz:

— O senhor conseguiu meus dicionários?

— Como?

Ivan parece surpreso.

— O senhor Bessy não lhe disse nada?

E ele me explica que é *refuznik*, que acaba de emigrar e precisa de livros para aperfeiçoar seu vocabulário. Eu nunca soube se era um intelectual hostil ao regime ou um membro da KGB encarregado de me ludibriar em matéria de rublos.

— Desconfie da KGB — disse Maurice —, todos os intérpretes fazem parte dela.

Dou a Ivan minhas revistas. Ele as introduz sob seu blusão e me recomenda tomar meu café da manhã na sala de jantar. Então me deseja uma boa noite: presunçosa profecia.

Vasto, forrado com um deprimente papel grená com guirlandas, o quarto não é muito convidativo. Das torneiras do banheiro escorre um líquido amarronzado. Mas isso me é indiferente... Piso o chão de Tarkóvski, de Iosseliani e de Paradjanov! Então, é de coração aberto a todos os deslumbramentos que decido ir dar uma volta no hall.

No meu andar, uma *dejurnaia* com ares de Grande Inquisidor quer confiscar minha chave. Sem passaporte e sem chave, não se é nada: tento conservá-la, ela me arranca o chaveiro de madeira. Visivelmente, a matrona não está programada para deixar o turista se explicar. Sem dúvida, mais um agente da KGB. Prometo a mim mesmo inspecionar a fundo os esconderijos de microfones.

O hall está vazio, abafado. Por toda parte, colunas de mármore muito ao estilo "realismo soviético". Uma música ligeira parece vir da sala de jantar. Sob imensos lambris, uma orquestra feminina moe melodias da moda. Nenhum gato-pingado na sala. Sento-me a uma mesa sem perceber que o serviço está encerrado. Ao fim de meia hora, como não passa pela cabeça de ninguém me informar disso, tampouco aviso que vou voltar ao meu quarto.

A *bábuchka* do meu andar desapareceu.

Minha chave?

Espero horas, bato a uma portinha. Desço para pedir outra chave ou outro quarto. Na recepção, também ninguém. Passa um rapaz, que não me responde. Torno a subir. Uma segunda porteira faz uma aparição cambaleante. A outra deve ter trocado sua guarda por uma garrafa de vodca. Há um quadro protegido por uma moldura de vidro sobre a mesa e é preciso indicar meu nome. Mas tudo está escrito em caracteres cirílicos e esqueci o número de meu quarto...

Um pouco mais tarde, mordisco os amanteigados que me restam quando a avisto. *Ela* está lá, avançando para mim como o mosquito dos *Subterrâneos do Vaticano*. É claro que não passa de uma pequena aranha soviética e, visto seu tamanho, seu trajeto, sua velocidade, precisará de mais horas que as de uma noite para chegar à perpendicular da minha cama. Lá no alto, tecendo sua teia, as patinhas aceleram sua sarabanda. Sem dúvida, eu deveria caçá-la, senão minha vida, minha vida noturna, se tornaria um inferno. Inspeções, escutas, acendimento de luz ao menor rangido de mandíbulas... Em que estado de miséria fisiológica vou estar amanhã?

De quando data essa paranoia? Trinta anos? Provavelmente quarenta. O menor arranhão no joelho, e eu sempre tive de exigir uma injeção antitetânica, uma coleta de sangue, uma radiografia do pulmão... Agora melhorou. Vocês compreenderão que estou curado quando lhes tiver dito que a tarântula está agora *debaixo* da minha cama. Não, estou brincando: estou de fato curado. Talvez tenha compreendido, com o distanciamento, que as coisas jamais se passam como se acredita. Volto a acender a luz. Na falta de vassoura, confecciono uma zarabatana tal como a homologada no Licée Louis-le-Grand. Mas o monstro desapareceu. E enquanto me pergunto se não há um tanto de teatro no meu terror sem que eu admita, ouço, atrás de mim, a voz protetora de minhas *bábuchkas*: *É hora de dormir, meu querido.*

No programa, visionamento e visitação de Moscou. Torno-me imbatível a respeito do Krêmlin, das galerias comerciais Goum, da rua Górki, mesmo de um pequeno Gauguin ocre da Galeria Tretiakov. Logo compreendo por que o motorista nunca desliga o motor do Zil, mesmo quando estacionado. A gasolina congelaria. Enquanto um sol pálido lança grandes manchas sobre o gelo do rio Moskvá, o frio se infiltra nas luvas, sob as roupas, por toda parte. Dou alguns passos. Esqueci meu chapéu de pele no hotel. Um homem da rua — um petroleiro de Baku, um kazantzakiano de Alma-Ata ou um quirguiz de maçãs do rosto salientes — apanha um punhado de neve e me esfrega as orelhas que começaram a congelar.

Quero lhe oferecer um trago, mas ele já desapareceu na multidão.

Sombrios, acotovelando-se nas grandes lojas, os soviéticos vão, vêm, param, vão de novo, fazem fila sem dizer uma palavra, sempre com uma sacola de provisões para o caso de chegada de alimentos, e percorrem as grandes avenidas de raros carros, perspectivas imponentes, esplanadas gloriosas, sem um olhar para os campanários da cidade imperial, os bulbos, as cúpulas douradas, ignorando também os milicianos sob seus grossos capotes azuis e seus gorros forrados de pele. Mas, mesmo assim, aquele ajuntamento em redor de um pobre cavalo que deve ter escorregado na neve e que permanece deitado, na rua Tagánskaia, talvez com uma pata quebrada...

PASTORAL

— O senhor é um anticomunista primário como o senhor Bessy? — me pergunta Chkalikhov ao fim de dois dias de visionamento em que me arrastaram de uma sala a outra, provavelmente para me impressionar com seu número. Eu lhe garanto que não. Tenho amigos comunistas em Paris, Samuel Lachize, Marcel Martin, críticos que decerto não lhe são estranhos, não é? Conheci bem até o Sadoul. Chkalikhov meneia a cabeça. Ele sabe de tudo isso, tem minha ficha. Lá está ele, apertado em seu terno azul-marinho que exala um forte perfume de almíscar. De tempos em tempos seus olhos reviram, como que assustados com o pouco que sua boca disse e que ainda é demais.

Eu lhe peço que me mostre *Pastoral*, o novo filme de Iosseliani, sobre o qual não se deve dizer que está proibido.

— O senhor sabe — disse Ivan —, eles não o darão ao senhor.

— E por que não?

— Há uma sequência em que se avista ao fundo de um plano um camponês que ceifa seu campo. Preste atenção, isso não dura mais que um segundo...

— E daí?

— Pense bem... Um sujeito com uma foice, para o Comitê Central, é como uma negação de que a União Soviética entrou na era do maquinismo agrícola. Inaceitável!

Ele não está brincando. Chkalikhov começa por me dizer que não existe cópia, depois, no dia seguinte, que vão mandar trazê-la, e enfim que, se eu quiser ver o filme, terei de ir à Geórgia.

— Certo. Eu vou.

Mas, no dia seguinte, já não é certo que exista uma cópia, mesmo em Tbilisi...

Enquanto isso, examino muitos filmes e, ao contrário de Bessy, não os interrompo: surpresa dos responsáveis.

Então, é atordoado por essas longas horas de visionamento, cansado por minhas noites insones, exasperado pela ausência de notícias de Paris — "espera indeterminada", repetem sem descanso as telefonistas — que me apresento na famosa reunião final com o vice-ministro, minha primeira grande negociação internacional!

Bessy me avisou:

— Acima de tudo, não ceda.

Favre Le Bret me preveniu:

— Com os soviéticos, vá com calma.

Como tudo é simples...

A sala das reuniões protocolares é imponente; lá estavam os biscoitinhos, o chá, a vodca, as pastas com mata-borrões cor-de-rosa, os estojos de escrita de bronze. Um suculento odor de cera me lembra o seminário. Entro primeiro com meu intérprete, que está acompanhado de outro intérprete, sem dúvida para vigiá-lo. Depois Chkalikhov aparece, impenetrável, e enfim o vice-ministro Ermach, acompanhado por dois outros vice-vice-ministros, com uma evidente preocupação de cerimonial. Parecia o vice-rei de *A carruagem de ouro*.

De olhos plantados nos meus, Ermach me esmaga a mão. Demo-ra-da--men-te. Depois as duas delegações se instalam de um lado e outro da mesa em redor da qual vão medir-se, em uma inconciliável hostilidade, a onipotência dos políticos e o amor pelo cinema. Silêncio! O ministro vai falar. Ele fala.

Ermach me pede uma exposição sobre o cinema mundial. Está visivelmente me testando. Eu por minha vez o examino. Velho mujique loiro, irascível e sanguíneo, usando a insígnia estrelada dos dignitários. O homem é grosseirão, mas o olhar é de uma vivacidade! Imagino que, em segredo, ele ama os cineastas, mesmo os que não andam na linha. Concentro-me em uma veia que pulsa em sua têmpora. Erro!

É esse exato instante que o ministro escolhe para se enfurecer. Ele se entrega a uma dessas cóleras programadas que vão se estilhaçar contra os vidros duplos. Meu tradutor traduz. Ele está encharcado de suor. O tradutor-chefe o corrigiu sobre um detalhe.

A linha geral é que Bessy "não passa de um pobre-diabo" que detesta os soviéticos em geral e seu cinema em particular.

Eu me insurjo imediatamente. Maurice é, ao contrário, um ardoroso amante do cinema russo, mas vocês jamais querem nos ceder suas obras-primas...

— Por que então — pergunta o ministro — não levam mais filmes nossos? A União das Repúblicas Socialistas é uma grande potência. O senhor, que sabe tudo, pode nos dizer quantos filmes rodamos todo ano?

— Por que então — digo, por minha vez — ter esperado três anos para nos dar *Andrei Rublev*, essa obra-prima absoluta? Aliás, nós o mostramos sem sua autorização...

(Ouço daqui as repreensões de Favre Le Bret, mas é mais forte que eu.)

— Por que o senhor Bessy foi duas vezes neste inverno aos Estados Unidos? Por que ele próprio não vem a Moscou?

— E por que recusar *Pastoral*, a mim, que adoro Iosseliani?

— Cabe a nós julgar isso, e vocês, vocês nos pedem sempre filmes inter... não terminados!

De súbito, o ministro desce o punho sobre a mesa. Será que vai ter um ataque de apoplexia? Será que se perguntará em voz alta se eu também não seria um "pobre-diabo"?

No silêncio que se segue, a crepitação da calefação forçada ao máximo.

O ministro de repente se levanta. Rodeia lentamente a mesa e me dá um grande tapa nas costas. Essa impetuosa palmada parece devolver-lhe de repente o bom humor. Ele ri. Todo mundo o imita.

— Eu lhe digo até breve, caro senhor Jacob. Um pouco de vivacidade torna nossos destinos menos insípidos, não acha? E não se esqueça: somos uma grande potência.

Com alívio, vejo ir-se o ministro Ermach, seguido de perto por seus dois acólitos, como Claude Rains no fim de *Interlúdio*, de Hitchcock. Um dia, todo aquele sistema iria abaixo. Os esbirros reclamariam a cabeça de Filipp Ermach e ele próprio, esquizofrênico sem saber, acabaria dividido entre suas convicções políticas e seu fraco pelos artistas. Ele explodiria em voo.

Renunciando a *Peça inacabada de piano mecânico*, ou Tchékhov filmado por Nikita Mikhalkov, escolho *Os órfãos*, de Nikolai Gubenko, a guerra e as crianças postas em cena com uma consciência muito clara da decadência. Primeira seleção, primeiro erro: aprenderei que, à força de ver muitos filmes ruins (23), os filmes ruins acabam por induzi-lo a erro.

Podia eu adivinhar, então, que Gubenko se tornaria ministro da Cultura ou que Abuladze, cujo filme me foi ocultado, seria um dia premiado em Cannes?

Devolveram meu passaporte. A neve derretera. O voo da Air France estava no horário.

11. O prazer de viver

PEITO FRACO

Em nossa infância, as boas notas em classe nos rendiam, a Jean-Claude e a mim, um acessório de trem elétrico: túnel, estação, posto de orientação, vagão; por um prêmio ou uma menção honrosa, uma locomotiva! Enquanto a doença nos valia soldados de chumbo. Ganhávamos cavaleiros por uma garganta inflamada, um regimento por uma doença contagiosa.

Seria fastidioso fazer a lista das doenças infantis que peguei quando pequeno — tive absolutamente todas, até mesmo a difteria numa época em que os antibióticos não existiam. Nos dias de febre, que ocorriam como por acaso nos dias de prova escrita, mal meu pai havia saído com Gros-Albert eu me metia na cama de minha mãe e a olhava se maquiar, antes de mergulhar em um doce torpor. Depois era a chegada cerimoniosa do dr. Niel, da Rue de l'Université, 229, que, do alto de seu lornhão, logo me fazia compreender que não era bobo. Mas nossos interesses não estavam ligados? Então ele exibia todo o seu jogo de cena e seu estetoscópio. Passava seu instrumento gelado sobre meu peito fraco.

— Mostre-me a língua — a espátula enfiada muito fundo quase me fazia vomitar —, me dê a mão — ele tomava meu pulso —, você não tem nada, meu rapaz, pode voltar a se deitar — e redigia a receita. Minha mãe não teria deixado a ninguém o cuidado de fazer aqueles famosos cataplasmas de farinha de linhaça ou os sinapismos de farinha de mostarda. Quentes mas não escaldantes, envoltos numa gaze que, assim, parecia conter um prato de salada cozida: meus cumprimentos, dr. Niel! Remédio milagroso tido como cura para brônquios já tão obstruídos pelos nevoeiros da cidade: ainda não se falava de poluição... Em casa, o doente só era considerado curado se sua temperatura chegasse a 36,7 graus vários dias seguidos. Minha mãe consultava o termômetro e eu voltava aos meus edredons, aos meus livros de Erckmann-Chatrian e a meus xaropes de romã. Com a ajuda da febre, eu via girar o carrossel do lustre de madeira com cavalinhos espetados que casava tão delicadamente com os móveis azuis laqueados de meu quarto de criança. Hitler podia muito bem proclamar sua receita contra os judeus, a do bom dr. Niel me bastava. O rei do mundo era eu!

O PAI DE HITCHCOCK

— Você os mima demais — dizia meu pai. Mas, em outros momentos, era: — O que eu fiz ao bom Deus para ter filhos assim?... — E é verdade que às vezes fazíamos as maiores travessuras.

— Agarre — digo a meu irmão —, pare-a!

Mas não, a bola rola pela sacada, passa sob a grade de proteção que minha mãe mandou instalar, vai para a calçada e roça, amassando, o quepe do guarda municipal em serviço no cruzamento. Minha pressão arterial sobe à medida que a queda se acelera e que o "senhor guarda" se dirige para o cubículo do porteiro. Com uma diferença de dez centímetros, o guarda repousaria em paz e nosso pai, responsável civil, como se diz, apodreceria na prisão. Os pais muitas vezes tendem a exagerar as qualidades dos filhos, mas naquele dia não se terá orgulho de nós nas altas esferas. Aos cinco anos, descubro as leis da gravidade e a mecânica das palmadas no traseiro. Conta-se que o pai de Hitchcock, cansado das travessuras do pequeno Alfred, pedira ao delegado que encerrasse o filho um dia inteiro numa cela, e que o efeito dessa prisão sobre o futuro cineasta o fez reservar as más ações para os filmes. O pai de Bergman, por sua vez, infligia chibatadas que deixavam marcas sangrentas nas costas dos filhos; em seguida, era preciso beijar a mão do pai pastor.

Então Jean-Claude e eu escapamos de boa. A verdade é que, muitos anos mais tarde, lembro-me dos menores detalhes daquele dia pouco glorioso, como se a bola não terminasse nunca de ricochetear na calçada e o guarda, de levar seu apito aos lábios...

Parece evidente que a frase de meu pai só podia ser dirigida contra minha mãe. Minha mãe, que nos educava numa redoma, num amor que nos furtava à autoridade patriarcal. Esse rapto afetivo deixava meu pai fora de si. Mesmo quando adultos, mesmo quando nós mesmos nos tornamos pais, tivemos de suportar essas lutas pelo poder. Mais sensível que eu, Jean-Claude se mostrava afetado por essas querelas surdas. Já eles não se preocupavam com o efeito que essas briguinhas teriam sobre Jean-Claude. Eu as achava maçantes e me safava dando razão a um e a outro.

— O que é que eu fiz ao bom Deus... — dissera meu pai, e repetirá essa lamentação, com mais veemência, quando um pugilato fratricida fizer voar em estilhaços o vidro translúcido de seu banheiro ou quando meu irmão tiver de se apresentar de novo ao exame oral do final do curso secundário. Considerando que mamãe nos educava como maricas, meu pai falava grosso, destacando nossas outras besteiras, que eram muitas. Eu era, por exemplo, o célebre professor Lardenois, o cirurgião que me tirara o apêndice na clínica da Rue Blomet. Eu, por minha vez, praticava a intervenção em meu urso. Depois da incisão, tão limpa, eu extraía de suas entranhas massas de crina, então pedia linha e uma agulha para recosturar a cicatriz. Recusavam-me a agulha, mas Céleste, que trabalhava na cozinha, tinha piedade de mim e suturava a ferida. À noite, ao voltar para casa, meu pai encontrava restos de pelúcia em seu lavabo e, farejando a autópsia, ficava furioso de novo. Havia uma variante, gritada batendo a porta:

— Você vai dormir sem jantar, e não dê nem um pio! — Eu ficava aterrorizado. Uma atmosfera de catástrofe iminente como o fim do mundo enchia o aposento. Jean-Claude abafava seus acessos de riso sob os lençóis e, em vez de ir cear na casa de amigos, minha mãe inventava enxaquecas para nos fazer companhia. Assim, meu pai ficava duplamente de mau humor diante de uma família que lhe dava tanto o que fazer.

Minha mãe era filha única. Ao casar, com apenas 22 anos, não conhece muita coisa da vida, para não dizer absolutamente nada. Ela se encarrega da casa, vê muito os pais — o que também irrita meu pai — e compensa suas frustrações e sua minúscula altura comprando uma infinidade de coisas inúteis. Adora antes de tudo seus filhos.

Meu pai era alto, corpulento, de traços aquilinos, sério, irritável, fechado, era difícil se sentir próximo a ele, menos quando, ao nos levar para passear, falava sobre a sua guerra, a de 1914. Ele salvara dois soldados feridos sob bombardeio. O trabalho e a família parecem ter sido seus principais centros de interesse. O vínculo com a mãe, principalmente, se sobrepunha a todo o resto, inclusive, receio, ao amor conjugal. Como disse, ele passava para ver sua mãe às cinco horas. Só se eximia disso quando saía em viagem e mesmo assim muitas vezes dava um jeito de voltar a tempo. Revelava então, satisfeito, que Gros-Albert tinha "andado bem". Um dia em que meu pai fizera questão de pegar o volante, eles foram parados em uma passagem de nível. O expresso Paris-Le Havre passou em grande velocidade, mas o motorista julgou reconhecer Jean Gabin nas alavancas de comando da locomotiva. Então ele pensou que certamente era bela a vida que permitia tal parada no meio do destino. Nisso, meu pai mandou todos dois para a vala, acidente cuja marca no rosto Gros-Albert carregou por toda a vida.

De Rouen a Fécamp, de Bréauté a Yvetot, como uma notabilidade de *Madame Bovary*, meu pai conhecia como a palma da mão todos os tabeliães da Normandia, as agências imobiliárias, as vendas em leilão, por penhora ou licitação. Ele comprava, vendia, dividia, guardava, comprava, vendia... Dizia, sorrindo, que não se podia "passá-lo para trás". Que aos bancos não se deve dever nada mas, ao contrário, emprestar-lhes dinheiro. Ele sorria, mas mesmo quando sorria, intimidava sua gente. Não me lembro de ter visto meu pai de roupa esporte ou de roupa de banho, mas, quando jovem, deve ter jogado tênis, pois encontrei numa mala uma velha raquete com cordas frouxas, uma Driva Champion. E era imbatível no bridge. Há uma foto em que está parecido com Malraux. Veste farda com seu gorro de capitão da reserva, sentado à mesa com outros oficiais, e jogam cartas. Do cigarro que se consome entre seus dedos, sobe uma voluta de fumaça, e a cinza é tão comprida que se morre de vontade de lhe passar um pires. Ele continua igualmente concentrado numa outra foto, dessa vez o cigarro está cravado no canto dos lábios e ele pisca os olhos, pois a fumaça o incomoda para fitar o jogo que esconde dos olhares indiscretos. A legenda não diz se ele joga um vulnerável três sem trunfo, mas a fisionomia do parceiro exprime uma atenção sorridente: ele nota o fotógrafo.

É a época da primeira fase da guerra, ano em que a França finge estar segura de si. Nossos pais nunca falam nisso diante de nós, mas zanzando pelos lados da cozinha sinto que alguma coisa não vai bem. Do rádio saem de tempos em tempos os impropérios amplificados do famoso ditador. Um dia escuto meu pai dizer à minha mãe que vai haver guerra e, quando entro no aposento, ela se vira e vejo que chorou. Suas lágrimas me perturbam. Para me consolar, somos levados à avenida para ver o desfile do Exército francês. Há barreiras, guardas municipais, oficiais importantes com quepes agaloados, periscópios, música militar de dar vontade de marchar em passo cadenciado. A multidão grita, aplaude.

Os jornais estão cheios de palavras-chave como "Entente cordiale", "não intervenção", "Munique", mas não as leio mais que os artigos dedicados à invasão dos Sudetos.

— Viva a ordem! — lança um sujeito de polainas. À altura da rotunda, a fanfarra da Marinha toca "Sambre et meuse" e, subindo os Champs-Élysées, os cavalos da guarda republicana enfeitados com farda de gala às vezes soltam no calçamento o pesado esterco do alívio. Um homem que grita "Traição!" é rapidamente arrastado para a delegacia. É um daqueles belos dias em que a brisa de verão faz dançar os vestidos leves das parisienses, mas não me interesso por isso. A falsa doçura dos anos 1930 começou a desaparecer num piscar de olhos...

Eu não me incomodava de ter uma juventude tão preservada, tão mimada, tão privilegiada. A respeito dessa condição, eu não pensava nada, não conhecendo outra. Então a guerra passou como um furacão sobre minhas certezas. Comecei a me fazer perguntas. Por que meu pai pedira a mão de minha mãe? Por que ela? Onde a conhecera? Aquele era um desses casamentos arranjados entre duas famílias, duas comunidades de interesses, duas classes sociais equivalentes, dois patrimônios que cedo ou tarde se somariam? Era isso a felicidade? Para qual felicidade caminhavam ao se dirigir um para o outro para uma valsa de mil compassos? A absoluta convicção de que meus pais formavam um casal unido me dominou até a guerra. Compreendi que não era nada disso quando a música cessou e os dançarinos se separaram. O baile acabara, a página dos tempos felizes fora virada.

12. Um Woody grande como o Ritz

O TRIUNFO DE MANHATTAN

Um dia de abril de 1979, eu era diretor-geral em Cannes havia um ano, Ernst Goldschmidt, da United Artists, me telefona. Ernst não é um *executive* como os outros. Ele sabe o nome dos cineastas.

— Você ainda tem um lugarzinho no programa? Tenho uma surpresa para você.

— Meu programa está mais que completo, mas estou curioso.

— O filme é *Manhattan*, de seu querido Woody Allen. Você o quer mesmo assim, *yes or no*?

— Se o quero? Amo Nova York, amo Gershwin, amo o humor judeu nova-iorquino: eu compro!

— Mas, e o lugar?

— Meu caro, o lugar, quando não temos mais, nós o criamos.

Ernst tivera faro. A acolhida de *Manhattan* em Cannes foi inesquecível: o jazz, o preto e branco, Woody e Diane Keaton em contraluz no banco diante do rio Hudson, os diálogos engraçadíssimos, tudo concorria para fazer dessa estreia um acontecimento, em um ano já rico (Coppola, Fellini, Forman, Huston, Comencini, Schlöndorff, Herzog, Wajda, Jancsó, Ritt), de fato um dos mais ricos da história do Festival. O público mais *blasé* do mundo tinha aplaudido por longos minutos. Aplaudia a cortina, já que Woody não viera. No dia seguinte, os jornais só falavam nisso. Era a consagração...

Apesar desse triunfo, toda vez que tentei convidar Woody a Cannes para acompanhar um de seus filmes, seu *entourage* sempre me respondeu como se fosse seu personagem que falasse: *Espero que você esteja brincando, papai!*

No entanto, se ele conseguisse convencê-lo a aparecer no Festival em carne e osso, por esse filme aqui ou por um outro, eu garantira a Ernst Goldschmidt que Woody chegaria ao palco sem encontrar vivalma (no fim, por exemplo, da projeção de *Hannah e suas irmãs*, em 1986). Prometido! Jurado! O importante era controlar a coisa de A a Z: hospedagem em lugar afastado, proteção próxima, itinerário desviado (passaríamos pela garagem dos caminhões e pelos bastidores, previamente esvaziados de todo o pessoal). Chegada diante da tela, ovação, retorno *idem*. E eu teria conseguido isso! Mas não, não, não, mesmo assim, era não.

Seus amigos sempre mantiveram em redor dele essa reputação de timidez, de recusa das honrarias, o Woody Allen que prefere tocar clarineta no Café Carlyle em Nova York, como de hábito, em vez de ir buscar seu Oscar em Hollywood. Na realidade, ele decidiu de uma vez por todas fazer apenas o que lhe agrada: escrever, preparar seu próximo filme, realizá-lo, depois abandoná--lo nas mãos dos distribuidores enquanto espera (não muito tempo) que o ciclo recomece. Pois, quanto mais os anos passam, menos Woody se concede descanso. É assim que se esquece de pensar na morte.

Quando se soube fazer do estado de espírito mais particular possível um gênero universalmente compreendido e adorado, podemos nos permitir ficar em casa. Como Kubrick. Assim, sempre tive escrúpulos em perturbar esse belo arranjo.

A ROSA PÚRPURA DO CAIRO

Antes de 1984, eu nunca havia falado com Woody Allen. Um dia, em Paris, lembro-me muito bem, eu almoçava no Plaza a cinco metros dele. Ele próprio estava sentado a uma mesa atrás de uma coluna com uma jovem que eu não conhecia. (Woody se hospeda sempre no Ritz, mas daquela vez estava no Plaza.) Eu tinha uma vontade enorme de cumprimentá-lo. De entrar em contato com ele pessoal e profissionalmente. Ao fim de um momento, tomei coragem e me dirigi para a mesa dele, e ali, no meio do restaurante, com a valsa dos garçons que giravam à minha volta, me fazendo entender que eu atrapalhava o serviço, desisti "para não perturbar sua intimidade". De fato, por orgulho. "Bom dia, senhor Allen. Sou Gilles Jacob." "Ah, sim, bem..." Ao passo que, em Nova York, fui vê-lo nos escritórios onde trabalha. Mas eu marcara encontro.

Fim de 1984, eu acabava de ver um filme seu recém-terminado — era *A rosa púrpura do Cairo* — e, em sua salinha de projeção de Park Avenue, sua secretária me apontara a poltrona onde ele tem o hábito de sentar. Instalei-me em seu lugar, respeitosamente, quase à espera de que da almofada se elevasse uma voz queixosa: *Você não se importaria de sentar em outro lugar que não no meu colo?* — ou algo assim. Mas dessa vez eu ia encontrar Woody em pessoa, e essa ideia me entusiasmava. Não imaginava que fosse ver, um pouco à imagem de seu filme, um personagem imaginário descer da tela e se tornar real...

É claro que o cinema se move muito naturalmente no domínio do sonho. Mas a imagem de Tom Baxter (Jeff Daniels) indo ao encontro de Cecilia (Mia Farrow) na sala, como a do poeta de Cocteau atravessando o espelho, nos ajuda a alimentar essa ilusão. O herói de *A rosa púrpura do Cairo* que sai da tela se torna um ser vivo, enquanto a "real" Mia Farrow, ao acompanhá-lo em seu universo, aceita tornar-se um ser de invenção. E nós, que somos nós em tudo isso? Será que nossos sonhos se tornam realidade? Será que Deus existe?

Era como se meu espírito se dividisse em dois e vivesse minhas duas vidas simultaneamente, como se essas duas vidas — minha vida real e minha vida de cinema — caminhassem lado a lado.

Seleciono o filme.

Nova ausência de Woody em Cannes, novo triunfo.

Chegou 1991. Naquele ano, eu encontrara um bom pretexto: queria que Woody contribuísse no livro do 45º aniversário. Não tivera sucesso com Pialat, se vocês se lembram, nem pensar em fracassar com Woody. Mesmo que não fosse mais que um pretexto para encontrá-lo, eu me agarrava a isso como um mexilhão à sua pedra.

Henri Béhar, seu legendista e meu espião, me telefona de Nova York: Woody está chegando a Paris, estará no Ritz sob um nome falso, você pode entrar em contato com ele por meio de Anne Lara, a assessora de imprensa da Columbia. Anne me confirma:

— Sim, Woody ficará encantado de vê-lo. Dezessete horas amanhã, na portaria do Ritz.

Anne me levou ao terceiro andar, onde Woody estava instalado com Mia Farrow e seus nove filhos. Cruzei com três deles, que desciam de maiô para a piscina. O *Le Monde* terminava sua entrevista. Depois de mim, seriam os suíços. Foi então que Mia Farrow atravessou o corredor. Evidentemente, eu morria de vontade de cumprimentá-la, mas ela não parou. Dirigiu-me apenas um leve aceno de cabeça que me inundou de felicidade...

Ele estava lá, em pé no fundo do aposento, exatamente como o cinema nos fez conhecê-lo, talvez um pouco menor do que eu teria imaginado, um pouco mais frágil em todo caso, uma coisinha friorenta nadando em roupas grandes demais, numa carcaça humana que sua hipocondria sempre alimentou de doenças psicossomáticas, imortalizadas por uma sequência de *Hannah e suas irmãs*, na qual eu e alguns outros nos reconhecemos... O retrato falado de Woody estava ali, diante de mim, parecido com seu registro civil e com sua lenda: os grossos óculos de armação preta, a cabeleira um pouco menos ruiva, um pouco mais rala, as sobrancelhas prontas a se erguer, o olhar incrivelmente vivo e negro num rosto alongado, bastante pálido — mas eu não imaginava descobrir em seus olhos tanta gentileza, tanta cordialidade embaraçada. Ali está, seus olhos brilhantes sorriam como se ele tivesse o ar de desculpar-se por ser Woody Allen. Ele veio até mim, agradeceu-me por ter mostrado seus filmes e acrescentou algumas palavras encantadoras que teriam me deixado todo inflado se fosse do meu feitio.

LES VISITEURS DE CANNES

No entanto, aconteceu uma coisa estranha, Woody permanecia em pé. Assim, fiz como ele, petrificado à ideia de que a entrevista terminasse antes de ter começado. Aparecendo na porta, Anne salvou a situação:

— Não quer sentar?

— Sim, sim, claro.

Lancei-me a uma cadeira. Ele se pôs, com infinitas precauções, na extremidade de uma poltrona, e conversamos. Ahn... conversamos.

Começamos pelo silêncio. Sorrimos. Novo silêncio. Caso se tratasse de uma entrevista, eu estaria pedindo uma descompostura de meu redator-chefe...

Mas por que, afinal, temos necessidade de falar continuamente? Estávamos sentados, estávamos bem. Sorríamos um para o outro com delicadeza. Uma familiarização recíproca. Eu sorria para um artista que admirava. Ele sorria para aquele que havia mostrado seus filmes, ano após ano (menos em 1988), de 1984 a 1990. Tanto os "sérios" como os cômicos.

Entre tímidos não há meios-termos: ou é a catástrofe ou o entendimento. Foi o entendimento. Acabamos por conversar. Falamos do Festival, de suas apostas, do princípio da competição, de que ele não gostava, de Bergman, que ele amava, ainda de Bergman, dos filmes de Woody sem Woody, do jazz, da música de *A era do rádio*, de *Amadeus*, das datas de Cannes. Aí, Woody se animou porque, desde vários filmes, o calendário já não coincidia e a Orion, sua nova produtora, mandava seus filmes a Berlim. Ele teria adorado, me disse, levar filmes a Cannes, de preferência em estreia mundial. Delicadeza ou desejo de verdade?

O tempo passava, expliquei a Woody qual era a minha ideia para o livro *Les visiteurs de Cannes*, e lhe indiquei o que já tinham me oferecido diretores célebres: Fellini, Kurosawa, Scorsese, Schlöndorff, Kieslowski... Woody aceitou de imediato e me disse o que tinha em mente. Me dar folhas soltas, pequenas ideias de roteiro rabiscadas em blocos de notas de grandes hotéis com nomes que fazem sonhar: uma folha do Ritz, uma do Claridge, uma folha do Grande Hotel em Roma, uma timbrada do Dorchester, uma outra da Villa d'Este... Será que isso me divertiria? Se interessasse, ele as enviaria a mim. Sim, isso me divertia e de repente, como se uma transferência de inspiração imediatamente me atingisse, tive um arrebatamento: descobri, aqui no Ritz, o sentido do livro. O que até então era apenas justaposição de ofertas heteróclitas se tornou uma necessidade, o mosaico bem ordenado de um tema essencial: a direção cinematográfica. Woody seria a gênese de um filme, Schlöndorff igualmente, e também Oliveira, que me enviara um argumento à maneira de Barbey d'Aurevilly, Kieslowski seria a filmagem e a montagem, Cavalier, o elenco, outros, a direção de atores, e assim por diante. E por que não, como título: "Dirigir"? Procurei com os olhos o bloquinho do Ritz, perto do telefone, de medo de esquecer o tema.

— *Mister Jacob? The gentlemen from Zurich are here.* — A secretária americana me chamava à ordem. Era bem feito para mim: estava com Woody Allen e divagava! Era desperdício, mesmo que, graças a ele, eu tivesse tido uma revelação. Reconduzindo-me, Woody:

— Se passar por Nova York, venha me ver no estúdio, ainda temos tanta coisa a nos dizer... — Ele me deu um demorado aperto de mão e, como à minha chegada, um sorriso angélico se exibiu em seus lábios. Eu achava que ia me lembrar palavra por palavra do que ele me dissera, mas estava enganado. A única coisa de que me lembro perfeitamente é de ter cruzado o olhar de Mia Farrow quando ela atravessou o corredor. E de que ela me fez um pequeno aceno de cabeça antes de desaparecer.

Um dia de 2001, as coisas mudaram bruscamente. Fazia algum tempo, os filmes de Woody davam menos bilheteria nos Estados Unidos, já não eram realizados sem a colaboração de produtores independentes europeus. O resto do mundo se tornava essencial para ele. Uma noite de dezembro, o telefone:

— *Hello, it's Woody.* — Acho que é uma farsa: E eu, sou Ingmar! Não, é realmente ele. — Acho que tenho alguma coisa para você... — Ele quer dizer seu novo filme, *Dirigindo no escuro*, um filme sobre o cinema. Vejo o filme e me digo que pelo menos duas cenas vão devastar a Croisette: aquela em que seu ritmo verbal se acelera irresistivelmente quando Woody (pois ele atua) repensa no que sua ex lhe fez, e aquela outra em que ele, o diretor do filme, fica cego no estúdio de sua própria filmagem e tem de esconder isso da equipe — e os desdobramentos que se seguem. Duas cenas antológicas entre as mais engraçadas e mais bem sucedidas de toda a sua obra, como, recentemente, o rosto desfocado de Robin Williams em *Desconstruindo Harry* (mascarar a cara de uma estrela tão onerosa não é o supremo gesto de zombaria?) ou a *mamma* judia de *Contos de Nova York* advertindo seu filho das nuvens...

Alguns dias mais tarde, sua irmã Letty propõe que Woody venha a Cannes.

— Ele, em um festival? Você não está falando sério: ele nunca aceitou isso.

— Justamente.

— E ele viria?

— Ele irá. Não mais com Mia Farrow, mas com uma de suas filhas adotivas, Soon-Yi, agora sua mulher.

— Bom, está certo, faremos como prometi: ele não verá vivalma.

— De jeito nenhum: Woody fará tudo o que fazem os outros diretores.

— Você acha mesmo?

— Tudo. — E Woody posou para os fotógrafos, fez a coletiva de imprensa, as entrevistas, a subida da escadaria — disse até mesmo que era tarde demais para recuar, agora que tinha alugado seu smoking... Ele recebeu, no palco, uma palma de honra e declarou aberto o Festival: "Os franceses pensam que sou um intelectual porque uso óculos...". e "Acham que sou um artista porque meus filmes dão prejuízo", e toda a sala seduzida, júri e convidados à frente, mais uma vez morreu de rir.

13. A libertação

REVÓLVER EM PUNHO

A França despertava transida de um longo inverno, mas continuava com frio e faltava carvão. Não, faltava *tudo*. Não havia gasolina, lâmpadas, velas, sabão, papel, alimentos, dentifrício; pensem num produto: não tinha.

Perdemos a libertação de Paris. Meu pai escrevera que era impensável os filhos voltarem a Paris enquanto os alemães estivessem lá, por causa dos atiradores emboscados. Perdemos os combates, as barricadas, a chegada dos blindados de Leclerc, o júbilo popular, as Forças Francesas do Interior e os Franco-atiradores e Partidários que desalojavam aqueles famosos atiradores dos telhados, perdemos o repique dos sinos, o discurso de De Gaulle, os fogos de artifício... Foi assim que os alemães roubaram *minha* vitória.

Nosso apartamento do Boulevard Haussmann fora requisitado e esvaziado de seus móveis pelo Comissariado-Geral para as Questões Judaicas desde o início das hostilidades. Moramos algum tempo em La Tronche, onde meu tio Simon e minha tia Andrée estavam refugiados. Comumente tão afetuoso e atencioso, tio Simon não comia, não dormia, não falava. Estava louco de angústia por não ter notícias do filho François, futuro prêmio Nobel de medicina, que se juntara a De Gaulle no começo da guerra. Soubera-se apenas que ele seguia a 2ª Divisão Blindada como tenente-médico, desde Fezzan e El-Alamein. Depois, mais nada. Então, meu tio pregara na parede de seu quarto um mapa detalhado das operações e assinalava o avanço dos Aliados com bandeirinhas e pedaços de lã multicoloridos esticados por moedas de cinco soldos, as que eram furadas. No momento em que nos perguntávamos se devíamos nos inscrever no liceu de Grenoble, fui tomado por violentas dores de cabeça. Um médico que me atendeu diagnosticou uma enxaqueca, depois, o mal piorando e a nuca começando a enrijecer, um segundo constatou uma meningite. A penicilina existia então apenas no equipamento dos enfermeiros do exército americano, que no momento tinham mais em que pensar. Eu me vi, portanto, com bolsas de borracha que minha mãe me aplicava na cabeça depois de as ter enchido de gelo picado. Um pouco mais tarde, graças ao mercado negro, me administraram sulfamidas e, com a ajuda da natureza, as dores de cabeça acabaram por diminuir e meu cérebro, por se refazer. Foi o momento escolhido por meu tio Simon para trocar sua cara sombria por um humor ainda mais negro: ele me perguntou se de tanto me escavar as meninges, minhas faculdades intelectuais não ficariam debilitadas. Por aí se vê que era hora de regressar a Paris.

Quando enfim voltamos, foi para nos instalar no primeiro andar de fundos, no número 7 da Rue de Villersexel, bem perto do Ministério da Guerra, no Boulevard Saint-Germain. Não tínhamos mais aonde ir, mas o serviço de ajuda aos refugiados nos designara aquele apartamento ocupado por um colaboracionista que não pretendia deixar o lugar. Então meu pai, todo emagrecido como estava, se dirigiu para lá em sua farda de capitão, penetrou à força e, de revólver em punho, deu uma hora ao colaboracionista para abandonar o imóvel.

Pouco a pouco, as lojas se reabasteciam. Era preciso tíquetes para tudo. Mas eu tinha descoberto a música clássica. Em meu quarto, havia uma cama ou, antes, um divã de canto com prateleira, uma escrivaninha, um rádio e um velho toca-discos. O rádio era de madeira nobre com lâmpadas de iodo. Percebiam-se na parte de trás os filamentos fracamente iluminados através de um papelão perfurado que era preciso desmontar em caso de chiados na transmissão. Na fachada, sigla da marca de rádio LL, uma lebre em plena corrida simulava a velocidade da luz. Para a busca da estação, uma estreita placa de vidro indicava as capitais do mundo ao longo das quais circulava uma linha vertical. Enfim, o ajuste era melhorado por um grande olho verde, que aumentava ou diminuía conforme a sintonização estava melhor ou pior. Ao fim de certo tempo ligado, o aparelho tinha bafios de poeira quente. Mas eu gostava dele. Confeccionara em meu quarto uma bateria com baquetas da casa Paul Beuscher e pele esticada sobre um cesto de papel e, enquanto Toscanini, Furtwängler ou Sir Thomas Beecham se exaltavam à frente de orquestras famosas, eu lia a partitura das peças que eles regiam e interpretava, a meu ver com mão de mestre, a parte dos timbales, sem me preocupar além da conta com o fato de que era uma repetição do concerto. Em todo caso, eu estava no sétimo céu (os vizinhos, menos), e avante a música! Em pé na frente do gramofone, arrebatado, batendo o compasso, estava decidido, eu seria Toscanini.

SAGUIZINHO

Eu tinha duas outras manias: as transmissões de Pierre Cour e Francis Blanche, dois cômicos que eu não teria perdido por nada no mundo — *Gente do mundo inteiro e de outros lugares, multidão invisível e distante, bom-dia!* E, em segundo lugar, a propaganda radiofônica. Ainda hoje, sei de cor as publicidades da época: "*La boldoflorine, la boldoflorine, la bonne tisane pour le foie*", uma publicidade de seis segundos. Mas havia também, pena que a música esteja ausente:

Papa, maman, belle maman, bébé
Tous ont de belles chaussu-u-u-res...
Papa, maman, belle-maman, bébé
Tous vont s'echausser chez André-é-é!

Sem contar o concurso radiofônico, retomado de antes da guerra, que se realizava no Poste Parisien, nos Champs-Élysées, 116 *bis*, no mesmo lugar em que Jacques Prévert cairá (se jogará?) da janela, morrendo na hora.

Outro suicida terá sido o gato de minha avó, que respondia, se quisesse, pelo bonito nome de Pompon. Maman Do se gabava dos talentos de seu angorá, que, como todos os gatos, se vira quando salta do alto e cai sobre as patas sem um arranhão. Até a tarde em que, saindo à procura de uma colega sem raça definida, se imobilizou na beirada da janela, virou suas pupilas fosforescentes para a luz e despencou do quinto andar. A cozinheira me impediu de descobrir seu corpinho sem vida na calçada.

A vida recomeçava. Eu crescera. Com muita impaciência porque queria saber se teria a grande estatura de meu pai ou a minúscula de minha mãe. Os estudos, o tênis, as festas — estas, raramente. As saídas com as garotas deveriam ter constituído uma reação necessária aos anos de guerra e de privações, mas meu pudor natural e minha permanente inquietação não facilitavam as coisas. Era impensável conviver com as garotas com a liberdade que se apreciaria alguns anos mais tarde. Meus pais nunca me ensinaram os códigos da sedução. Sem dúvida, a época não se prestava a isso e o sexo era tabu em casa, em benefício das discussões conjugais. Na biblioteca de meu pai, eu às vezes olhava os livros proibidos, abrindo as páginas não cortadas das edições originais. As ilustrações das *Aventuras do rei Pausolo* me comoviam, mas não me revelaram o bê-á-bá da conquista amorosa. Assim, eu ignorava especialmente que, se uma moça aceita um convite para jantar e não propõe dividir a conta, é que você não lhe é indiferente. Por sorte, houve mais tarde uma babá com quem eu jogava tênis e que levava para namorar à noite no Bois de Boulogne, saltando por cima da cancela do Racing Club de France. Ela tinha a ousadia e a pálida doçura das meninas inglesas. Enfim, alguma coisa me acontecia!

Não me lembro mais em que língua falávamos entre dois beijos. Mas, tênis ou não, não teremos perdido mais que uma pitada de inocência. Eu não forçava a vantagem e ela logo voltou a Londres, talvez insatisfeita com minhas carícias muito respeitosas. Nós nos escrevemos durante algumas semanas, depois compreendi que era tempo de me apaixonar por outra dulcineia. Felizmente, eu tinha o cinema. Na tela, os corpos e os rostos adoráveis eram legião. Estávamos todos apaixonados por Joan Fontaine. Conhecíamos de cor o começo tão belo de *Rebeca*: "A noite passada, sonhei que voltava a Manderley". Inconscientemente adepto do *star-system*, por mim estava disposto a amar Joan. Não me cansava de contemplar seus cabelos curtos, sua nuca, a curva de seu cotovelo, o rostinho engraçado daquela que, em *Suspeita*, Cary Grant chamava de "meu saguizinho". Não demorei a imitar meu ídolo: aprendi, assim, entre outros ritos, que é preciso fechar os olhos quando se beija. Os bancos traseiros dos carros que eu dirigia e os piqueniques no campo podiam atestar as funções educativas das estrelas. Em suma, por um olhar de Joan eu estava pronto a me lançar no fogo. Mas me aquecia principalmente nas chamas imateriais da contemplação.

Jovem estudante, em breve eu iria publicar, na revista *Positif*, um conto fantástico em que Charlie Chaplin pretendia me contratar para um filme e no qual convivia, em carne e osso, com estrelas de cinema consideradas inacessíveis. Eu estava brincando, não desconfiava que ia materializar meus sonhos... Totalmente desconhecido, eu chegava a Cannes, era íntimo de Marlene, almoçava com Buster Keaton... Então a imagem se moveu, passou do desfocado ao nítido, o enredo se tornou a vida de verdade.

14. Sharon

SHARON STONE NASCEU TRÊS VEZES

A primeira vez em Cannes, em 1992, onde ela era Catherine Tramell, a deliciosa assassina serial loira que, em *Instinto selvagem*, manejava o atrevimento, a bissexualidade e o furador de gelo. Esse ícone flamejante teve o dom de incendiar o Festival: na vida, subindo a escadaria; na tela, cruzando as pernas. Mas a classe de Sharon, sua inteligência viva, seu perfil de cometa diante do qual os homens caem de joelhos num piscar de olhos teriam merecido uma carreira diferente da sua.

Como para me contradizer, ela renasce três anos mais tarde — segunda foto — como Ginger McKenna, ex-prostituta e mulher de De Niro em *Cassino*, de Scorsese, passando assim para a história. Ela faz furor, na única obra-prima de seu percurso, lançando os dados no Tangiers de Las Vegas numa sequência célebre, enganando De Niro com seu amigo de infância e transformando a mulher fatal em mulher infantil.

No júri do Festival de 2002, sua beleza natural, seu humor, sua sedução sorridente acertaram na mosca. Desde então, mel e canela, ela sobe as escadas todo ano, como naquela fotografia de sonho, em preto e branco sublime, de Emanuele Scorcelletti que responde à pergunta: o que é ser uma estrela? Como encarnar uma divindade que a luz acaricia e que devolve aos adoradores a fantasia deles? E nunca saberemos se, curvada para trás em uma postura eterna, ela agradece a esse festival que tanto amou — e que lhe retribui— ou se doa à posteridade o mais belo congelamento de imagem da história do cinema.

Existe, a meu ver, um quarto nascimento. É no dia em que os ritos da República conduziram minha mão sobre o seio de Sharon Vonne Stone, nascida em Meadville (Pensilvânia). Lembrança cara ao meu coração. Estávamos em pleno Festival, no Café des Palmes, imprensa e muitos convidados, dada a importância do acontecimento. Tratava-se, depois dos elogios de costume, de lhe pregar a condecoração de oficial das Artes e das Letras. Ora, o tecido de sua blusa era difícil de transpassar e eu não queria picar o célebre peito. Imaginem só se naquele instante crucial uma gota de sangue aflorasse... Que coisa! A plateia prendia o fôlego, as câmeras ronronavam, Sharon esperava, a confusão me invadia. Afinal, consegui, e para não faltar com a verdade, devo dizer que a Legião de Honra teria combinado melhor com o rosado de minhas bochechas. Mas Sharon estava feliz.

15. Escola Normal Superior ou a indústria

L'ABBÉ-DE-L'ÉPÉE

Em seu livro *Laissez-moi rire*, Claude Chabrol (meu gêmeo, com dois dias de diferença) afirma que dividíamos com frequência o primeiro lugar em filosofia; no que me diz respeito, tenho lembranças menos triunfantes...

1947. O dia dos resultados dos exames finais do liceu (segunda parte), estávamos reunidos na sala dos exames, na Rue de l'Abbé-de-l'Épée. Como eu me saíra mal na prova escrita de filosofia, estava claramente mais ansioso que os outros. O bedel chega e lê a lista dos aprovados. Não escuto meu nome, e por boas razões. Gritos de alegria, abraços, choros, burburinho. O bedel ergue a mão, exigindo silêncio. Aprovados por indulgência da banca examinadora: dois colegas se congratulam. O pequeno bando se agita e alcança ruidosamente a saída. Então o bedel, na sala abandonada:

— Aprovado por extrema indulgência da banca examinadora, Jacob, Gilles... — Resultado bem pouco glorioso: fui salvo por meu boletim escolar!

No segundo ano do preparatório para a Escola Normal Superior, melhorei minha pontuação, graças a um mestre de quem gostava muito. Tornando a filosofia límpida, o sr. Dreyfus-LeFoyer era uma espécie de gnomo gesticulante com olhos esfuziantes de inteligência e orelhas de abano. Eu o revejo rodopiando sobre si mesmo e no mais das vezes terminando suas aulas por: "E assim terei acabado, senhores, dois terços do programa", frase que repetíamos sem descanso para caçoar dele.

No primeiro ano do preparatório, em compensação, reinava o terror. Desde o primeiro minuto, o mestre Saussy, nosso professor de letras, nos informou que ao fim de um mês um terço de nós teria desaparecido. Mas os outros não estariam quites por isso. Era estudo, estudo, estudo... Para dizer a verdade, o liceu gozava de excelente reputação e não tinha nenhuma intenção de perdê-la. Na França, em 1,2 mil alunos que se apresentavam à Escola Normal, uns trinta, em média, eram aprovados, e o Louis-le-Grand contava que sete ou oito fossem admitidos. Cabe aos senhores ver se estarão entre eles!

Essas ameaças nos eram indiferentes, mas rivalizávamos em nos enfiar rudimentos de reflexão: "O riso é próprio do homem, o céu estrelado acima de minha cabeça e a lei moral em mim, ciência sem consciência não passa de ruína da alma, filosofar não é senão se preparar para a morte", todas essas coisas aí e muitas outras não me permitiram brilhar no concurso de admissão. Tive sobretudo a infelicidade de estar sentado, durante as oito horas que durava a prova, no mesmo banco — na Rue de L'Abbé-de-l'Épée, evidentemente! — que Jacques Balland, futuro presidente da Unef. Balland redigia tão nervosamente sua prova que sacudia a carteira com uma trepidação angustiante. Sua escrita era tão agressiva e seu pensamento tão resoluto que me deixou o cérebro entorpecido no momento em que, precisamente, o tema escolhido, aquela famosa independência de espírito que eu tanto teria de demonstrar no Festival, deveria ter me conduzido aos caminhos que levam a Ulm. Em vez disso, me vi longe dos primeiros admitidos ao exame oral e meu professor dos preparatórios, sr. Michelin, consultado sobre minhas chances nos futuros concursos (na Escola Normal, temos o direito de nos apresentar três vezes), diagnosticou sombriamente um novo fracasso no segundo ano e um hipotético sucesso no terceiro. Era preciso parar por ali? Minhas ilusões desabavam.

Foi nesses momentos de dúvida existencial que minha mãe, que sempre teve sólida tendência a dramatizar, me chamou, e estava com sua cara de enterro, não sem razão: o sócio de meu pai acabava de morrer.

Em Nice, em 1941, minha mãe fizera amizade com um casal mais velho. Judeu de origem alsaciana, Louis Wormser se casara com uma parisiense muito segura de si apesar do físico banal. Suzanne Wormser, nascida Bodin, geria sua casa, verificava suas camisas com iniciais bordadas e reinava sobre um universo de toalhinhas e serviços de chá. Ela também repetia fórmulas feitas. Wormser era notavelmente inteligente. Tudo nele era pequeno, menos o espírito: baixinho, bigodinho, pequenos óculos bifocais sobre os quais vinham encaixar-se lentes escuras. Ao recordar sua figura hoje, acho que se parecia com Carlitos, um Carlitos que tivesse a miopia de Mr. Magoo. Quando minha mãe parecia desorientada pelas notícias da guerra, ele a fazia rir. Ele me dizia sempre:

— Não se faça de engraçadinho! — E sua mulher, em eco amortecido, comentava:

— O que você quer, ele se faz de importante... — Estávamos em mesas vizinhas na bela sala de jantar do Hermitage, onde também se hospedava Pierre Daninos, que preparava *O segredo do major Thompson* e o enriquecia com aquela experiência dolorosa, e havia, enfim, um acadêmico da Goncourt, ainda por cima colaboracionista, Jean Ajalbert, acompanhado da mulher. O major Thompson se inspirava no coronel Rati? A verdade é que o hotel fora requisitado pelo exército italiano, que ali alojava seu estado-maior; murmurava-se que o coronel era sobrinho do papa. De resto, a presença daqueles oficiais, idosos e protegidos, não teria sido nada opressiva se a mulher de Ajabert, uma ruiva angulosa, não tivesse achado bom fazer a saudação nazista quando o ocupante entrava na sala de jantar. Ela se levantava de um salto, estendia o braço na horizontal e gritava *Heil!*. Essa saudação tinha o efeito de acender um leve sorriso nos lábios finos do coronel, que, incomodado, esboçava em troca um pequeno gesto furtivo.

Assim se passavam os dias. Íamos ao grande liceu, foi lá que recebi as primeiras reprimendas de meu professor do sexto ano, o famoso sr. Morriset. Como dizia Wormser, eu me fazia de engraçadinho para chamar a atenção, o sr. Morriset erguia os olhos, sorrindo: Jacob, você sabe o que o espera? E eu fazia minhas duzentas linhas. Mas como eu estava entre os primeiros e tinha bons boletins, minha mãe me soltava as rédeas. Que risco corríamos, aliás, ao jogar bola de gude no regato ou futebol na esplanada do Paillon, numa cidade em que a circulação estava reduzida aos serviços de limpeza e aos veículos militares? Às vezes dava uma esticada até a confeitaria Vogade, na Place Masséna, onde os *financiers* já arruinavam minhas economias. Depois voltava por Dubouchage, um daqueles bulevares de profecia coronariana. Mas não antecipemos.

O CINÉAC DA AVENUE DE LA VICTOIRE

Felizmente havia o cinema, já que, depois de Paris, Nice era a cidade da França com o maior número de salas. Eu ia, então, de descoberta em descoberta. Procurava meu alimento nos programas do *Petit Niçois* ou do *L'Éclaireur de Nice et du Sud-Est* sem ninguém para me guiar: meu pai continuava prisioneiro, Wormser poupava os olhos para o bridge, não havia dúvida, o mundo dos adultos perdera suas referências. Por razões óbvias, eu não fazia nenhuma diferença entre os filmes. Aliás, não se ia ver um filme, ia-se ao cinema. Era aquele universo que me cativava: a sala, o cartaz, as pequenas lâmpadas piscando uma atrás da outra num atraente caminho luminoso, as fotos de divulgação, a bilheteira, a lanterninha, o que antecedia o programa: tudo isso foi mostrado e bem mostrado em muitos filmes, italianos especialmente.

A necessidade de fazer durar o maior tempo possível os meus trocados e uma pesada herança no campo dos negócios me arremessavam para o Cinéac da Avenue de la Victoire. Às quintas-feiras, ao meio-dia, pagava-se oito francos. Havia mudança de programa às catorze horas e se tinha direito a dois filmes longos pelo preço de um. Então os títulos...

Não tendo nenhuma cultura, nenhum conhecimento, nenhum senso crítico, eu devorava tudo, gostava de tudo: filmes de aventura, filmes de aviação, filmes policiais, os *Arsène Lupin*, as comédias. Hoje, diríamos filmes de gênero, na época era o cinema.

Entre duas partidas de pingue-pongue, eu fazia a ronda: Avenue Victor-Hugo, Passage Édouard-VII, os cinemas pululavam, o espetáculo era permanente, as proibições, raras. Eis que, sem saber, eu me tornara um cinéfago de longo curso. Em 1941, eu tinha onze anos, mas parecia doze. Até achei *La fille du puisatier* um pouco longo, mas fiquei loucamente apaixonado por Josette

Day e o vi duas vezes. Esse será apenas o começo de uma longa série de paixonites por fulgurantes beldades que, do alto da tela, iluminarão meus sonhos. É por volta dessa época que começo a me interessar pelas meninas — e em primeiro lugar por sua efígie. É verão e, não sei mais por que razão, minha mãe autoriza um ajudante de campo do coronel Rati a me levar para nadar em Saint-Jean-Cap-Ferrat. Propriedade dando diretamente para o mar, rochedos, enseada privada, trampolim: salto em pé tapando o nariz, aterrorizado à ideia de encontrar uma pedra. Eu me estico sobre a água, de tornozelos cruzados e braços estendidos. De repente, enxugando os olhos, eu a vejo. Ela, é a filha do cônsul da Itália, deve ter quatro ou cinco anos mais que eu e sua figura se imobiliza, em todo o seu loiro nacarado, antes de mergulhar para a enseada num harmonioso salto de braços afastados. Fico sabendo que sua mãe é escandinava enquanto partilhamos um sorvete de morango sob nossas toalhas molhadas. Que belo dia!

— Volte quando quiser — diz Claudia, me beijando. Uma brisa suave passa pelo meu rosto. Mas, alertada por Wormser, minha mãe não o permitirá mais.

Meu pai, como disse, voltou do campo alemão IIIC para oficiais de onde nos enviava cartões com letra violeta. Reencontrei um datado de 22 de julho de 1940. Devia-se apenas riscar as menções inúteis. Havia sete frases previamente impressas, cito duas delas. A quinta: "Sou prisioneiro de guerra e estou muito doente, mas não há risco de morte"; a sétima: "Dentro de quatro semanas mais ou menos, posso mandar notícias". Meu pai riscara todas, menos a primeira: "Sou prisioneiro de guerra e estou bem de saúde". E assinara André, sublinhado com mão firme. Ele acabou por ser beneficiado pela oferta de Hitler a Laval, uma troca de prisioneiros, ex-combatentes da guerra de 1914, por jovens recrutas do Serviço de Trabalho Obrigatório. É preciso lembrar que a França estava então dividida em duas: ao norte do Allier, o exército alemão; ao sul, a zona livre e, bem embaixo no mapa, a zona costeira, dita zona interditada, ocupada pelos soldados de Mussolini?

Meu pai voltou. Tinha emagrecido. Fechava-se muitas vezes com minha mãe e Louis Wormser em seu quarto com vista para a alameda de loendros. Só se falava do conflito planetário: os ingleses atacavam Rommel, os japoneses, Pearl Harbour, os alemães, Stalingrado, Jules Berry, o coração dos amantes transformados em pedra,* e eu jogava tênis com meu irmão Jean-Claude.

Já fazia algum tempo, de fato, havíamos tomado a quadra de tênis do hotel. A quadra estava sem conservação desde a entrada na guerra, algumas partes da rede estavam rasgadas, as linhas — tiras de tecido gastas — eram vagamente percebidas. As raquetes estavam frouxas e as bolas, sempre as mesmas, pareciam borrachentas sem seu revestimento de pelúcia. Ricocheteavam tão alto que, se mais hábil, eu teria conseguido fazer *smashes*. Tudo isso não nos impedia de jogar horas e de discutir como carroceiros.

Não sei o que se passava entre meu pai e minha mãe, mas um dia em que entrei em seu quarto, vi que ela havia chorado. Também eu chorei quando um grandalhão que não conhecia me deu um soco no meio da cara, no recreio, me chamando de judeu sujo. Tentei responder, mas ele me manteve à distância com uma das mãos, repetindo "Judeu sujo!". Um pouco mais tarde, enquanto a classe passeava nas alamedas do castelo, o mesmo atrevido — ainda me lembro de seu nome: Olivari — apanhou uma bolota debaixo de um carvalho e aproveitou que eu estava com a boca aberta para arremessá-la em minha direção com todas as suas forças. Um pedacinho de incisivo, que não foi encontrado, caiu no chão. Foi preciso dessensibilizar o dente, que desde então ficou acinzentado.

Nesse meio-tempo, o dinheiro começava a faltar. As lojas não tinham muita coisa para vender, mas o hotel não parcelava a conta, embora tenha feito acordos. Em Paris, Auguste Jacob e Filhos estava em suspenso e o Comissariado-Geral para as Questões Judaicas embargara a Elwor.

ARENQUE DO BÁLTICO

Elwor era a sociedade de Wormser. Antes da guerra, os estabelecimentos Elwor praticavam o comércio de toda espécie de aços, a maior parte importada do Ruhr. Mas o Ruhr, no momento, devia produzir a todo custo para a Wehrmacht, os blindados, os canhões, os fuzis, os aviões, e não se importava nem um pouco com a sorte de um pequeno negociante judeu que encomendava por quilo aços especiais que cortava em seu depósito de Pont-Cardinet: a

* Referência ao ator Jules Berry no filme de 1942 *Os visitantes da noite*, de Marcel Carné. (N. T.)

caminhonete descarregava as barras, os tubos, os compridos cilindros que um armazenador etiquetava, antes de pesá-los em balanças da marca Toledo. A Toledo Scale Company garantia sozinha oitenta por cento da produção mundial de pesagem: "Da balança de bebê à báscula para locomotiva", era o slogan da marca de que Wormser era "concessionário para a França e as colônias". E o negócio prosperara. Wormser registrava as encomendas e as enviava por telex à casa matriz em Toledo (Ohio). Então ele voltava para almoçar em casa, na Rue Verniquet, nº 11, no banco traseiro de seu Lincoln Continental azul metálico, e era servido por Suzanne Wormser, nascida Bodin, de uma daquelas tortas de limão que constituíam sua única especialidade. De acordo com o tempo, a tarde era consagrada a uma volta no Bois, pois Suzanne gostava de ver a cascata, ou a um bridge no Clube Republicano, na Avenue de L'Opéra, onde Wormser era deixado exibindo o pesar hipócrita de que as mulheres não fossem aceitas.

Minha mãe não demorou a apresentar meu pai a Wormser. Ao fim de algumas partidas de bridge, Wormser lhe ofereceu sociedade se aquela maldita guerra se dignasse terminar um dia. Meu pai compreendera havia muito que o negócio dos bens agrícolas nunca mais seria como antes. Ele não tinha mais dinheiro, apartamento, móveis, negócio próprio, nem o moral: aceitou a proposta por insistência de minha mãe e segundo aquela teoria de que, nos nossos dias, deixa estar para ver como é que fica.

Quanto a meu irmão e a mim, éramos garotos sem preocupações que explorávamos o subsolo do hotel, onde se encontravam o bar, uma maravilha de bilhar e a ancestral das máquinas caça-níqueis. E, atrás do bar, nosso futuro amigo Adolphe, um *barman* muito melindroso, porém, quanto ao respeito devido ao pano verde. O primeiro rasgão nos valeria, nos preveniu ele, um violento corretivo. Conformamo-nos com o caça-níqueis. Uma pinça na ponta de um braço descia para um leito de cascalho. Ali havia um isqueiro, uma caixinha de pó de arroz, uma piteira, uma caixa dourada — todos prêmios a ganhar. Eu introduzia uma moeda na fenda. Pela décima vez, a pinça agarrava o isqueiro, o erguia, fazia-o girar, segurava-o com firmeza ao se dirigir para a cavidade... catapum! Perdido mais uma vez, sorria Adolphe, como sorria na parede a foto do velho Marechal e como sorria novamente o sr. Morrisset ao me dar orientações, pois era a volta às aulas. Era também o dia da invasão da zona não ocupada pelas tropas alemãs.

Quando Louis Wormser morreu, depois da guerra, meu pai me levou para almoçar no restaurante. Isso nunca tinha acontecido, com exceção de uma vez, por volta do fim das hostilidades, em um bistrô de mercado negro, não me lembro mais em que ocasião. Eu pedira um coelho à caçadora cujas origens não eram conhecidas e que repousava em um molho amarronzado. Ao fim de dois ou três bocados, me senti mal. Levantei-me, dei alguns passos e mergulhei na escuridão. Despertei numa cama de hospital. Essa foi nossa única experiência gastronômica comum antes dessa aqui, mas hoje minha mãe, a quem nenhuma das coisas de dinheiro era estranha, nos acompanhara. No Lipp meu pai me anunciou com solenidade que não podia assumir sozinho o futuro da empresa. Ele contava comigo. Seguiu-se uma espera ansiosa ao longo da qual minha mãe beliscou um arenque do Báltico. Eu pedi tempo para pensar. Meu pai considerou essa resposta uma vitória e pediu uma garrafa de Traminer. Foi assim que os manes dos antepassados alsacianos foram convocados pela sobrevivência da família.

Meus pais tiveram sorte, por assim dizer, a menos que tenha sido eu. Eu acabava de ser reprovado na Escola Normal e me perguntava justamente que novos estudos me permitiriam adiar meu serviço militar. Olhei minha mãe. Ela teria preferido que eu fizesse medicina, havíamos falado nisso muitas vezes. Sendo ela mesma doente (uma insuficiência hormonal a fazia reter água nos tecidos), teria *adorado* ter um doutor em domicílio, teria até mesmo se contentado com um farmacêutico ou um dentista.

À sobremesa, fiz uma declaração. Concordava em me juntar aos estabelecimentos Elwor, mas não como filhinho de papai. Eu não entendia nada de negócios, começaria por um estágio de um ano em um banco para me familiarizar com o trabalho de escritório. Depois, sempre seria tempo de aprender o ofício... No intervalo, Jean-Claude estaria lá.

"A vida é o que está acontecendo com você enquanto você planeja outra coisa": não fui eu quem escreveu isso, foi Sam Shepard em *Grande sonho do céu.** Concluídos os estudos, adeus professorado: a nós, as coisas sérias! Minha mãe me beijou. Depois olhou para meu pai: dessa vez meus pais tinham um ar cúmplice.

* Tradução de Sergio Viotti no conto "Vivendo o cartaz" em *Grande sonho do céu*, São Paulo, Arx, 2003. (N. E.)

16. Clint na escala Richter

O LUSTRE DO FOUR SEASONS

Inverno de 1994. Em seus melhores dias, Clint Eastwood não era muito falante, e esse aqui não era um deles. Sem dúvida, *cortara* mal sua tacada de saída no golfe, aquela manhã. Para examinar o cardápio do restaurante, tirou do bolso um lornhão minúsculo que cabia na palma de sua mão: a idade da vista cansada se aproximava, mas os heróis não usam óculos. Que metamorfose entre o caubói de cigarrilha dos *westerns spaghetti* e o cineasta unanimemente reconhecido! Mas tanto ontem como hoje, Clint permanece belo como um deus. Charme, distinção, largo sorriso infantil: a elegância dos grandes. E que presença para subir a escadaria!

Em Hollywood, estive em toda parte: no Beverly Hills Hotel, no Beverly Wilshire, no Château Marmont, no Peninsula; é sempre ao Four Seasons que volto. Para Clint, pedi a melhor mesa. À hora combinada, Joe Hyams, encarregado na Warner de Clint e de Kubrick (em tempo integral!), se encontra ali, no controle. O restaurante está animado: um gringo com gel no cabelo se insinua para uma jovem mexicana, dois homens de negócios quase terminaram sua refeição e uma dama ruiva com sotaque de Oxford se mostra rigorosa com a educação da filha, ainda uma criança.

Vigio a porta com o canto do olho e, de repente, Clint está lá, com seu andar flexível e lento de grande fera em movimento. Ele aceita um copo de vinho e pede um hambúrguer. Escolho algo leve, ovos Benedict, que nunca são mais que ovos e fritas cobertos com molho holandês... O bom humor volta e Clint me anuncia, com seu célebre laconismo, que sim, aceita presidir o júri. O júri, não era a primeira vez que se falava nisso. Eu recebera Clint com frequência desde que estava em Cannes, mostrara *O cavaleiro solitário*, um western que ele dirigira (e também dois outros filmes, entre os quais *Bird*). Foi em 1983, ano do primeiro grande jantar Lang, um banquete suntuoso, a tenda espetacular. À minha mesa, Clint, Greta Scacchi e Charles Aznavour se divertiam a valer. Enquanto à mesa do ministro, Milos Forman não largava Caroline de Mônaco e Harrison Ford se chateava... Clint não ganhara, mas o fato de vir lhe agradara. Ele elogiou Cannes para Barbra Streisand, que contou a George Lucas. Consequências: no ano seguinte, Spielberg veio com *A cor púrpura* e, em 1987, Paul Newman e Joanne Woodward, seguidos, em 1988, por Robert Redford e por Meryl Streep em 1989. Sem dúvida, um bom investimento.

Em seguida, falamos da *villa* que a Warner queria alugar, para ele e sua família, a nova mulher, Frances, e a filhinha. A Warner já está cuidando da administração. Uma sorte, pois ele precisa de uma casa grande, confortável, isolada, com piscina. Algo de calmo... não como aqui.

De início, não presto atenção num rumor que não tem nada de inquietante. Mas logo não escuto mais o que Clint me diz. De repente a sala está muito barulhenta. Um cachorro que eu não notara late em tom lamuriento. A menina passeia entre as mesas olhando os convivas com insistência. Não compreendo por que os passos rápidos dos garçons fazem estremecer tanto o piso, que geme como uma simples ripa de madeira. Será preciso que o hotel verifique esse detalhe. Ao fim de um ou dois minutos, ergo a mão para pedir outra garrafa e também que fechem a janela. Todos aqueles caminhões lá fora me impedem de ouvir. Os tiras provavelmente desviaram a circulação no Sunset e a fazem passar na frente do hotel. Agora, sinto uma espécie de zumbido nos ouvidos. Clint fala comigo e não compreendo. Faz muito calor, nao tenho vontade de berrar para encobrir todos aqueles ruídos e para que o garçom enfim venha. E eis os caminhões que se aproximam. Tenho a impressão de que eles rodam na sala de jantar, de tanto que os rugidos pareciam vir das entranhas da terra. No entanto, o metrô não passa por aqui. Sem dúvida, é um hotel curioso: já notei, sentadas em bancos diante da entrada, estátuas que imitam admiravelmente pessoas de carne e osso; ao sentar, roçamos nelas, e fica-se tentado a pedir desculpas. Agora me parece que os filipinos que costumam correr para conduzir os carros ao estacionamento *desapareceram*. O ruído de perfuração sob meus pés se tornou insuportável. Um tumulto horrendo, um alarido das primeiras eras.

MORRER COM CLINT

— Olhe o que você fez — diz Clint. Olho à minha volta: o copo de Joe está caído na toalha. Nesse exato momento, percebo que o lustre monumental de que o hotel se orgulha, e que está colocado bem acima de nossa cabeça, *oscila*... É nesse instante também que enfim tomo consciência de que a terra está tremendo. Por que demoramos tanto, em tais circunstâncias, para se dar conta do que acontece, principalmente num país em que a população, que está preparada para isso, espera a chegada da catástrofe e se pergunta se dessa vez é o "*big one*"?

Sinto meu coração saltar no peito e uma voz desconhecida murmura em meu ouvido: fuja! Já sofri dois ou três terremotos; uma vez, na casa de amigos, alguns livros caíram da biblioteca; outra vez, na via expressa perto de Berkeley, o carro balançara. Nada, abalos. Jamais com tal intensidade.

As pessoas se levantaram e se empurram para sair. Santo Deus! O que isso quer dizer? O resto do mundo não está em lugar nenhum. Uma garçonete começa a chorar. Morro de vontade de me refugiar no umbral da porta, como se recomenda, e de não ficar mais tempo sob aquele lustre que, de repente me dou conta, deve pesar toneladas. O barulho se intensifica ainda mais. Agora parece um trem saindo de um túnel.

Olho para Clint. Ele não dá nenhum sinal de inquietação. Mesmo que tenha chegado o "dia do flagelo", sua impassibilidade me obriga a fingir sangue-frio enquanto sou tomado pelo pânico. Na nona série, no Licée Carnot, certo dia em que eu não tinha estudado, a professora procurava, em seu diário de classe, alguém para interrogar. Durante aquele minuto que durou uma eternidade, esforcei-me para não me descontrolar, dizendo para mim mesmo não eu, não eu, para afastar o azar. Eu aceitava me casar com ela se ela não pronunciasse meu nome.

— Jacob, no quadro-negro! — Foi assim que a bexiga de um menino de sete anos imitou o tempo e escoou.

Morrer com Clint não me serviria de muito. Eu não ousava repetir "não eu". Tentei imaginar o jornal do dia seguinte se houvesse centenas de mortos. Que asneira, ter vindo me meter neste vespeiro. Se escapássemos, eu subiria ao meu quarto para telefonar à minha mulher. Não, isso era idiota, por causa da defasagem de horário; não, tudo bem, não vamos perder a cabeça, mas não pegarei o elevador. Não agora. E mesmo que isso pare, dizem que há réplicas nos dias seguintes, mas tudo aquilo precisaria parar. Clint era grande, forte como Sansão, e creio que até sorria: contanto que estivesse com ele, nada podia me acontecer.

Um pouco de poeira caiu do teto. Joe se demorava debaixo da mesa: digamos que procurava o guardanapo.

Trinta e sete segundos se passaram: 37 séculos, sim. O estrondo ferroviário aumentou até o paroxismo e o lustre continuava a oscilar perigosamente.

Então, *só isso*.

O trem parou, os caminhões saíram de novo para o lado de Sunset, os garçons voltaram, os convivas também, os filipinos recomeçaram a correr, mas sentia-se ainda uma tensão, como se as réplicas se preparassem para nos oferecer uma versão abastardada do sismo.

Então, no silêncio recuperado, a voz de Clint se ergueu:

— *Check, please.*

Ele pedia a conta. Todo mundo desatou a rir e aplaudiu. Por seu humor lacônico, ele restabelecera aquele justo equilíbrio sem o qual a vida seria apenas "um longo deslizamento num esqui rumo a um vale de lágrimas". Esqueci o autor. Nenhum de nós desconfiava, então, que o epicentro acusara 5,9 pontos na escala Richter.

— Joe, está na hora de ir — disse ainda Clint, que selou essa frase com seu famoso ricto — sorriso, não sorriso — que dessa vez me pareceu um nadinha forçado.

— Oh — fez Joe.

Era tudo que ele tinha a dizer.

Pratos e talheres cobriam o chão onde comidas estavam espalhadas. Mas isso não era grave. Nada mais era grave.

— Vocês ainda têm um minuto — digo, numa crise de bocejos nervosos.

Na mesa vizinha, a jovem mulher inglesa se recompunha de suas emoções. Um garçom se aproximou, levantou do chão a boneca da menina e lhe disse, como para fazer esquecer seu abandono de posto:

— *Honey*, quer que eu lhe traga um sorvete de chocolate?

— Não — diz a menina.

— Dizemos não, obrigada — corrigiu sua mãe.

17. O Banco Jordaan

O COMÉRCIO DO OURO

Esperar antes de entrar na Toledo. Era o momento de pôr em execução a promessa que fizera a mim mesmo. Em 1950, chego ao Banco Jordaan, na Rue Taitbout, onde minha mãe tem conta. A seu pedido, o presidente me recebe no silêncio de seu escritório com portas almofadadas e painéis de madeira que cheiram a cera. Primeiro, um indicador luminoso, vermelho: queira esperar; verde: entre. Entro.

Lucien Bonn é um homem baixo, de barbicha bem cuidada, cuja seriedade, no limite da tristeza, se anuncia como uma propaganda. Logo chegamos a um acordo: farei onze meses de estágio não remunerado através dos serviços. Poderei almoçar na cantina. O sr. Bonn conta comigo para fazer honra à minha mãe, filha do sr. Lambert-Lévy, que ele conheceu bem. Depois, econômico nas palavras, o sr. Bonn toca uma campainha e me apresenta a um administrador. Imenso pernalta, inveterado fumante de cachimbo, o sr. Roger Kahn realiza o trabalho mais difícil do banco, o mais lucrativo também: arbitragista. Ele especula sobre as diferenças de valor entre as moedas. As distâncias são mínimas, mas caso se jogue pesado e com bom-senso, se formos mais rápidos que o concorrente, realizam-se belos lucros ao fim do dia. O faro, o talento, as noites em claro calculando raízes quadradas e inventando fórmulas logarítmicas fazem a diferença. Roger Kahn se mostrava muito eficiente e me indicou como usar um grosso cilindro onde um cursor representava as posições das divisas. Naturalmente, eu não investia as ordens de compra e venda para valer, mas, pelo seu olhar que se acendia atrás das espirais de fumaça, eu constatava que ele estava agradavelmente surpreso, como dizem os helvécios. Roger Kahn deixava a Bolsa bem tarde, depois disso ia almoçar no Gallopin e, de volta ao escritório, passava a tarde ao telefone com Nova York, tentando enganar colegas arbitragistas tão astuciosos quanto ele. Nos anos bons, vinte por cento do ganho do banco provinha do serviço. Depois de haver jogado bastante com os dólares canadenses, a piastra ou a libra irlandesa, passei ao serviço "câmbio". Ali, era o sr. Bultez, empregado com um braço atrofiado mas com destreza compensatória, que geria os negócios. Estávamos sediados no térreo que dava para a rua, e o contato com a clientela precisava de uma orientação. O regime não era de livre-câmbio, e era preciso preencher documentos, carimbar passaportes, indicar as quantidades concedidas pela agência de câmbio, calcular as comissões, contar as notas: Bultez molhava o dedo para manipular as notas com a velocidade de monsieur Verdoux. O comércio do ouro era de nossa competência e Bultez era inigualável em fazer soar sobre o balcão um crucifixo, um luís de ouro — dizíamos um napoleão — ou um soberano. E, se porventura uma moeda soava mal, a devolvíamos ao interessado. O resto era contado, recontado e fechado com fatura num saquinho de plástico que, para terminar, era selado. À noite, antes de fechar, batíamos as contas, ora um ora outro, e se houvesse discrepância todo o serviço se prolongava até que o erro fosse levantado. Um dia em que não conseguíamos descobrir uma diferença de alguns francos, tirei moedas, as estendi a Bultez e lhe disse: e se fôssemos dormir? Fui aplaudido: era assim que se aprendia.

Eu me movia assim pelos serviços, e minha mãe me confiou, radiante, que o sr. Bonn estava contente comigo. Para satisfazê-lo ainda mais, voltei ao serviço "câmbio", em que exerci a função de subchefe de serviço. Eu até imaginara uma simplificação das operações que me valeu a honra de ser apresentado ao grande diretor holandês do banco, o sr. Aaron Jordaan, e sua cigarrilha de Clint holandês.

Passados os onze meses, deixei a Rue Taitbout. Bultez me ofereceu uma cerveja, Roger Kahn limpou seu cachimbo entre duas chamadas de longa distância, e o sr. Bonn, depois de um "queira esperar", me presenteou com um relógio de pulso, não de ouro como teria merecido o serviço de "câmbio", mas com o brasão do banco: nascera o presente publicitário. E acrescentou uma carta de recomendação que não me serviu.

18. Estreia em Hollywood

UM ESTRANHO MAL

"Você não está na vida real", diz Jeanne a Michel em *Pickpocket: O batedor de carteiras*, de Bresson, e ele: "Ah, Jeanne, que estranho caminho tive de fazer para chegar até você!". Sem as vicissitudes da guerra, meu itinerário teria seguido o percurso inicial. Teria me tornado professor de letras, publicaria artigos e, sem dúvida acabaria, como todo mundo, por escrever críticas de cinema. Este trajeto aqui foi mais tortuoso e mais longo, mas me permitiu conquistar minha independência. O destino me provou que muitas vezes há duas maneiras de chegar ao mesmo objetivo e que não nos sentimos realmente em casa a não ser em casa.

Em 1959, conheci a paternidade e descobri a depressão. Alguns anos antes, Jeannette e eu apenas acabávamos de nos conhecer. Vivíamos juntos desde 1954 e, apesar da opinião muito negativa de meus pais, tínhamos decidido nos casar. Jeannette tinha dois defeitos irremediáveis aos olhos deles: não era judia, não era rica. Minha mãe usara de manobras envolventes e tortuosas para melhor me dissuadir de desposá-la, e um jantar de apresentação no Relais Plaza, durante o qual meu pai não abriu a boca, nem para comer, transcorrera de maneira catastrófica. Eu não cedera e Jeannette me dera dois belos meninos, sendo que o caçula, ao longo de seis meses, confundira o dia com a noite. Era minha mulher que se levantava, mas, sujeito à dupla pressão de uma vida profissional agressiva e das brasas ainda avermelhadas do conflito familiar, eu era vítima de um estranho mal. Não estava bem. De repente, como durante o terremoto, eu me dava conta de que não compreendia uma palavra do que me diziam. Mas isso acontecia constantemente. De fato, eu não conseguia me concentrar. Ia e vinha, mas não tinha a menor ambição. Comia pouco, dormia mal, ficava com lágrimas nos olhos por tudo e por nada. Foi preciso consultar um médico.

O mal durou muito tempo. Isso foi narrado muitas vezes — e melhor! — por outros. Digamos que, mesmo quando, graças à minha mulher, eu conferia algum atrativo à vida, só recuperava meu equilíbrio psíquico ao verificar, através do tecido de minha calça, que o tubo de clordiazepóxido estava bem ali, disponível. Então eu brincava com o frasco no fundo do bolso, agitava-o para me certificar de que estava cheio e durante meses me satisfazia com a presença desse viático que progressivamente deixei de engolir. No dia em que me esqueci de tomá-lo, compreendi que estava curado.

VIAGEM DE NÚPCIAS

Em 1958, embarque para os Estados Unidos (meio viagem de negócios, meio viagem de núpcias). Ida no *Flandre*, volta no *Île-de-France* (recomendo sua sala de máquinas, uma beleza). Antes de partir para Le Havre, eu ia me encontrar com Jacques Doniol-Valcroze, ruivo de ar envergonhado, corredator-chefe dos *Cahiers du Cinéma* e meu adversário no tênis. Eu nunca havia deixado de ver filmes, embora ocupado demais para fazer disso uma profissão. E eis que essa paixão batia de novo à minha porta com uma violência para a qual não estava preparado. Dez anos após *Raccords*, precisava voltar ao serviço.

Mas, aos 28 anos, não me via mendigando colaborações nem à espera de ser recebido nas revistas de cinema. Eu me entendia bem com Doniol, que publicara meu artigo sobre "A tragédia do fracasso no herói hustoniano". Havíamos pensado até mesmo em fundir as equipes de *Raccords* e dos *Cahiers*. E então não...

— Escute — me diz ele com sua voz nasal —, o que você anda fazendo?

— Preciso voltar à cultura.

Querendo me agradar, Doniol me deu uma credencial de imprensa dos *Cahiers* e sua bênção para entrevistar quem eu quisesse. Optei por dois diretores que estimava particularmente, Sternberg e Kubrick: um esquecido e um quase desconhecido, mas nisso estava o prazer.

Primeiro, uma semana em Toledo, capital mundial da pesagem, depois passamos quatro dias e três noites no Superchief, o trem que ligava Chicago a San Francisco. Salão, janelas panorâmicas, poltronas giratórias, os que viram *Pacto sinistro* podem imaginar. Os mórmons de Salt Lake City não nos diziam muita coisa, mas havíamos previsto uma parada em Denver, onde rapidamente demos uma volta. Compro uma câmera Bell e Howell, oito milímetros, com objetivas móveis e grande-angular, e me ponho a filmar os Estados Unidos. Filmo loucamente, com a inocência de um aluno de cinema que acaba de descobrir Dziga Vértov, o genial documentarista-poeta de *Um homem com uma câmera*. Os céus cambiantes e as alterações progressivas da natureza. Filmo as corredeiras do Colorado e os ocres do deserto, e as colheitas a perder de vista, e o turbilhão de um tornado ao longe, e o subúrbio das cidades, e os estranhos pêndulos com campainha nas passagens de nível, filmo as estações imensas, e as bombas de petróleo com pinças gigantes, e o porto de Oakland do outro lado da baía de San Francisco... Ali, tive sorte: havia um incêndio quando chegamos à Union Square. Chamas enormes, e que roncavam. Os carros se enfileiravam, a multidão se aglomerava, uma viatura de bombeiros corria para um pequeno imóvel de onde escapava uma fumaça preta com cheiro de mofo. Uma algazarra de apitos e de sirenes de ambulância.

— Filmar é bom, mas é preciso viver também — diz minha mulher. O cinema ou a vida, esse é de fato o problema.

Hoje, perdi todos esses filmes. Perdi Sausalito, perdi Carmel (então eu não conhecia nem Clint nem Kim Novak), perdi os bondes para os quais se salta em movimento nas ruas de ladeiras vertiginosas, perdi as buganvílias e o mercado de peixes. Perdi os filmes, mas ainda tenho a Bell e Howell. Será que um museu se interessaria?

* * *

De volta a Frisco, anos mais tarde, me hospedaria no Mark Hopkins, como companheiro de viagem de Catherine Deneuve e de Claude Lelouch. Sempre me perguntarei por que me deram a suíte presidencial, sem dúvida uma brincadeira de Claude Jarman, o diretor do Festival na época: 250 metros quadrados de carpete, tapeçarias, ricos abajures, portas de madeiras de lei, uma suíte com cozinha, um piano de cauda, um banheiro grande como o salão de baile do governador. Terminamos a noite com uma volta de carro, de Bay Bridge a North Beach, e pedi ao motorista que me levasse de volta, deixando Catherine e Claude brincar de quem teria sono primeiro. Durante nossa estada — revejo a cena —, Jarman me apresentou a George Lucas, "um homem de muito futuro", mas, por enquanto, não mais falante que uma sequoia do Yosemite Park. Então a guerra das estrelas...

KUBRICK E STERNBERG

Pouco depois de minha primeira estada em San Francisco, partimos, Jeannette e eu, para Hollywood. A parte jornalística de nossa viagem de núpcias começava sob os melhores auspícios. Auspícios duplamente sentimentais.

Stanley Kubrick ainda não se tornara Stanley Kubrick, era um rapaz de jaqueta militar, testa ampla, pálido, e cujas pupilas escuras cintilavam. Tinha um ar taciturno e pensativo, até que a conversa desembocasse, não sei por quê, em Carol Reed, do qual ele vira *O condenado*, e, quando evocamos a luz e a sombra brincando sobre o rosto de James Mason, ele se tornou caloroso, aceitou falar de *Glória feita de sangue*, seu filme recém-lançado (ele permanecerá muito tempo proibido na França), de seus problemas com os atores, e me presenteou com fotos de estúdio de um formato gigantesco. Ele trabalhava então com James B. Harris, que lhe fazia as vezes de produtor. Harris me contou em seguida como Kubrick se ocupava dos mais ínfimos detalhes, como o afastamento das fileiras de poltronas nos cinemas ou a distância do projetor da tela, perfeccionismo que o levou a uma espécie de loucura. Depois, bem mais tarde, alguém — esqueci quem — me contou a história do roteiro de *De olhos bem fechados*, também à base de genial minúcia.

Um dia chuvoso do inverno de 1995, Terry Semel, presidente da Warner, em visita a Londres com a mulher e o filho, se prepara para passar uma boa noite em sua suíte no Savoy quando o telefone começa a tocar.

Stanley Kubrick, o *enfant terrible* da Warner que o estúdio tem sob contrato, lhe pede que venha jantar em sua casa, exatamente às sete horas, sozinho. Dezessete anos depois de se ter exilado no Reino Unido, em 1961, Kubrick comprou uma grande casa senhorial em Childwickbury, a quarenta quilômetros de Londres, onde se protege do mundo dos homens por uma muralha. Atrás do muro, grandes cães, dia e noite, vão e vêm.

Quando chega ao castelo, Terry é introduzido numa sala toda em painéis de madeira. Stanley entra, cumprimenta o presidente da Warner, então o precede na grande cozinha onde mandou preparar dois sanduíches para eles. Ele retira a rolha de uma garrafa de vinho, pega dois copos, serve um bom trago ao convidado, engole seu rango e convida Terry ao salão.

Senta-se na frente dele e lhe estende o roteiro de seu novo projeto. Terry lhe agradece em seguida. Apodera-se tranquilamente do script e promete lê-lo naquela mesma noite.

— Você não me entendeu — diz Stanley com voz suave. — É preciso que você o leia agora, aqui mesmo. O negócio é esse, ou então não o lerá nunca mais e não farei o filme com você. É pegar ou largar.

Terry diz a si mesmo que não tem escolha e concorda, por bem ou por mal. O que ele não previu é que Stanley ficasse sentado à sua frente, certificando-se de que realmente lê o script de *De olhos bem fechados* de cabo a rabo. E Terry se põe a ler.

Exatamente na mesma hora — é meio-dia em Los Angeles —, de excelente humor, Bob Daily se prepara para ir almoçar. Apoiando um ao outro e se completando admiravelmente, Bob e Terry encarnam o duunvirato que durante mais de vinte anos presidiu os destinos da Warner Bros. Com sucesso.

— O que você vai fazer este fim de semana, Ann? — pergunta Bob à secretária sem escutar a resposta.

O delicado tilintar do telefone moderníssimo imita nesse instante as três batidas do destino. O advogado de Stanley Kubrick tem uma comunicação urgente e de extrema importância a fazer a Bob Daily. Um envelope para lhe entregar da parte de Stanley.

— Não é possível esperar até a tarde? — pergunta Ann.

— Não, não é.

Então é marcado encontro no escritório do advogado na meia hora seguinte. Bob se dirige para lá sem desconfiança: foi ele mesmo que recomendou o homem da lei a Kubrick!

— Aqui está — diz o advogado —, Stanley quer que você leia isto imediatamente em meu escritório.

— Mas isso dá trezentas páginas! — lamenta-se Bob, sopesando o calhamaço.

— Eu sei muito bem, Bob: você conhece Stanley...

— Escute, vou ler o começo, tenho compromissos a tarde toda, mas prometo terminar de ler esta noite em casa...

— Nada a fazer, Bob. É agora ou nunca. Um café?

E Bob, praguejando, empreende a leitura.

Assim, os dois diretores se veem obrigados a dar ao mesmo tempo e *separadamente* sua opinião. Cada um declara que ficará encantado em produzi-lo, dependendo do acordo de seu alter ego (pensando furtivamente que vai prevenir o outro para que se mostre cauteloso).

Com efeito, para filmes de orçamento importante, os patrões de Hollywood não costumam dar sinal verde sem refletir e sem chegar a um acordo. Refugiam-se atrás da opinião dos associados. Era o que pensavam fazer Semel e Daily; foi o que Kubrick astuciosamente frustrou e, além disso, exigiu ter a "montagem final". De fato, assim que volta a seu hotel londrino e ainda todo agitado, Terry Semel corre para o telefone.

— Me passe o Bob, e depressa — ruge ele para sua secretária hollywoodiana.

— Isso não vai ser problema, mister Semel: mister Daily está justamente à sua procura...

— Alô, Bob! — urra Terry —, você não vai adivinhar o que acaba de me acontecer...

— Isso é o que você pensa — resmunga Bob com voz fanhosa. — Agora me escute bem, Terry, tenho novidades para você...

* * *

Quanto a Josef von Sternberg (o "von" era usurpado, mas isso era moda desde Stroheim), minha memória me prega peças. Sei que o vi numa casa de repouso. Sempre gostei dos velhos diretores. O ofício de cineasta é tão duro que se fica vulnerável em qualquer idade, mas quando eles estão velhos, doentes, esquecidos, quando passam o tempo a remoer velhas histórias ou tentam montar um projeto que deveriam ser os primeiros a saber que nunca virá à luz, aí então os Huston, os Ford, os Welles, os Sternberg não são mais apenas seres emocionantes, são grandes carvalhos fulminados, como aquelas árvores da floresta francesa que a grande tempestade de dezembro de 1999 derrubou brutalmente, as raízes no ar cheias de terra, e que foi preciso cortar com motosserra, ainda vivas... Eu o revejo, Sternberg, em seu velho roupão deprimente, sentado sob um cobertor numa cadeira de jardim. Ele, que fora arrogante a vida inteira, já não era sequer seco. Ouço algumas reflexões desiludidas sobre os estúdios hollywoodianos. Quando levo a conversa para Marlene, leio em seu olhar azul-lavanda um brilho de desprezo, e ele me responde sobre Gene Tierney. Em seguida, hesito. De novo, já não consigo separar a realidade da cena de *Cidadão Kane* em que Leland, interpretado por Joseph Cotten, sentado na mesma cadeira e na mesma situação, pede ao jornalista que se informa sobre Kane que lhe arranje *a good cigar* e, nos dois casos, a visita é interrompida pela chegada da enfermeira que encerra a entrevista e reconduz os interessados ao quarto, Leland amparado pelo braço, Sternberg empurrado em sua cadeira de rodas. Antes de entrar, Josef me lança um olhar sarcástico. Por mais velho que estivesse, ainda podia fazer isso, mas esse olhar não durou mais que um instante. Senti meu ânimo sorvido por um tonel sem fundo. Sternberg e Welles como efígies de uma idade de ouro hoje desaparecida?

De volta a Paris, impossível encontrar Doniol. Passo uma ou duas vezes nos *Cahiers*, no alto dos Champs-Élysées. Tenho lembrança de uma vasta sala de espera, de um escritório claro dando para os Champs onde não havia muita gente, de um cheiro bom de verniz, de assoalhos que estalam horrivelmente e, por uma porta entreaberta, da bela voz grave do sr. Keigel, o financista da casa. Eu esperava. Doniol roía a corda, de tempos em tempos a secretária vinha ver o que eu fazia. Soube, assim, que André Bazin estava muito doente. Na segunda vez, Rohmer e Rivette discutiam animadamente. Eles não pareciam saber quem eu era, nem perceber minha presença. Desapareci na ponta dos pés, humilhado, envergonhado, como um ladrão.

O CINEMA MODERNO

Como se tornar conhecido? Decidi escrever um livro. Esse livro, concluído em 1964, se chama *Le cinema moderne.* Tentei descrever ali certo número de cineastas de então e investigar em que a narrativa cinematográfica havia mudado. O cinema se tornava interativo: o autor reclamava a participação do espectador, e eu recorria a Resnais, Godard, Robbe Grillet, Antonioni, mas também a Tati, Bresson, Varda, Truffaut, Demy para tentar pôr essa modernidade em perspectiva. Nouvelle Vague e nova escrita. E para anunciar bem o matiz, pusemos na capa o belo rosto de Monica Vitti, de olhos tão maravilhosamente rasgados. O livro foi editado na Serdoc por Bernard Chardère, o lionês fundador de *Positif.* Ele era empreendedor e, com sua mulher, Alice, fazia os pacotes, levava os livros em consignação às livrarias, cortava a França no volante de um velho 2cv que soluçava, principalmente nas ladeiras, mas fazia questão de se mostrar tão valente quanto o dono. O livro só nos rendeu certa consideração quando Pierre Billard, que dirigia a revista *Cinéma*, órgão da Federação francesa dos cineclubes, me propôs fazer parte de sua equipe. Eu gostava da ideia de integrar um grupo. Agarrei a oportunidade e me encontrava toda semana com Billard e seus assistentes, nos fundos de cafés do quinto ou do oitavo *arrondissement* que faziam as vezes de sala de redação. Era ali que cada um fazia um relatório dos filmes que acabava de ver, que Billard distribuía o trabalho. Era ali, sobretudo, que falávamos, falávamos sem parar. E se o cinema só existisse se a gente falasse nele?

Lá estavam Pierre Philippe, um rapaz bochechudo, espirituosíssimo, de estilo mordaz, que assinava como Jonathan Harker notas sobre o "cinema bis", isto é, o cinema da segunda sessão (filmes sobre a Antiguidade, filmes fantásticos), Marcel Martin, especialista no cinema soviético como fiel comunista da tropa de choque, Michel Flacon, meu condiscípulo nos preparatórios, um artesão do estilo, que, depois da Escola Normal, se tornara professor em Toulon, Raymond

Lefèbvre, René Gilson, Claire Clouzot, Guy Braucourt, que mais tarde trabalharia comigo em Cannes... Eu já tivera nas mãos o objeto-livro resultante de minhas elucubrações, e a época de *Raccords* não estava tão distante, mas a visão de meu nome impresso numa revista de cinema com a qual não tinha nenhum vínculo me deu tanto prazer quanto um daqueles grossos livros de rebordo dourado que fazem o orgulho das famílias na distribuição de prêmios.

Eu escrevia tudo que me pediam, críticas, perfis, crônicas, relatos de festivais para os quais me precipitava, como bom neófito. Como entregava meus artigos em tempo e no tamanho exato, Billard os encomendava a mim cada vez mais. E eu escrevia, entregava, sorria. Eu existia. Ainda tenho na memória a visão divertida de meu sósia, correndo de um lado ao outro de Paris, de uma sala a outra, de uma projeção a outra. Tento redescobrir as sensações daqueles anos. Éramos tão jovens! Levávamos as coisas tão a sério! Tive prazer com breves anotações e com longos estudos em que aproveitava um filme que era lançado para me impregnar do universo de um autor. Houve um Bresson (*Mouchette*), um Polanski (*Armadilha do destino*), um Louis Malle (*O ladrão aventureiro*) — meu preferido —, um Godard (*Made in USA*), um Robbe-Grillet (*Trans-Europ-Express*), um Melville (*Os profissionais do crime*) e alguns outros. Estive à altura? Se quiserem, provavelmente poderia reencontrar os textos. Godard percorreu meu ensaio e, como me contou o historiador Freddy Buache, seu amigo de sempre, soltou um grunhido de aprovação. Desde então nós nos escrevemos de tempos em tempos, ele me enviando mensagens na sua bela letra de estudante, eu me esforçando em ajudá-lo. Entre 1980 e 2004, selecionei em Cannes nove de seus filmes, feliz, por exemplo, de acompanhar seu *Histoire(s) du cinéma*, um ponto alto da análise crítica e da beleza artística. Eu até lhe dedicarei um de meus filmes-montagem, *Épreuves d'artistes*, quando me tornar documentarista, nos anos 2000. Eu teria gostado de mostrar *Acossado*, os Karina em preto e branco, *O desprezo*, mas isso já não era oportuno. E, durante suas entrevistas coletivas no Festival, enquanto ele proferia raciocínios desconcertantes e epigramas mortíferos diante de uma imprensa mundial pasmada, eu estava muito ocupado em me comunicar por sinais com seu produtor, Alain Sarde, sentado no estrado ao lado de Jean-Luc, e que meneava comicamente a cabeça como para se perguntar o que estava fazendo ali.

Mas aquele com quem mais simpatizei, e cuja *Correspondance* publiquei, foi François Truffaut, que se tornou meu amigo.

19. Os anos Truffaut

L'OFFICIEL DES SPECTACLES

François viera à minha casa, na Rue Raynouard, no tempo de *Raccords*. Lembro-me de um rapaz pequeno, robusto e franzino ao mesmo tempo, de rosto consumido por um olhar fogoso. Ele não parava no lugar. Falou-me do Club du Faubourg, lugar onde se realizavam concursos de retórica e do qual eu nunca ouvira falar, e me trouxe uma pasta cartonada já não muito nova que continha fotos de Jean Renoir nos Estados Unidos e um artigo que estava acabando de escrever justamente sobre um dos Renoir hollywoodianos, acho que era *Amor à terra*. Foi assim que Truffaut entrou na minha vida. Reencontrei-o algum tempo depois na casa de André Bazin, em Bry-sur-Marne, um dia em que Bazin, cuja criação de animais era célebre, recebia dois novos hóspedes: esquilos. E o brincalhão Truffaut dizia que eles tinham saído diretamente de *A regra do jogo*. Ao longo de todos os meus anos de crítica (1964-76), François me acompanhou. Ele se tornara um cineasta conhecido, adulado, tinha sua sociedade de produção, emendava um filme depois do outro, escrevera o mais belo livro de cinema de todos os tempos, seu livro de conversas com Hitchcock,*

* *Hitchcock/ Truffaut: entrevistas* (Companhia das Letras, 2004).

pois tinha dois amores, além das mulheres: o cinema e a literatura. Em seu livro sobre Hitchcock, a importância da ilustração é considerável: cenas inteiras são esmiuçadas, imagem por imagem, tornando bastante palpáveis as palavras dos dois cineastas. O mais importante é que Truffaut construíra para si uma vida calcada naquele gosto pela liberdade vindo de sua infância; só fazia o que o divertia no momento em que o divertia: esse é o verdadeiro luxo, e não as camisas da casa Sulka, ainda que um não impeça as outras. Por vezes ele pagou caro por isso.

Como na época — isso é menos verdade hoje — o sucesso dos filmes ambiciosos dependia muito dos críticos, Truffaut, cujo primeiro trabalho fora esse, se dava com os ex-colegas, mas se protegia muito. É assim que em sua *Correspondance*, publicada com Claude de Givray (amigo fiel e corroteirista de Truffaut) — daqui a pouco direi em que circunstâncias —, se incluem muitas cartas em que François, infatigável epistológrafo, detalha por que não pode receber seu correspondente: está preparando um filme, rodando um filme, montando um filme e assim por diante, e não deixa de acrescentar em que momento retomará contato para marcar um novo encontro... Moral da história: para permanecer livre, ganhar tempo... sem cortar relações!

Todas as quartas-feiras François comprava o *Officiel des Spectacles* e assinalava nos programas os filmes que iria ver, ao volante de seu Peugeot conversível ou de seu Volvo verde. Eram com frequência filmes que queria rever, clássicos do cinema, vistos muitas vezes, mas que não podia dispensar por muito tempo: bastava uma cena, uma frase de diálogo, a atuação de uma atriz e, sobretudo, quando ele apresentava a si mesmo um problema de direção, examinava o lugar da câmera. A distância dos atores, o ângulo de tomada, determinada objetiva, certa iluminação, o movimento de máquina, a decupagem, uma música: nada como um velho Hitchcock ou um Renoir de tirar o chapéu, a menos que fosse *Soberba* ou *As damas do Bois de Boulogne*, para ajudá-lo a encontrar uma solução, porém no mais das vezes era pelo prazer. Tudo em Truffaut, até sua vida sentimental, se pautava pelos horários dos filmes.

Um dia da primavera de 1969, tenho encontro com Catherine Deneuve para minha primeira grande entrevista nas *Nouvelles Littéraires*, onde agora trabalho. Chego à casa de Catherine, na Rue Vineuse. Ali, sua secretária (eu não havia entendido que se tratava de sua irmã) me diz:

— Mas não, você se enganou, é amanhã...

— Ah, sim, muito bem, então até amanhã! — Desço a escada e na entrada dou com François saindo do carro e carregando uma sacola de golfe. Ele parece incomodado e eu lhe digo tolamente:

— Não sabia que você jogava golfe... — Volto no dia seguinte; o começo da entrevista transcorre às mil maravilhas. De modo que Catherine marca novo encontro comigo para terminá-la. Em suma: um grande espaço na primeira página da *Nouvelles*. Mais tarde ela me escreveu que estava contente. Depois de algum tempo, o microcosmo começa a murmurar sobre a história de amor dos dois. Quando uma aventura amorosa nasce em uma filmagem, a equipe fica sabendo imediatamente. E, mesmo que a coisa acontecesse em Madagascar, o canto da *Sereia do Mississippi* não demorou a desembarcar nas redações parisienses. Eu tomara conhecimento por acaso, mas nunca falei nisso com ninguém.

YVONNE BABY

Foi graças a François que conheci duas jovens mulheres por quem sempre tive afeição. A primeira é Yvonne Baby. Yvonne trabalhava no *Monde*, uma instituição da qual François não podia se afastar. Ora, desde sempre essa instituição não fizera senão amigos...

— Não vá você também fazer sua birrinha — diz Simon Mizrahi, formidável assessor de imprensa e legendista hoje desaparecido, ao crítico e historiador do cinema Michel Ciment. Estamos em novembro de 1977, na sala Ponthieu, onde Simon, que revelou na França a comédia italiana, projeta para a imprensa *Semeando a ilusão*, uma picante fábula de Luigi Comencini lançada na Itália cinco anos antes, com quatro ases: Alberto Sordi, Bette Davis, Silvana Mangano e Joseph Cotten. Os jornalistas estão tranquilamente instalados na sala, mas nada de o filme começar. Cinco minutos, dez minutos, críticos ameaçam deixar a sala. Jacques Siclier, sentado entre Robert Chazal e mim, sussurra que estamos esperando Yvonne Baby. A revolta ruge. Ciment se levanta, veste ostensivamente seu casaco e puxa a mulher. Discussão com Mizrahi. Enfim a porta se abre para Ruta Sadoul, a mãe de Yvonne, seguida por Claire Devarrieux, sua jovem egéria. Ruta perscruta a sala como Bonaparte na ponte de Arcole, e Yvonne avança atrás dela escoltada por um rapagão com quem trocará bilhetinhos durante a projeção.

De início estagiária na revisão das páginas do roteiro cultural, Yvonne foi promovida até acabar chefe da seção de espetáculos.

— Como ela mudou! — sopra Baroncelli. — Já que assiste à reunião dos chefes de serviço às oito horas em ponto no escritório de Jacques Fauvet, ela se considera Françoise Giroud — diz Jean. — Deixa a gente esperando horas no telefone, leva três dias para tomar decisões urgentes e não suporta que a façam esperar.

Eu defendo Yvonne por causa de seus belos cabelos já brancos, de seu comprido rosto à Modigliani, de suas pernas finas e musculosas sob a minissaia. Por causa daquele charme que ela maneja tão bem: se alguém se zanga com ela, a irritação se desfaz depressa quando ela está à sua frente, viva, feminina, enredando-se em seus "como dizer?" e seus raciocínios contraditórios. Os cabelos brancos são as inquietações durante a guerra, a divisão entre seus dois pais, seu padrasto Sadoul, que se casou com Ruta em segundas núpcias e que foi comunista stalinista, e o outro, seu pai verdadeiro, o filósofo sinólogo Jean Baby, velho sábio excluído do Partido, para fúria da filha.

Encontrei Yvonne pela primeira vez num *vaporetto* na Mostra de Veneza. Ela estava ali a serviço de *Le Monde*, eu, da *Cinéma 66*, e levantava seu moral enquanto caminhávamos das Quatro Fontane ao Excelsior. Frequentávamos a retrospectiva, na sala Volpi. Aquele ano, eram filmes americanos dos anos 1920, as comediazinhas sentimentais de Cecil B. DeMille. À noite, íamos ver o filme em competição na sala grande, *Chappaqua: Almas entorpecidas*, sem dúvida não o melhor Varda, mas sobretudo descobrimos juntos *A mulher de areia*, de Hiroshi Teshigahara... Yvonne tinha dificuldade em escrever seus artigos, as baganas se amontoavam no cinzeiro e o escritório do telex esperava, para fechar, que ela enfim levasse sua matéria. A mãe, que a acompanhava por toda parte quando ela era casada e passara dos trinta, me fazia cara feia. Eu não podia adivinhar que o primeiro marido de Yvonne também se chamava Jacob, Alain Jacob, jornalista no *Monde*, e que aquela relação terminara tão mal. Com toda razão Ruta achava que já houvera Jacob suficientes na família. O marido de Yvonne tinha o apelido de Aliocha, na época, e eu não podia ser senão um Smerdiákov... Mais tarde, Yvonne se casou de novo, o que não nos impediu de partilhar durante muito tempo intermináveis conversas telefônicas e uma velha cumplicidade.

Então, em novembro de 1966, nos reencontramos à beira do lago de Annecy, para as "jornadas Truffaut", em que representávamos nossos respectivos jornais. Foi François quem fez a lista dos amigos e dos jornalistas que estarão à sua volta nessa homenagem a um cineasta tão jovem. Serão mostrados filmes de que ele gosta, ele os comentará e nosso fã-clube tomará alternadamente a palavra. Lá estão os fiéis: Jean-Pierre Léaud, Marie Dubois, Bernadette Lafont, o roteirista Jean-Louis Richard e sua mulher, Carla Martier, Albert Cervoni, da *France-Nouvelle*, Jean Narboni, dos *Cahiers*, Yvonne, Claude de Givray, o jovem Patrick Poivre d'Arvor (então jornalista na France Inter) e eu. Faz um frio seco e cortante no lago, Yvonne pôs seu famoso mantô de coelho, no qual se aconchega voluptuosamente, e Truffaut se levanta diante das salas repletas para defender suas escolhas: *A noite fantástica*, *Paraíso perdido*, *O Atalante*, *As damas do Bois de Boulogne* e um pequeno Guitry para terminar, *Le mot de Cambronne*.

Reencontrei minha reportagem, começava assim: "Enquanto no lago a mancha branca dos cisnes estende seu pescoço longo, flexível, altivo, o cinema se apodera de Annecy". Na verdade, não muito original, mas era minha maneira de saudar o pescoço altivo de Yvonne. Elevando-se da multidão dos cinéfilos annecianos, um ímpeto de fervor cercava dia após dia o cinema tão feminino de François Truffaut. Estávamos bem.

No dia seguinte, Yvonne e eu embarcamos de novo no trem noturno para Paris. Nós dois tínhamos leitos, mas não no mesmo vagão. Suborno o fiscal para que desloque um viajante, o que ele faz prontamente.

— Assim ficaremos juntos — digo. Yvonne me dá uma olhada. — Tudo bem, não é? — pergunto.

— Sim, sim — diz ela, e tenho a impressão de ler em seu olhar o temor de ter de repreender um colega por quem tem simpatia. Ficamos até muito tarde no corredor, respirando a plenos pulmões a fumaça das locomotivas a vapor, tão bela nos filmes em preto e branco. Levamos solavancos nas agulhagens, perscrutamos vagamente o balastro enquanto no fundo do corredor, sentado em sua cadeira dobrável onde pendurou o boné, o fiscal deve se perguntar por que aquela jovem mulher e aquele sujeito tagarelam tão longamente em vez de se recolher. E Yvonne fala, fala, como para retardar a hora de se ver sozinha comigo em um espaço tão exíguo, o embaraço se instala entre nós, ela me conta de seu pai, de seus primeiros passos difíceis em *Femmes Françaises*, uma revista comunista em que Sadoul a fizera ser contratada, já em seu primeiro artigo não conseguia sobressair, vinha de um meio burguês, eram maldosos com ela, está com lágrimas nos olhos e eu também choro porque a corrente de ar gelado me pregou um cisco... Em seguida, ela entrou no *Monde*, graças a Sophie Desmarets que ela fora entrevistar e que falou sobre ela com o marido, Jean de Baroncelli, já colunista de cinema na época de Beuve-Méry. Dizíamos Beuve.

Yvonne continua falando, meia-noite, meia-noite e meia, uma hora, sem dúvida esperando que eu vá cair morto, e é verdade que minhas pernas não me aguentam mais. Ela me conta ainda de seus encontros com Paul-Marie de La Gorce, com um jovem diretor-geral da indústria telefônica que era da minha turma da escola, como para afastar a tolice de qualquer tentativa imprópria. Enfim, decidimos ir dormir. Ela desaparece no compartimento, onde a deixo para se trocar. Julgando suficiente o tempo transcorrido, entro e a descubro, de braços erguidos, o peito despido; rapidamente ela enfia seu pijama, um brilho azulado sobre os seios nus. Apago a lâmpada central para me despir e, quando acendo a fraca, ela está encolhida no fundo da cama de baixo, de olhos fechados como se dormisse, e talvez já durma. "Seus olhos são como dois laguinhos marrons", diz Belmondo a Deneuve em *A sereia do Mississippi.* "Marrom-esverdeados", corrige Catherine. "Dois laguinhos marrom-esverdeados", admite Jean-Paul.

NICOLE BERNARD

Na minha infância, os amores platônicos se chamavam Nicole Bernard. Por que, nos liceus da República, os orientadores sempre usam um sobretudo preto e um bigode de pontas reviradas? No Carnot, o sr. Constantini não escapava à regra. Todo ano, quando o fotógrafo habitual vinha tirar o retrato da classe, que um dia talvez reencontrássemos numa mala no sótão, ele se punha na primeira fila, com ar de superioridade, ao lado do professor principal, geralmente uma mulher. Na foto de minha turma, no oitavo ano, não é preciso lupa para ver que só tenho olhos para Nicole Bernard, garota de covinhas e vestido plissado, com um laço de veludo de seda nos cabelos. Do outro lado, dando-lhe a mão, Michel Biffe, meu rival de gola Claudine. Quando se debruçava sobre o caderno, a mecha loira de Nicole lhe caía nos olhos e ela soprava de uma vez, torcendo os lábios para pô-la de novo no lugar: eu me empenhava em imitá-

-la. Ela estava na minha turma, mas eu era tímido demais para falar com ela, a condição de apaixonado dava pouca segurança às minhas exaltações. Um dia, ao passar em frente à vitrine da Délices, a confeitaria a dois passos do Carnot, eu a vi, de vestido branco, comendo um babá ao rum. Entrei, a mãe lhe disse para se apressar. Nossos olhares se cruzaram, ela se fez de indiferente e passou orgulhosamente diante de mim, guardando sua pose de menina-modelo. Tentando ignorar seu ar superior, passei a frequentar a Délices, mas ela não voltou. No ano seguinte, ela ainda estava na minha turma. O mundo se limitava então à minha família e a Nicole Bernard. Eu a convidei para brincar na casa dos meus pais. Ela chegou, nós brincamos, ela foi embora, esquecendo atrás de si aquela covinha nas faces rosadas que reencontramos no ano seguinte na foto em que ela cruza as pernas. Percebe-se sem dificuldade, enquanto o fotógrafo enfia a cabeça quase inteira sob o pano preto da máquina, que ela balança insolentemente o pé sob o nariz do sr. Constantini. O clarão de magnésio que se segue me inflama tanto mais quanto desencadeia ao mesmo tempo a Segunda Guerra Mundial. Nunca mais nos veríamos, mas minha futura mulher me faria sucumbir com o mesmo riso incontido e zombeteiro. Nisso, tive mais sorte que Bernstein em *Cidadão Kane*. No barco que atravessa o Hudson, ele cruza um dia com uma moça de vestido branco, vocês se lembram. "Uma vez só", diz ele, "e desde então penso nisso todos os dias", como suspira também Sylvia Bataille no fim de *Passeio no campo*...

MARIE DE PONCHEVILLE

A outra jovem que François me fez conhecer é Marie de Poncheville. Um dia da primavera de 1979, Truffaut me convida para almoçar. Ele me propõe lançar uma coleção de livros de cinema na editora Hatier. Isso me interessa?

— Sim, sim, você deveria — diz François. Não seria a primeira vez que eu ativaria uma coleção de cinema. Eu o fizera na Simoën, especialmente com um *Trintignant*, de Michel Boujut, e o *Giono*, de Jacques Meny. Acabava de ser nomeado para a direção do Festival e, por deontologia, não queria mais fazer crítica. Ajudar escritores de cinema ou autores de filmes era outra coisa. Telefono a François: é, sim. Houve um mal-entendido: eu acreditava que era para trabalhar com ele.

— Não — me responde ele um pouco embaraçado —, você vai trabalhar com uma amiga minha, você será o aval cinema da coleção, não se preocupe, ela cuidará de tudo. — Encontro no Lipp com a jovem. Eu a reconheço imediatamente, era ela que seguia François, três passos atrás de nós, no Club 13 de Lelouch, em Tourgeville, quando fomos ao Festival do cinema americano de Deauville e passeávamos ao longo da piscina. Ela parecia se chatear. É sobretudo uma das mais bonitas mulheres de Paris, um porte, um sorriso, os olhos: a perdição em forma de mulher. Bem morena, com seus longos cabelos pretos, seus olhos castanhos por vezes velados pelo espetáculo da injustiça, seus repentes e o riso solto e cristalino que de repente a tomava, não seria difícil se apaixonar por Marie. Ela morava na Place des Vosges com a filha Alice, e havia vários anos vivia com Truffaut uma ligação complicada e livre ao mesmo tempo (eu não compreendera que a história deles estava terminando). Ela era (ainda é) de uma incrível generosidade com todas as coisas. Enfim, Marie dizia tudo que lhe passava pela cabeça.

Publicamos não poucos livros juntos, uns vinte, na coleção que chamamos A Biblioteca do Cinema. Três, especialmente, foram marcantes: *Un homme à la caméra*, de Nestor Almendros, o *John Ford*, de Lindsay Anderson, e *Un siècle de cinéma*, um clássico de Tay Garnett. Mas também livros de Raymond Chirat, Freddy Buache, Claire Devarrieux, Yonnick Flot, Danièle Bion... Enfim, muito mais tarde, mas Marie já não estava lá, a *Correspondance...* de François! Uma das alegrias de minha vida. Correspondência entre amigos e profissional, a correspondência amorosa foi resguardada no cofre de um tabelião. Por que Marie não estava mais lá? Eu disse que ela não tinha papas na língua, que não suportava injustiça. O diretor da Hatier, sr. Foulon pai, por muito tempo torcera o nariz diante de suas insolências: eu tentava, ajudado por Mariella Bertéas que trabalhava conosco, que o choque do encontro entre eles não acontecesse. Então um dia, a gota d'água, o vaso transbordou. As lâmpadas queimadas da escada não eram trocadas e Marie foi reclamar no escritório do diretor: havia mulheres grávidas na Hatier, se uma delas viesse a errar um degrau no escuro, Foulon seria responsável. Sua ironia era cortante, parecia uma delegada sindical. Era corajoso. Mas aquele ardor que Marie adotava, com uma ponta de provocação, ao opor-se à autoridade, o sr. Foulon pai, patrão de direito divino, não suportou. Não me lembro se as lâmpadas foram trocadas, mas Marie não ficou. Suportam-se melhor os golpes quando se tem o costume de recebê-los.

Por vezes, também sua família a abandonou: de tanto passar por muita coisa, ela tirou disso uma força, uma audácia e um moral de aço que temperaram sua alma. Ela se tornou documentarista e filmou o Tibete, entre outras injustiças. Sempre parece ter trinta anos, continua curiosa com as pessoas e ávida pela vida. Eu a revejo, na Rue du Bac, quando nos preparava uma refeição com o cineasta mauritânio Abderrahmane Sissako: uma suave luz de generosidade iluminava seu rosto, é como uma irmãzinha que reencontro de tempos em tempos e com quem retomo a conversa onde o filme parou.

Muito tempo depois dos meus anos de Hatier, guardo uma lembrança lancinante da última visita à casa de François. Ele estava gravemente doente e sabia que ia morrer. Mas, durante a refeição, não fizemos alusão ao mal que o consumia. Almoçávamos os dois em sua casa, na Avenue Pierre-Ier-de-Serbie, servidos por seu empregado. Ele se interessava por tudo, por mim, pelo Festival, pelos filmes e livros que eram lançados, pelos colegas. Em nenhum momento se deixou tomar pela nostalgia ou pelo medo da morte. Várias vezes fez brincadeiras sobre seu velho cúmplice Jean-Luc Godard, e então eu não sabia que logo publicaria sua famosa troca de cartas provocadoras. No fim, como se tivesse contado demais com suas forças, François me pareceu cansado, sua cabeça doía, eu me retirei, mas ele fez questão de me acompanhar até a porta. Eu procurava, em vão, palavras solidárias, e ele me deixou nas mãos de seu empregado, que segurava meu casaco. Ao vê-lo se afastar, uma tristeza infinita me apertou o coração. De fato, ele tinha em mira a parede em frente ao atravessar em diagonal a vasta entrada. Apoiava-se na parede, respirava um momento, visava o outro lado e retomava sua hesitante caminhada de lado. Problema de equilíbrio: seu cérebro tinha falhas. Ao chegar perto da porta que dava para o corredor, ele se virou para mim e sorriu. Eu estava perturbado. Forcei-me a retribuir seu sorriso, mas sentia que não o veria de novo.

20. Meus dois Maio de 68

O *FOULARD* VERMELHO DE JEAN-LOUIS BORY

Em maio de 1968, Truffaut, Godard e alguns outros desceram de Paris para interromper o Festival. Eu acabava de chegar às *Nouvelles Littéraires* e Georges Charensol, que "cobrira" o Festival durante vinte anos, preferia dali em diante o encanto de seu apartamento no Quai aux Fleurs à agitação sob as palmeiras. André Bourin, o redator-chefe, me enviou então para "cobrir" Cannes, ainda que aquele ano, para mim, a Croisette fosse se revelar o bulevar das desilusões. Primeiro, Louisette Fargette, responsável pelo serviço de imprensa de Christiane Rochefort, sem dúvida considerando que o jornal (ou, antes, seu enviado especial) não era tão importante assim, me dissera:

— À noite, eu lhe pediria que não viesse às "sessões críticas" — em outras palavras, aos filmes mais procurados. Sem dúvida, ela estava longe de pensar — e eu então! — que oito anos mais tarde me tornaria seu superior hierárquico; felizmente, sempre achei que a cortesia é um prato mais suculento que a desforra...

Guardo dos anos 1960 em Cannes principalmente uma lembrança deliciosa. Estávamos hospedados no antigo Gray d'Albion, um hotel afastado da Croisette, com jardins perfumados que avançavam até o mar. Claude Mauriac também se alojava ali. Eu gostava do livro que ele acabara de publicar, *L'amour du cinéma*, em que inventava o específico fílmico, mas quem era eu para ousar abordá-lo? Quis o acaso que uma noite, quando nos divertíamos, Jeannette e eu, em nos despir no elevador para estar mais depressa na cama, chegássemos ao andar em que Claude esperava a cabine. Ele nos olhou, sempre um pouco distraído atrás de seus óculos grossos, com o ar de quem finge não perceber nada, mas dizendo a si mesmo: "Vejam só!". E nos tornamos muito amigos. Como também ficamos amigos de outros críticos, Chazal, Billard, Baroncelli, Aubriant, Monange, Teisseire, Chapier, Chauvet e, sobretudo, Jean-Louis Bory, que vinha com frequência almoçar em casa, no sábado, antes de *Le masque et la plume*, de François-Régis Bastide,* e fazia as crianças rir lambendo, direto da vasilha, tigelas de creme de ovos. Ele adorava isso e, no domingo, o levávamos para sua casa de Méréville, onde brincávamos de rã com Alice Sapritch, a atriz trágica de rosto ingrato.

Em Cannes, Bory recebia na praia Pontiche. Para assinalar sua presença, prendia um *foulard* vermelho num guarda-sol. Mal terminada a projeção, descíamos, nos estendíamos em cadeiras dobráveis e Jean-Louis nos deslumbrava com sua conversa. Ele ria de tudo, falava dos filmes como ninguém e, sem más intenções, chamava certas estrelas de vacas gordas. No salão, gritos, aplausos, exclamações, vaias... Marcávamos encontro ali, guardávamos os lugares uns dos outros, sempre na quinta fila, fazíamos algazarra, tomávamos notas para nossos artigos com canetas luminosas, criticávamos os filmes ruins que, segundo os colegas, os organizadores nunca deixavam de selecionar! Pierre Billard (em *Cinéma*): "Pode-se confiar em Favre Le Bret: quando há um filme ruim para promover, ele jamais passará ao largo". Favre Le Bret, que tinha de sofrer esses vexames, ria amarelo, estigmatizava a ingratidão e convocava a seu escritório jornalistas amigos (Chauvet) encarregados de desviar o tiro tecendo louvores a ele. E Louis se desincumbia.

Começos difíceis. Os organizadores eram descaradamente criticados. O Festival se pretendia mundano, em vez de cinéfilo. Não havia dinheiro, recursos, nenhuma outra ambição além de sobreviver, mas nos divertíamos muito numa atmosfera brincalhona que hoje desapareceu. Diretor de *Cinémonde*,

* Programa de rádio semanal em que Jean-Louis Bory é um dos debatedores. (N. T.)

antes de ser nomeado diretor-geral, Maurice Bessy era famoso por seus lances condenáveis. Assim é que, ao voltar uma noite ao seu quarto acompanhado da esposa, um jornalista célebre por sua beatice descobre em sua cama uma mulher nua que fingia esperá-lo. Uma outra amazona fez uma comentada entrada a cavalo no hall do Carlton...

A publicidade ganhava força.

LES GAULOISES BLEUES

Em 1968, eu tivera chance de ver, antes do Festival, *Les Gauloises bleues*, o primeiro filme de Michel Cournot que me agradara muito. Cournot mantinha a coluna de cinema de *L'Observateur*, gostava dos poetas, da prosa e da Rússia, e podia voltar três vezes seguidas a um cineasta que queria defender, Godard, Lelouch, até mesmo José Varéla... Ele era livre e, sobretudo, inventara um estilo de jornalismo moderno, feito de palavras simples e de expressões familiares, de alusões a tudo que lhe passava pela cabeça, o peixe vermelho de sua zeladora, uma cascata na montanha ou uma moça de vestido claro num bosque de bétulas. A emoção passava. Ele era apaixonado por sua mulher, a russa Nella Biélski, morena bonita de voz melodiosa, e a escalara, como se diz, para o principal papel feminino de seu filme. Os produtores protestaram, propondo em seu lugar Annie Girardot, a estrela da época, garantindo que um filme com Mlle. Biélski não era "montável", mas Cournot não admitira mudar de ideia: era Nella ou nada. Foi Nella.

Desafiando o embargo que reina sobre os filmes de Cannes (nos semanários, os artigos são preparados antecipadamente, exigência do prazo de elaboração), eu escrevera um artigo muito elogioso intitulado "O ano Cournot", título que cortava a primeira página de *Nouvelles Littéraires*. André Bourin se deixara seduzir pela promessa de exclusividade: já a guerra das mídias...

E eis-nos em Cannes.

Algumas semanas antes, o caso Langlois e seu afastamento da Cinémathèque por Malraux lançara a Nouvelle Vague à rua, Truffaut à frente. Depois a França parou progressivamente e, mesmo na Croisette, os espíritos se exaltaram. Os estrangeiros presentes no Festival não entendiam nada, a competição começara havia vários dias sem que o filme de Cournot tivesse sido programado. De repente, os cineastas vindos de Paris saltam para o palco e exigem a interrupção do Festival. As fábricas estavam em greve, o governo tergiversava, os acontecimentos se amplificavam. Desorientação. Esperanças. O que De Gaulle iria fazer? Nós, jornalistas, estávamos divididos entre a preocupação profissional de dar conta do Festival e a curiosidade de acompanhar o agravamento da exaltação. Comprei um rádio e assisti às projeções com o aparelho colado ao ouvido, o filme de um lado, Europe 1 ou RTL do outro: estranho aparelho! Em Paris, os repórteres se misturavam aos manifestantes. Retransmitidos por meu rádio de pilha, eu ouvia ruídos surdos vindos do Quartier Latin, barricadas, bombas lacrimogêneas, investidas da Companhia Republicana de Segurança, slogans revolucionários: esse fundo sonoro convinha mais aos filmes de guerra que aos romances sentimentais. Vimos assim *Procura insaciável*, de Milos Forman, mas ainda não *Les Gauloises bleues*, cuja exibição eu esperava com curiosidade.

Os rebeldes arrancam. Apoiados por cineastas já estabelecidos, exibidores como Claude Makovski, produtores como Claude Nedjar, Truffaut, Godard, Lelouch e companheiros não têm descanso enquanto não convencem os colegas do júri a se demitir para marcar a interrupção da competição. Imediatamente, Louis Malle passa de bom grado para o outro lado: sua barba recente e seu coração estão do lado dos manifestantes. Polanski se mostra mais ponderado: sua experiência da contestação em país comunista o torna reticente. Clamores. Protestos. Vociferações. O hall, a Sala Jean-Cocteau e o salão se tornaram um vasto fórum, grupos de trabalho se instauram, fala-se sobretudo para não dizer nada, as pessoas se agitam, cada uma mais que a outra, em debates inflamados que cheiram a utopia.

Fino manipulador, ainda que desconcertado, Fabre Le Bret não sabe para que lado se voltar. Quer acima de tudo salvar seu festival. Alegando o risco de que os estrangeiros não retornem no ano seguinte, ele propôs continuar as projeções, suprimindo a competição. Mas já era tarde demais. As fábricas paravam uma após outra, os serviços públicos também, os operários se juntavam aos estudantes, a Sorbonne e o Odéon estavam ocupados e De Gaulle continuava calado, antes de ir consultar Massu* em Baden-Baden. O anúncio desses

* Jacques Massu, militar francês que participou da Segunda Guerra Mundial ao lado de De Gaulle. (N. T.)

acontecimentos desencadeava vaias e gritos de alegria entre os que se manifestavam sentando-se no chão e até na sala, transformada em ágora. Quadro inimaginável. Estupefata, pouco habituada a essas explosões, a população de Cannes, velhas inglesas à frente, não acreditava no que via e passava ao largo. O golpe de misericórdia foi dado quando Carlos Saura, numa cena que ficou célebre, se agarrou à cortina para que não fosse exibido... seu próprio filme. Associava-se, assim, aos revoltosos. Gesto de solidariedade que sua mulher e atriz da época, Geraldine Chaplin, imitou imediatamente. *Peppermint frappé* atingiu principalmente os ânimos.

No dia seguinte, um comunicado lacônico do conselho de administração, redigido por Favre Le Bret, anunciou, com dor no coração, a interrupção do Festival. A guerra de Cannes não aconteceria, o ano Cournot tampouco. *Les Gauloises bleues* não foi exibido e, quando reapareceu, o filme não teve uma grande carreira. Cournot retomará sua escrita e jamais voltará a filmar.

No momento, os estrangeiros decepcionados fugiam pela Itália. Os trens estavam parados, era preciso encontrar gasolina para ir a Paris. Nós chegamos lá, minha mulher e eu, não sem sofrer a humilhação suprema; toda vez que parávamos num posto de combustível ou numa loja de autoestrada, um pequeno cartaz vingador me lembrava que não se deve pôr a carroça adiante dos bois: *O ano Cournot, o ano Cournot, o ano Cournot...*

UM PNEU FURADO

Minhas dificuldades não haviam terminado. Uma vez de volta, meu pai me diz que o escritório estava ocupado, como a quase totalidade das fábricas francesas. Eu devia assumir a direção com urgência, porque era preciso dialogar todos os dias com os delegados do pessoal e ele estava farto disso, tanto mais que, o caso tendo se tornado nacional, só uma grande negociação com os poderes públicos permitiria sair da crise. Os manifestantes de 68 queriam mudar o mundo, os sindicatos, obter avanços sociais: todo mundo estava no seu papel. Minha vontade era dar uma volta no Quartier Latin, mas logo compreendi que antes de tudo era preciso rumar para Courbevoie e substituir meu pai e meu irmão, já sem argumentos.

O clima se degradara ainda mais e era impensável conversar sobre meu

Festival. De fato, cheguei bem a tempo de saber da novidade: exigia-se que os dirigentes se considerassem sequestrados no local. A família Jacob podia voltar para casa, à noite, com a condição de prometer retornar no dia seguinte de manhã. O que mais poderíamos fazer? Abandonei a ideia de ir zanzar pela Sorbonne e me dirigi, todo dia, ao Boulevard Saint-Denis, 323, onde me esperavam horas de discussões, avanços, berros, pedidos de aumento constantemente puxados para cima por sindicatos que prometiam mais, enquanto reconheciam, em particular, que tudo aquilo servia apenas para acalmar as tropas, especialmente viradas contra um estabelecimento inteiramente dependente da boa vontade dos americanos. Era a greve geral. Uma greve difícil.

Então, a Sorbonne...

No terceiro dia, eu me preparava para subir no carro e passar, sozinho contra todos, entre as fileiras dos grevistas, uns quarenta rapagões fortes postados em torno do pavilhão da direção, com as mãos nos bolsos de seu macacão de trabalho, e que viam muito bem que eu me sentia encurralado — além disso, seu pequeno grupo não deixava muito espaço para manobrar o carro e sair para o bulevar. Havia os líderes, os seguidores, os indiferentes, mas todos me olhavam sem indulgência quando, indo me pôr ao volante, percebi que um pneu do carro estava furado. A tensão era forte. Questão mecânica, eu nunca soube lidar com isso, mas dispus bravamente o macaco esperando ter sucesso na operação. O grupo se aproximara dois ou três passos, rodeando o veículo e sem dúvida se divertindo com um contratempo que, em minha própria falta de jeito, me desacreditava ainda mais. Conseguiria trocar aquele maldito pneu? E, se o fizesse, ainda seria preciso transpor aquela parede humana, passar entre duas fileiras piadistas, abrir a porta da fábrica... Em suma, minha fuga não estava garantida.

— Chega para lá — me diz de repente um operário, inclinando-se e me tratando de modo familiar.

Era o mais forte e eu lhe passei o macaco sem hesitar. Nenhuma dúvida, ele me tiraria daquele mau pedaço. De fato, ele trocou o pneu num piscar de olhos, mas o motor de arranque não dava partida: eu agravava meu caso.

Assim, quando ele gritou: “Vamos, rapazes, uma mãozinha”, todos — zombadores à frente — se puseram a empurrar o carro, que só precisava disso. Passando a grade, vi pelo retrovisor que a equipe sorria. Graças ao meu salvador, eu conseguira uma saída honrosa, mas todos tinham sido testemunhas de minha fragilidade. O que ficaria era algo amistoso entre nós, como uma lembrança de ex-combatentes, ainda que, pela força das circunstâncias, não estivéssemos naquele dia do mesmo lado da barricada.

Foi assim que, como na libertação de Paris, perdi Maio de 68.

UN JOUR, UNE MOUETTE

Outra humilhação, essa muito mais pessoal. Em 1969, Truffaut se instala na Rue Saint-Guillaume, Chabrol lança *A mulher infiel*, Godard escreve um roteiro com Cohn-Bendit e eu publico um primeiro romance, *Un jour, une mouette* [Um dia, uma gaivota]. Acredito que seja uma narrativa desajeitada, mais ou menos autobiográfica, como o são os romances de aprendizagem, e que conta, como por acaso, as emoções de um jovem tenista sobre fundo de marinhas normandas. Com generosidade, pode ser um Boudin, com objetividade, um Hambourg, de todo modo mais aquarela que água-forte. Seja como for, François Nourissier me pusera debaixo da asa e apostava no meu futuro romanesco. Nourissier era já o papa da edição parisiense: sua bênção *urbi et orbi* significava aceitação no santuário. Ele leu o manuscrito, achou-o a seu gosto e convenceu Bernard Privat, o diretor da Grasset, a publicá-lo. Assinaram-me um belo contrato e me pus a sonhar: era Radiguet, era Huguenin, estava contente! Trocamos, Nourissier e eu, toda uma correspondência sobre modificações a serem introduzidas no meu manuscrito, enquanto morávamos a trezentos metros um do outro. Guardei essas cartas, todas escritas pela mão de François, com sua pequena letra regular. Falando claramente, dizia ele, é preciso reescrever toda a história dizendo *eu* em vez de *ele* e passando do pretérito perfeito para o presente. Isso não me agradava de modo algum, mas cumpri conscienciosamente essa tarefa e logo lhe levei o romance assim revisado, sem ver que seus pedidos mal escondiam uma insatisfação. Na verdade, Nourissier pensava que eu melhoraria sensivelmente o texto e me dera algumas pistas, enquanto eu me agarrava um pouco tolamente a meu manuscrito. Em seguida, François me pareceu distante, impossível de encontrar. Mas o livro foi publicado, com seu título pesadamente tchekhoviano, tive algumas boas críticas e Nourissier decidiu oferecer, em *Les Nouvelles Littéraires*, um artigo supostamente elogioso — de fato, um quadro da sociedade balneária do pós-guerra no qual o famoso

Boudin teria beijado a mão de Berthe Morisot, era charmoso, delicado, espontâneo, pretendia ser o reflexo do livro e era, sem dúvida, mas mesmo o relendo com cuidado, não descobria nele uma única palavra de apreciação. Esta era a arte dos críticos da época: nenhuma linha que pudesse ser utilizada numa propaganda. Eu estava desgostoso, mas me consolava pensando que isso era usual entre cronistas de um mesmo jornal (Nourissier era a estrela das *Nouvelles Littéraires*) e, sobretudo, entre editor e editado. Em suma, o livro se encaminhava suavemente para um volume de vendas que o assessor de imprensa avaliava em algumas centenas de exemplares, salvo devoluções, quando Nourissier me telefonou para dizer:

— Teremos o prêmio Roger-Nimier.

Eu estava mais a par das premiações de festivais que dos prêmios literários. François me explicou que se tratava de um prêmio de revelação para um primeiro romance conferido pelo grupo dos Hussards,* sob a presidência de Paul Morand, grande amigo de Nourissier.

— Está feito — disse ele. — Mas não fale nisso.

Os dias se passaram. Veio a atribuição do prêmio. Para um outro, não me lembro quem. São coisas que acontecem, mas a notícia caiu sobre mim como uma ducha fria. Comentário de François: não deu certo, a mulher de Morand, cuja influência é grande e o antissemitismo, notório, se deu conta de que meu protegido era de origem judaica e fez de tudo, visivelmente com sucesso, para nos torpedear. Bom! Minha pobre "gaivota" tinha chumbo nas asas e eu sentia que Nourissier a defendera frouxamente. Era evidente que não iria se indispor com Morand.

Como sempre, minha mulher me consolou. Meus sonhos literários não tinham mais razão de ser, mas uma coisa estranha me aconteceu: não senti rancor nem um surto de orgulho. Minha resolução estava tomada: não escreveria mais.

De fato, aconteceu o inverso. Ao contrário, durante toda a minha vida escrevi notas, artigos, especialmente para descrever cenas de filmes, prefácios,

* Les Hussards, corrente literária que se opunha aos existencialistas e ao intelectual engajado. (N. T.)

sobretudo cartas, a fim de explicar, convencer, confortar, expressar minha estima, minha afeição ou minha cólera, cartas, telex, fax, e-mails, mensagens de celular e, mais recentemente, discursos. Entrega de palmas, de condecorações, homenagens, agradecimentos, coletivas de imprensa, eu escrevia tudo, com cuidado, com esmero, com prazer. Até mesmo com um júbilo silencioso. E guardei todas as cartas recebidas de todos aqueles cineastas, artistas, escritores, atores de quem me tornei próximo. Evidentemente, eu não pensava nisso, mas agora digo a mim mesmo que é graças a essa coleção que se poderá compreender hoje, amanhã, bem mais tarde, o que foi, nesses anos, a nossa vida.

21. O rei das notas breves

L'EXPRESS

Neste momento de meu relato, tenho consciência de que minhas duas vidas se juntam, e contar minha vida pessoal é falar principalmente de cinema.

Alguns anos mais tarde, *L'Express* me estende os braços. Foi mais uma vez Pierre Billard que me fez entrar lá. Sem dúvida, ele ganha tempo, na procura de pessoal, cada vez que me despede e me recontrata. Por mim, longe de me fazer de rogado, vejo nisso um grande passo na direção do profissionalismo. A atitude agressiva de Pierre no comitê de empresa fez que fosse notado por Servan-Schreiber, diretor do jornal: ei-lo redator-chefe de Espetáculos e eu, sou amigo de Billard. Paul Guimard é crítico titular e sucedeu a uma longa linhagem de escritores que devem ter achado agradável a remuneração e uma delícia escrever sobre cinema. Houve Françoise Sagan, Jean-Pierre Vivet, Nicole Védrès, Madeleine Chapsal, Michèle Manceaux, François Nourissier, Pierre Billard... Era a minha vez. Embora daí em diante seja difícil conciliar meus dois trabalhos, eu me propus um grande envolvimento. No entanto, acabo de chegar ao jornal e, como se lamentasse sua amabilidade, Billard fica de cara amarrada comigo. Torna-se invisível como Nourissier na época de meu romance. Parecia até que um havia passado instruções ao outro.

Eu ignorava que havia um estilo *Express*, inventado e imposto por Françoise Giroud: ser de uma clareza absoluta, saber fazer um "texto" que prenda o leitor até o fim, não se pôr em primeiro lugar, proibição de usar a primeira pessoa, de ser muito literário. Tudo deve ser dito (ou compreendido) no primeiro parágrafo. Além disso, foi Françoise que inventou aquele adjetivo final entre dois pontos, irritante de tão sistemático, que resume e conclui o artigo como uma assinatura. Irritante.

Imagino que Billard recebeu reprimendas de Françoise por minha incapacidade de me enquadrar imediatamente. A verdade é que, quando afinal o caço num corredor, esperando explicações e conselhos, ele se afasta resmungando:

— Não estou satisfeito... — Esse infortúnio, contudo, não lhe pesou muito tempo: algumas semanas mais tarde, com os principais conspiradores dissidentes do jornal, deixou por lá Françoise e Jean-Jacques e foi-se embora para criar *Le Point*, o semanário que nos faria concorrência. Dessa vez, se absteve de me pedir que me juntasse a ele, omissão que me pareceu natural. Philippe Grumbach assumiu a chefia da redação do *L'Express* e, sem dúvida porque já não havia muita gente na coluna de Cinema, só tinha olhos para mim.

No *Express*, tive muitas outras emoções e muitos outros conflitos. Recém-chegado, meu primeiro artigo dava conta do *Cinéma de papa*, de Claude Berri. Uma homenagem a seu pai. À parte Yves Robert, que eu achava comovente como peleteiro confiando ao filho: "É preciso dar as cartas", eu era mais reservado quanto à direção e sobretudo quanto à atuação de Claude Berri como ator. Reservado, mas de modo algum devastador. Para um primeiro artigo, eu não tinha a intenção de bancar o Truffaut da época em que era crítico em *Arts*, e avançava devagar. Isso ainda era demais para Claude, que se irritou violentamente e concluiu que eu não servia para um jornal de grande público. Ora, acontece que os jornais não gostam de intervenções nem de censuras. Françoise o fez saber. E os emissários de Claude não insistiram em suas reprimendas. Mas, no filme seguinte, fui excluído da projeção. Eu me abri com Hélène Demoriane, que se tornara minha chefe de serviço depois da saída de Billard. Decidimos reagir. Com vigor.

Hoje, a concorrência é tanta entre os jornais que não sei o que ocorreria em caso de semelhante punição, nem se os jornalistas reagiriam desse modo. Telefonei, então, a alguns colegas. Três ou quatro, não mais, porém os mais ativos. Chazal, Baroncelli, Bory, Teisseire comunicaram que também não assistiriam às projeções de imprensa por solidariedade e não falariam do filme. Ainda sem estar a par disso, Claude telefonara para a minha casa e dissera a Jeannette, meio transtornado:

— Não sei quem você é, mulher, amante, amiga ou não sei o que mais dele, mas diga-lhe que, se tentar vir à minha projeção, eu o ponho para fora a pontapés no rabo... — Repeti aos colegas essas augustas palavras. No dia seguinte, toque de campainha: minha mulher recebe o mais belo buquê de sua vida, com os cumprimentos de... Claude Berri. Depois, o tempo passou, nos tornamos amigos e relembramos brincando esse episódio, ele em seu belo livro de memórias, eu quando lhe prestei homenagem em Cannes, há alguns anos. Suponho que nós dois, *in petto*, pensamos que o outro tinha exagerado um pouco aquele dia...

Impossível citar as dezenas de histórias, inesperadas, cômicas, coléricas, tristes, apaixonadas, hilariantes, ocorridas nos meus quatro anos de *Express*. Mesmo assim, não me esqueci de como magoei uma cineasta. Em 1973, Nina Companeez roda *Colinot*, com Brigitte Bardot. Na época, eu me tornara um especialista em notas breves, esse artiguinho de nada que permite descrever um filme em algumas palavras. Sem chegar aos pés de Pierre Ajame, em *L'Observateur*, que teria ganhado com a maior facilidade o concurso da mais cruel: "Esperava-se pelo pior, é pior...".

Por minha vez, redigi para *Colinot* uma crítica curtíssima em que dizia mais ou menos isto: se vocês gostam da Idade Média, das cavalgadas, dos filmes de capa e espada, das libertinas e dos vilões, vão ver... *Tom Jones*! Nina ficou muito triste. Ela se tornou uma excelente diretora de séries e de ficções para a televisão com *Le dames de la Côte*. Nós nos reencontramos em um comitê de auxílio à criação e ela me perdoou. Mas nunca deixo de relembrar esse episódio pouco glorioso.

O que é bom sempre acaba. Eu deveria ter percebido que os críticos de *L'Express* não se mantinham muito além de três ou quatro anos. Por várias razões. Em primeiro lugar, entre os 50 milhões de franceses, contam-se 50 milhões de críticos de cinema. Em seguida, os jantares na cidade. Em que os diretores de jornais são chamados de lado... Françoise não escapava a essa prática. Mas desde 1974 Giscard a nomeara secretária de Estado para a condição feminina. Então era Grumbach que agia, sob a tutela de JJSS. Minha redatora-chefe era

Danièle Heymann, profissional inigualável. E como escrevia bem! No mês de sua nomeação, estou em Cannes. Meio tolamente, procuro impressioná-la. Eu dera um jeito de ver antecipadamente um máximo de filmes. Assim que chego à Croisette, passo duas noites redigindo um artigo com a definição dos principais temas, cruzando estilos, assuntos, autores, países... Assim, antes mesmo do encerramento, o jornal sairia com um panorama mundial único. Estou orgulhoso da façanha e envio tudo por fax a Danièle. No telefone, minha chefe:

— O tempo está bom em Cannes? Perfeito! Então me escute, seu artigo está muito bom, de fato muito bom, mas veja o que vamos fazer, você o põe em ordem, falando de um filme depois do outro, hein, sim, filme por filme, como se faz habitualmente: para o leitor, será... veja, mais claro, vamos lá, um beijo...

É assim, suponho, que se aprende o ofício.

HISTÓRIA DE O

Como eu podia desconfiar que um pequeno croqui erótico bastante medíocre — o gênero: loucamente apaixonada por René, O está disposta a tudo para lhe pertencer — estava na origem de um golpe publicitário? Era a época em que, em reunião de redação, Grumbach me paparicava. Eu ficava incomodado em relação aos outros e evitava seu olhar. Mas Philippe não me largava:

— E você, Gilles, o que acha da ideia de X? — Boa, eu achava boa. Questão de boa harmonia.

Danièle Heyman havia me avisado: não publicaremos crítica de *História de O*. Não me dissera por quê. Uma capa do jornal, duas capas, talvez três. Uma troca publicitária, imagino. Era estranho. Em todo caso, coisa inédita. Chego ao Festival de Deauville. Sempre à espreita de um furo, Alain Bévérini, da TFI, me entrevista. Primeiro sobre os filmes americanos. Depois ele passa à *História de O*. Não presto atenção, me solto. À noite, no JT, essa é a única parte de meu apanhado que passa no canal, com a inserção: "Gilles Jacob, de *L'Express*". Quis o acaso que JJSS terminasse suas férias na Córsega, cercado pela família. Quis o destino que ele fosse entrevistado pela TFI no mesmo dia (os nacionalistas davam o que falar). Jean-Jacques vê os noticiários, os filhos à sua volta. Sua entrevista termina, ele está satisfeito, vão se dirigir à mesa.

— Olhe, papai, estão falando da *História de O.* — No dia seguinte, Jean-Jacques telefona para Philippe.

Em certos jornais, quando se quer livrar-se de um colaborador, ele é despedido. No *Express*, não se publicam mais seus artigos.

Danièle estava desolada.

Episódio doloroso. Em *Ça n'arrive qu'à moi* [Isso só acontece comigo], comédia escrita em 1983 com meu filho Didier, represento o redator-chefe. Encaro meu jornalista (é Francis Perrin) e me contento em rasgar seu artigo sem uma palavra, depois o deixo cair no cesto. Gosto muito dessa cena.

Daí em diante, o olhar de Grumbach me atravessava como se eu fosse um fantasma. Tanto no aspecto jornalístico como no humano, eu estava atacado de peste. O delegado sindical me recebeu. Eu não era um caso social, mas ele se compadecia. Fui aconselhado a procurar um advogado. Foi Georges Kiejman, que eu conhecia por meio de Marie-France Pisier. A partir do momento em que Georges se expressa, as ideias se encadeiam, bem azeitadas, as engrenagens do cérebro funcionam como os cilindros de um carro de Fórmula 1 lançado a toda velocidade. Siderado, contei-lhe meu pequeno caso.

— Ouça — me diz Georges —, Jean-Jacques não voltará atrás em sua decisão. Vou escrever uma carta a Françoise — ele puxou para si um envelope comum — e você sabe, ela nem sequer a abrirá. — Ele virou o envelope. — Olhe, quando ela vir nas costas as iniciais GK, será como um sinal. Ela chamará o contador e mandará lhe entregar a indenização de demissão bem superior aos acordos de empresa. Você vai ver. — E, enquanto ele falava, vi distintamente uma caixa registradora com dólares girando numa corrida louca em redor de seu rosto.

No dia seguinte, eu estava desempregado. Paul Guimard se solidarizou e deixou o jornal no mesmo dia.

Saudações, Paul!

22. *Matin de Paris* ou Festival de Cannes

CLAUDE PERDRIEL

Estava desempregado, mas no dia seguinte recebi dois telefonemas. Um era, como disse, de Maurice Bessy; o outro, de Claude Perdriel, diretor do *Nouvel Observateur*. Claude me recebeu amavelmente. Ele estava lançando um diário de esquerda, *Le Matin de Paris*, soubera que eu estava livre e me propôs irrefletidamente a direção das páginas "Cultura" de seu novo jornal. Não apenas o cinema, os espetáculos. Desforra, nova aventura, eu estava mais que tentado. A tal ponto que já tínhamos entrado nos detalhes: o próprio Perdriel me fizera visitar o local, na Place des Victoires, nos antigos ateliês do costureiro Kenzo, e eu obtivera uma das três vagas de estacionamento reservadas à redação. Sem contar que Claude sempre tirava muito partido de seu charme: era difícil lhe dizer não.

No mesmo dia, aquele famoso almoço com Bessy, misterioso personagem e se pretendendo como tal. Ele me explica comicamente que Michel Guy, o ministro, quer sua pele e procura alguém para substituí-lo. Maurice sabe disso. Maurice sabe tudo. Ele é de Nice e os nicenses são bem relacionados. Então, ele também se pôs em busca do homem ideal. Será que isso me agradaria?

— Por que eu? — digo.

— Pois bem, já tentamos várias pessoas, mas não colou. — Ao dizer essas palavras, há uma espécie de triunfo em sua voz. — Pensei que com você, que não pertence a nenhuma panelinha, as coisas poderiam avançar. Mas não há pressa — acrescentou ele, sorrindo —, não há pressa. Só devemos dar garantias ao ministro. Isso é urgente. Se o cargo lhe interessa, falarei com Fabre Le Bret.

Bessy gostava de mostrar que estudara os gregos e os latinos. Carregava sempre um bloquinho onde inscrevia citações de autores clássicos que utilizava pomposamente. Eu conhecia o homem agradável e a boa companhia. Explicou-me que embirravam com ele na função porque sua mulher tinha uma sociedade de cinema que vendia os direitos de seus filmes para a televisão, o que atiçava a inveja dos concorrentes. Cícero devia ter alguma coisa no caderninho para fazer frente a essas calúnias.

Depois de 1968, o Festival mudara muito. Os acontecimentos, o surgimento da Quinzena dos Realizadores que lhe criava problemas ao revelar novos talentos, os vestígios deixados pela interrupção da competição em maio de 1968... Antes, os países convidados, pouco ligando para a qualidade artística das obras, enviavam para a competição filmes acadêmicos, rodados sobretudo por cineastas bem-vistos. Em 1972, Bessy conseguiu — foi uma virada considerável e sua principal contribuição — escolher ele próprio os filmes, até então designados pelos países ou pelos grandes produtores internacionais. Os outros festivais se enfiaram nessa brecha: consequência de Maio de 68, essa decisão foi, para nossas manifestações, uma revolução mais fundamental ainda.

SOZINHO NO MUNDO

Cannes ou *Le Matin*? Eu estava dividido entre as duas propostas, me perguntando com inquietação como tornaria uma ou outra compatível com meu trabalho na Toledo, que ocupava todo o meu tempo. Não era, como se diria hoje, "trabalhar mais para ganhar mais", era apenas pelo prazer, e também por meu equilíbrio psíquico. Eu tinha praticamente dito sim a Perdriel quando um amigo semeou a dúvida em meu espírito. Páginas de Espetáculos em Paris, me disse ele, existem quinze, enquanto existe apenas um Festival de Cannes no mundo inteiro. Outra pessoa acrescentou:

— Cuidado! — Ao fim de alguns meses, a primeira equipe de um jornal em formação se queima. Mesmo em sentido figurado, essa deflagração não me dizia nada de bom: eu via claramente, para os lados da Place des Victoires, um magma de papa humana em que a cabeça de Kenzo, o sorriso de Perdriel, a vaga de estacionamento, fragmentos de última prova e teclados de máquinas de escrever boiavam numa grande bacia fumegante onde se avistavam também óculos, lápis, cachimbos, tesouras — tudo o que era preciso, a meu ver, para compor um jornal. O que prova bem que eu não era a pessoa indicada. Quanto ao posto de diretor de festival, eu o imaginava como um anexo barroco do ofício de crítico.

Favre Le Bret me recebeu sozinho, de modo formal, em seu escritório estilo Carlos x do Faubourg Saint-Honoré. Com Bessy, eu tivera o ensaio geral: pressão do ministro, amor pelo cinema, sem panelinha. Com Fabre Le Bret, era a estreia da peça. Ele até acrescentou: "bom conhecimento da gestão empresarial", o que me deu confiança. Mas me pareceu guiado principalmente por duas considerações: estava mais apressado que Bessy, ele é que havia pensado em mim.

Retornei um pouco embaraçado a Perdriel, que teve a elegância de devolver minha liberdade e conservar sua amizade por mim. E eu disse sim ao Festival. Bessy ficou de cara amarrada comigo, como se essa aceitação acelerasse mais ainda sua subida ao cadafalso, mas isso não durou. Favre Le Bret me enviou uma carta de contratação que não o comprometia. Eu me informaria sobre o trabalho do Festival, devia ajudar o diretor-geral a escolher os filmes.

Nesse momento fui favorecido por uma sorte inacreditável. Fazia algum tempo, os americanos haviam proposto encampar nosso negócio familiar. O raciocínio era simples e aplicável em nível mundial: não havia mais nada a ganhar na fabricação dos produtos. Dali em diante o dinheiro seria obtido na distribuição e na venda. Meu pai contemporizara muito tempo. Mas agora não tínhamos escolha: teria bastado que a casa matriz parasse de nos abastecer. A decisão foi tomada: meu pai se retiraria, meu irmão se concentraria num departamento anexo, mas eu deveria permanecer na fábrica pelo menos quatro anos para garantir a continuidade: assim a transmissão de poder seria efetuada em harmonia. Mas, para mim, era tempo demais! Felizmente, o grande diretor da sociedade estava de passagem por Londres. Corri para lá. E ressaltei-lhe que me faziam uma oferta excepcional, daquelas irrecusáveis, um cargo que qualifiquei, com alguma presunção, de governamental. Uma espécie de embaixador do cinema mundial. Em todo caso, essa oportunidade não aconteceria duas vezes. "O diretor era bonachão, mas não deixava de ter grandeza de alma", teria concluído Bessy. Consegui. Em vez de quatro anos, obtive um ano em tempo parcial (ousaria dizer não renovável?), isso rimava com o Festival.

MICHEL GUY

Haviam me destinado o escritório vizinho ao de Bessy. Mas, com exceção de ver os filmes, Maurice não me dava nada para fazer, situação que não me convinha de modo algum. Ele se sentava atrás da escrivaninha, pegava uma folha, uma caneta, uma régua, e traçava linhas que representavam a grade da programação. Ao terminar de traçar as colunas, preenchia as casas. Depois soltava um suspiro de satisfação. Toda manhã, o mesmo ritual. Um dia, eu lhe perguntei por que não fazia uma fotocópia de uma grade-modelo.

— Apesar de tudo, você não ia querer estragar meu prazer — respondeu ele, e me olhou fixamente como se fizesse alusão também à minha presença e à sua situação precária.

Algum tempo depois, recebi um misterioso telefonema de Patrick Thévenon. Patrick era jornalista de Espetáculos em *L'Express* e nos entendíamos bem. Um colega elegante e talentoso, de uma ironia viva. E era de uma grande beleza, à Jean Marais. Era amigo muito próximo de Michel Guy, coisa que eu ignorava.

— O ministro quer vê-lo. Encontro no Maxim's para almoçar, vá direto ao primeiro andar, é completamente confidencial.

No dia combinado, Hubert Astier, chefe de gabinete, me recebe num salão particular como para um encontro elegante. Michel Guy entra na sala. É um homem fino, requintado, risonho, que não faz rodeios e fervilha de histórias, uma mais brilhante que a outra. A extensão de sua cultura me dá vergonha. Amigo de Andrée Putman, a estilista, ele reuniu ao seu redor pintores, obras de artistas contemporâneos como Bram Van Velde ou Alechinsky, e conselheiros de talento. Entre muitas outras coisas, ele criou o Festival de Outono.

O ministro é de um humor encantador.

— Disseram-me que o senhor Bessy não quer ir embora — ele dispara com uma grande risada. Eu me calo. Estou intimidado e, principalmente, embaraçado pela presença de Astier, não sabendo se ele segurará a língua. Michel Guy continua: — Patrick me falou muito de você, será preciso resistir, você sabe, as coisas vão ficar agitadas...

Ele parecia ler meus pensamentos:

— Hubert, o mais importante é: nenhuma palavra — ele se vira para o subordinado e põe um dedo nos lábios. — Veja, caro amigo, o problema para um ministro é que ele não percebe imediatamente que a pirâmide da administração freia todas as decisões. Sobretudo as que não lhe agradam. — No meio do pequeno e confortável salão do Maxim's, suas mãos traçam como que trilos no ar, imaginando a pirâmide que se desintegra à medida que os dedos se abaixam. — E — acrescenta ele —, quando o ministro se dá conta disso, é tarde demais, ele já se foi.

De fato, sem apoio político, sem partido, Michel Guy foi despedido pouco depois. Bessy estava salvo. Mas por quanto tempo?

Favre Le Bret não dava mostras, mas não estava aborrecido com o que acontecia com Bessy. Aquilo o protegia. Como sempre, quando várias pessoas dividem o poder, as suscetibilidades, mesmo as invejas, nascem principalmente a partir das mídias, conforme se interessam por um mais que pelo outro. No Festival, por exemplo, é sempre quem se incumbe da escolha dos filmes que está em primeiro plano, mas sofre também as críticas. Os tempos vindouros não escaparão à regra, e Favre Le Bret que, se não *inventou* o Festival, o levou ao ponto em que o encontrei, isto é, muito alto, digerirá mal o fato de ser empurrado para a sombra. A primeira vez que um jornalista fez um retrato meu, ele me convocou ao seu escritório.

— Tem um minuto, caro amigo? — Então cruzou as pernas (na época, ele usava polainas), pousou reflexivamente o queixo na mão, e começou sua homilia. Ele encontrou no artigo uma frase, um ínfimo argumento que sem dúvida eu nem sequer pronunciara, mas que se arriscava, a acreditar nele, a descontentar os poderes públicos, a cidade de Cannes, os Relações Exteriores, os americanos, os russos, os chineses, a profissão, o conselho de administração, não faço a menor ideia, a Terra inteira, como se o mundo tivesse os olhos sempre fixados numa publicação de resto dirigida a um pequeno número de pessoas. Então, viagem, viagem, ele me fazia correr mundo. Era um trote de calouro como qualquer outro.

Mas pouco a pouco eu fora efetivado e meu contrato se ampliara. De adjunto do diretor-geral eu me tornara diretor-geral adjunto. A nuance não era pequena, ainda que eu fosse o único a percebê-la. Bessy via cada vez menos os filmes e eu formara uma pequena equipe de especialistas que conhecia bem. Ali estavam os críticos Jean de Baroncelli, Guy Braucourt e Max Tessier. Bessy já os consultava, mas ocasionalmente. Eu acrescentava às vezes Pierre Rissient, grande descobridor de talentos e *globe-trotter*. Partia do princípio de que, se não vemos todos os filmes, não podemos compará-los, nem ter noção do nível geral do cinema mundial. Eu efetivava, então, os novos membros de minha equipe e, à parte as divergências de ponto de vista, as discussões inevitáveis numa pequena sala onde passamos tantas horas juntos, sempre me congratulei por seu conhecimento do cinema, por seu entendimento cordial e pelo clima de cumplicidade alegre que fazíamos reinar enquanto trabalhávamos duro.

A QUINZENA O ACEITARÁ

Um dia de 1976, quando víamos *No decurso do tempo*, de Wim Wenders, Maurice entrou na "sala de visionamento", o estúdio 407, nos Champs-Élysées, 33, que requisitávamos, de janeiro a abril, por todo o período de seleção. Seu diretor era André Tranché, um autodidata que demonstrava visão ampla ao produzir tanto obras religiosas (ele financiará *A Bíblia*, de Marcel Carné) quanto cartões-postais de jovens mulheres em trajes sumários.

Bessy entra no instante exato em que, numa pequena colina, o herói baixa as calças e defeca. Tenho a cena muito presente no espírito. Revejo principalmente Bessy arregalando os olhos:

— E vocês gostam disso?... Vindo de vocês, não me surpreende — articulou ele sem desatar sua capa de chuva. Ele continuava em pé na passagem. Por ele, há muito tempo teria parado o filme. Empreguei então um ardil que me fora sugerido por Guy Braucourt, meu colega no comitê de seleção:

— Como quiser, Maurice, a Quinzena o aceitará, será um sucesso e nós faremos um papel ridículo! — Essa era a palavra-chave, o argumento imbatível: desde 1969, com efeito, a Societé des Réalisateurs de Films, a SRF, criara em Cannes um segmento paralelo que ia muito bem e nos fazia concorrência. Seu diretor, Pierre-Henri Deleau, tinha um temperamento dos diabos, mas também a arte de descobrir os recém-chegados. Voltarei ao assunto.

— Façam como quiserem — disse Maurice, e saiu. Mentalmente, ouvi a porta bater. De fato, ele não gostava mais daquele cinema que lhe era estranho, ele, que tinha sido formado na escola *Cinémonde*, sentia que as coisas estavam em via de lhe escapar, enquanto passava a maior parte do tempo fazendo injunções para permanecer.

LORDE PUTTNAM

No mesmo ano, ele teve uma desavença com David Puttnam, que se tornaria, por seu faro, mas também graças a Cannes, um dos mais famosos produtores ingleses. Jovem desconhecido na época, o próprio David trouxera a cópia de *Quando as metralhadoras cospem*, de Alan Parker, que não era mais conhecido que ele. Sua estrela era uma garota trepidante, Jodie Foster, que devia ter treze ou catorze anos e "explodia" também em *Taxi driver*, o Scorsese que levou a Palma de Ouro aquele ano... Depois de ter entregado a cópia ao projecionista, David senta na última fila da sala, sem perguntar nada a ninguém, com a firme intenção de assistir à projeção. Bessy chega, compreende a manobra e me atrai para a entrada sem dizer bom-dia.

— O que é aquele desocupado ali? — ele lera Labiche e Courteline. Digo a ele. — Tanto pior — responde Maurice, não se pode simplesmente aceitar isso, não vou começar o filme enquanto o inglês não se escafeder... — Eu sabia que ele era teimoso. Transmito. E obtenho como resposta:

— Pode esperar sentado! — com menos palavras.

Puttnam tinha sido informado, como os outros, de que não era costume aceitar um estranho na sala, com exceção de um tradutor. Com frequência, para nosso sossego, até pedimos a lista dos diálogos e a lemos em sequência em voz alta. O que provoca trapalhadas, pois, no caso de cortes de última hora, a lista já não coincide com as imagens. Além disso, as condições desses primeiros visionamentos não são ideais: filmes não terminados, sem música, às vezes sem ruído ambiente, sem o verdadeiro público tão necessário para as comédias, estresse devido à necessidade de ficar concentrado durante horas, atmosfera confinada, faltas de atenção, projecionista exausto e de mau humor... Mal se imagina a dificuldade inerente a essas avaliações em tão delicadas balanças... Mas a razão disso é também que trocamos opiniões durante o filme e queremos poder interrompê-lo se, a nosso ver, for ruim ou indigno de Cannes. Quatrocentos ou quinhentos filmes em três meses (e hoje o dobro ou mesmo o triplo!), isso corresponde, no fim do período de seleção, a seis ou sete filmes por dia; é preciso tentar manter o olhar puro, e não se tem tempo a perder... E no entanto, ao discutir com os produtores ou os diretores para explicar as razões de nossas recusas, me aconteceu dar conselhos, sugerir uma condensação, o acréscimo de uma música ou de uma nota explicativa. É mais forte que eu: o primeiro espectador que sou gosta de melhorar um filme não terminado, pois todo diretor de festival é um cineasta reprimido. Naturalmente, a operação se volta contra nós: suponhamos que algumas dessas opiniões sejam seguidas e que o filme tire proveito disso. Então ele é mostrado na Quinzena dos Realizadores (ou na Mostra de Veneza), que se apressa em selecioná-lo. E os críticos começam a apontar o dedo para o encarregado: o festival oficial nem sequer é capaz de descobrir os bons filmes...

Mas David não estava ali para implorar a menor opinião. Ele tinha sangue quente e se recusava resolutamente a deixar a sala. Maurice e ele se enfrentaram como dois valentões e estiveram bem perto de chegar às vias de fato. Negociamos. Para acabar com aquilo, sugeri um acordo: David ficaria na entrada e, pela porta entreaberta, se certificaria do bom desenvolvimento da projeção. Assim foi feito. No fim, Maurice passou diante de Puttnam fuzilando-o com o olhar, mas mesmo assim havíamos selecionado o filme e David e eu nos tornamos os melhores amigos do mundo. Mais tarde, ele me deu todos os filmes que eu quis. Os de Alan Parker, de Hugh Hudson, de Pat O'Connor e, enfim, *A missão*, de Roland Joffé, que recebeu a Palma de Ouro. Ele foi até nomeado presidente da Columbia Pictures, então propriedade da Coca-Cola. Pela primeira vez, um estrangeiro se tornara presidente de um estúdio. Foi sua apoteose e seu canto do cisne. Um dia em que prestava contas de suas produções — os resultados não eram lá muito brilhantes! — na sede de Atlanta, o *chairman* do Conselho da Coca-Cola lhe perguntou por que ele se obstinava em produzir cineastas de nomes impronunciáveis como István Szabó ou Agnieszka Holland... Fim de um ano turbulento! Mais tarde, Puttnam se bandeou para a política. Produzir já não o divertia. Tornou-se lorde, lorde Puttnam. Um modelo de ascensão social, o que foi para ele, que começou como menino de recados numa empresa de publicidade, motivo de intensa satisfação. Creio mesmo que continua a ser.

Atlanta é também a cidade de *E o vento levou.*

23. François-Régis Bastide

CONDOTTIERE

Um *condottiere* é um homem cheio de charme que ama o poder, as mulheres e as artes. Conheci pelo menos um, que se tornou meu amigo (de fato, dois, com Toscan). Do *condottiere*, François-Régis Bastide tinha a atitude, a desenvoltura, o garbo. Nele, o porte altivo, os cabelos, o perfil bourboniano, a curiosidade calorosa, o aproximavam do *condottiere* espanhol, sim, um grande da Espanha para cujos lados se situavam suas origens, sua família era de Biarritz. Aconteceu-me de ser o espectador fascinado de suas conquistas e de sua sacada debruçada sobre o Luxembourg. Mas sua segunda mulher era tão ciumenta (e tão infeliz) que ele não se gabava, salvo para provocá-la, como se as cenas conjugais não tivessem outro objetivo além de alimentar a imaginação do romancista.

Na segunda parte de seu percurso, o grande da Espanha será transformado em embaixador e, como Dante, encontrará sua Beatriz, a mulher de sua vida. Tão brilhante quanto eloquente, François deverá essa nomeação a seu carisma, e também à proteção de François Mitterrand, que ele apoiara em um momento crucial para o futuro presidente (militante socialista responsável pela cultura, orador sindicalista, François suara a camisa muito tempo nas reuniões, nos congressos e até mesmo, confidenciava ele, como colador de cartazes), mas sobretudo porque era escritor — e bom escritor, uma vez que Mitterrand buscava o assentimento dos artistas e, mais ainda, dos autores.

Embaixador da França! Vi Régis, feliz como uma abelha diante de um pote de geleia, me exibir o cartão tricolor que acabavam de lhe entregar "no Quai", como ele gostava de dizer, e que ia colar depressa no para-brisa de seu Volvo. Ele acabara por enraizar-se na província, uma residência secundária em La Garde-Freinet que ele adorava e aonde ia para voltar às fontes toda vez que seu trabalho de editor (na Seuil) lhe deixava tempo livre. Voltar às fontes é a palavra, pois ali pudemos buscar água como a filha do poceiro.*

Infelizmente, foi um câncer de pulmão que muito cedo o levou, em 17 de abril de 1996, o câncer do fumante, sem que ninguém tenha podido dissuadi-lo de fumar três maços por dia, engolindo a fumaça, como se aí também se tratasse de desafiar a morte como guerreiro. Guerreiro, ele era, no amor, na edição, na literatura, no rádio, ativista de seu talento. Pois Bastide era um escritor na alma: seu estilo, ondulante, elegíaco, se parecia com ele, e um de seus livros, pelo menos, *La vie révée*, é um grande livro, sem contar *La fantasie du voyageur*. Seus talentos de homem de rádio, de conferencista, de músico, de diretor editorial lhe eram de grande ajuda na hora da inspiração.

Se Régis perguntava de cara a uma jovem o que ela tomava no café da manhã, era menos por provocação que por curiosidade romanesca, por interesse pelo outro, todos os outros. Para tentar o destino, ele lhe fazia o horóscopo com a maior seriedade e se divertia em adivinhar o perfume que ela usava. Era um sedutor. Assim, aos golinhos, ele conduzia seus amores.

Tanto no amor como no exercício do poder, ele não tinha escrúpulo em pedir, e a ingratidão dos abonados não acalmava seus ardores. Por não ter sido ministro da Cultura — Lang ocupava esse posto a que François se sentia destinado —, ele entrou na carreira diplomática, decepcionado, sem confessá-lo, por atividades pelas quais passara, com exceção da música: François gostava de executar Schubert à primeira leitura e, na casa de família, em Biarritz, ele tinha um órgão, o de seu pai, um verdadeiro órgão de igreja.

Bastide então esteve em seu posto em Copenhague — visitando-o no belo palácio Thott, deram-me (chiquérrimo) o quarto Gyldenlove, onde dormiu De Gaulle —, depois em Viena, enfim em Paris, junto à Unesco.

* Referência ao filme de Marcel Pagnol, *La fille du puisatier*. (N. T.)

Desde os anos 1970, nunca nos separamos, o acaso tendo determinado que eu trabalhasse com ele. Bem rapidamente, a transmissão televisiva do *Masque et la plume* (ele me pedira para lhe dar uma mão) recebeu ordem de interrupção. Ordem de quem? Tenho a impressão de que fomos objeto de uma sombria negociata: para a FR3, um filme a mais a difundir, para a indústria do cinema, nada de programa de críticos na televisão. Todo mundo tinha interesse nisso. Bastide não gostava de ter sido logrado, eu me consolei mais facilmente. Seja como for, vivemos juntos muitas aventuras (principalmente as dele), momentos preciosos que nos conduziram de coração leve pelos caminhos escarpados de nossas vidas.

24. O colóquio Rossellini

A IMPLACÁVEL

Em 1968, o Festival acabara em farsa. Quem teria dito que em 1977 terminaria em drama?

Roberto Rossellini só aceitara a presidência do júri com a condição de realizar um colóquio. E também para agradar a Toscan du Plantier, que o considerava um pai. Daniel o chamava sempre de Roberto, para que ninguém ignorasse uma proximidade de que Rossellini, sempre sem dinheiro para realizar seus filmes ou simplesmente para viver, também tirava partido. Ele desistira do cinema para se dedicar à televisão, mas mesmo aí os financiadores não faziam fila. Favre Le Bret dera sinal verde para sua presidência, mas impusera uma parte do júri, ornando-o, como de hábito, de um poeta que não conhecia nada de cinema, mas que, como Favre dizia em sua prosa floreada, "adoçaria a face sombria dos homens". Mal sabia ele que estava certo...

Esse poeta, no caso um filósofo, era N'Sougan Agblemagnon, sobre o qual o Google me informa que foi embaixador do Togo. Outros membros: Carlos Fuentes, Jacques Demy, Anatole Dauman — um dos produtores mais cultos que conheci — e, do lado feminino, Marthe Keller, Benoîte Groult e Pauline

Kael, a implacável, célebre crítica da *New Yorker*. Ia me esquecendo da presença radiante de Iúri Ózerov, diretor soviético.

Duas noites maravilhosas escutando Roberto, no bar do Raphaël. Suas mãos desenhavam volutas acima do copo: o pensamento ganhava forma. Ele era tão brilhante que até Daniel se calava. Roberto fazia questão de seu colóquio, e durante *todo* o Festival. Por ordem de FLB, objetei que havia os filmes, as reuniões do júri, alguns eventos mundanos, quero dizer, uma vida social, corrigi, diante de sua careta... Tempo perdido. Era isso ou nada de Roberto. Toscan me atraiu para um canto:

— Deixe-o sonhar com seu projeto, ele se cansará antes de você...

Mas Roberto não se cansou.

Ele fazia as reuniões todas as tardes e — acreditem ou não — a sala ficava cheia. Eu pedi a Paul Guimard que lhe desse ajuda. Muitas vezes os debates degeneravam em reivindicações corporativistas que não tinham nada a ver com o pensamento rosselliniano. Quando eu dava uma passada por lá, Paul, do alto do estrado, me dirigia acenos de cabeça desolados, mas Roberto estava duplamente nas nuvens. De fato, pouco antes do festival, Odile Jacob, filha de meu primo François, pedira para me ver. Ela voltava de uma longa temporada em uma universidade americana e não estava numa boa. Para levantar-lhe o moral, eu a fiz ser nomeada de surpresa secretária de Rossellini. Ela passou quinze dias de sonho em companhia de um velho sábio que logo ficou louco por ela. Foi pouco depois que ela decidiu se lançar no meio literário, com o sucesso que se sabe.

O Festival começava bem, o colóquio estava no auge, Roberto sorria. Sem contar Favre Le Bret.

UM DIA MUITO ESPECIAL

Um dos destaques da seleção era o filme *Um dia muito especial*, um dos grandes Scola, com Sophia Loren e Marcello Mastroianni. Ora, Favre Le Bret era um retraído apaixonado por Sophia, que a seus olhos tinha o charme de uma diva e a saúde de uma *coloratura*. Ele acompanhara passo a passo sua carreira, antes mesmo que ela emergisse de sua crisálida. Como nos lembramos, nesse filme Sophia faz o papel de uma mãe de família com meias furadas, figura cansada de matrona mussoliniana. Uma composição daquelas que os festivais e os Oscar adoram.

Quando ela apareceu na sacada, com grande decote e tiara de princesa, Favre Le Bret, que lhe dava o braço, se virou e descobriu, consternado, as mulheres do júri que cochichavam. Ele vira inveja em seus olhares, pelo menos foi o que afirmou, principalmente, acrescentou, naquela feiíssima Pauline Kael. Em defesa delas, Favre cometera gafe desde a primeira reunião. Alfinete de gravata e lencinho combinado, ele bancara o galante:

— Eu lhes apresento madames. Groult e Kael, cuja inteligência jamais será louvada o bastante, e eis a beleza, a elegância e a graça, de nome mademoiselle. Marthe Keller. — Ao que Marthe replicara:

— Diga de uma vez que sou uma idiota...

Na sala, enquanto as luzes se apagam, Favre Le Bret se perde em seus pensamentos. Será que fez bem em aceitar todas aquelas mulheres? Pelo menos compreenderão o interesse superior do Festival? E em quem se apoiar para fazer Sophia triunfar? Rossellini, ele conta com isso. Carlos Fuentes, um escritor, portanto homem sensato, mas nunca se sabe... Enquanto cantos fascistas irrompem dos alto-falantes, Favre recorda o tempo em que acadêmicos presidiam o júri, os Giono, os Maurois, os Salacrou... Favre os convidava para almoçar, explicava, eles compreendiam... Ele lhes apresentava uma lista de premiação que respeitava os grandes equilíbrios e talvez até mesmo as promessas sussurradas para conseguir filmes hollywoodianos... Com Cocteau era outra história: ele gostava de agradar. Tão logo terminado o filme, ele saltava no pescoço do cineasta na arena aquela noite e o felicitava tão calorosamente que o outro ficava convencido de ter ganhado. O único problema é que Cocteau repetia esse gesto todas as noites...

Simenon era mais difícil, um cabeça-dura, esse aí. Um chupador de cachimbo que o empestava com seu Belga... Não como Cocteau, sem dúvida, salvo quando fizera premiar aquele pretensioso do Truffaut... Favre se interrompe para contemplar uma cena, sua preferida, aquela em que Mastroianni ensina o mambo a Sophia. Ela finge hesitar para que ele a agarre: que composição, que tornozelos finos — que talento! Juraríamos que ela não sabe dançar, ao passo que ainda ontem...

Favre se pergunta de repente se Rossellini terá liberdade de ação. Se Scola não levar nada, ainda passa, Chalais fará uma boa entrevista com ele, mas se

Sophia não ganhar o prêmio, não, seria injusto demais... Recapitulemos: Ózerov, sem problema. Com Agblemagnon mais Rossellini, eis três votos. Vamos supor quatro, com Marthe. Ela é suíça, a solidariedade entre compatriotas, isso existe. Mas não basta. Vários jurados aplaudiram, ao que parece, *Pai patrão*, o filme dos irmãos Taviani. Mesmo assim, eles não vão dar prêmios a dois filmes italianos. Será preciso falar com Roberto.

Com o canto do olho, Favre espia Sophia. Que progresso desde sua primeira aparição em Cannes, toda travada em sua robustez camponesa, o nariz ainda não refeito! E como é bela hoje, em suntuoso vestido de tafetá, os olhos semicerrados, ao mesmo tempo sedutora e opulenta. Em que pensa a dançarina de mambo? Amanhã de manhã, mandar rosas para ela. É comovente essa veiazinha azul que palpita em seu pescoço. Ah, o filme já acabou...

— Venha, caríssima, você estava maravilhosa, achei... Você o conhece bem, Rossellini?

Sophia ri com suavidade, levanta-se, inclina-se sob os aplausos. Está com dor de cabeça, mas isso não é nada, está contente com sua noite. Tira partido de sua ascendência sobre ele, chama-o de Robert com ar divertido, muito meiga. Desliza a mão sob seu braço, e esse contato carnal, fazendo subir nele uma seiva de emoção, o enche de felicidade.

— Vamos jantar — diz ela, com sua voz cantante e aguda —, esta noite estou com uma fome de lobo...

OS CONSPIRADORES

Então Favre Le Bret começa suas manobras. Mas os jurados, não muito entusiasmados com o filme, não se deixarão levar por elas. As três mulheres formaram um núcleo duro de resistência, e a elas logo se juntam Demy, Dauman e Fuentes. Eis uma maioria hostil, que se reúne às escondidas e se empolga. Favre Le Bret é muito astucioso para não sentir as reticências, assim, concentra-se em Rossellini, depositando todas as suas esperanças na suposta influência do presidente sobre um júri tão crispado. Três dias antes do fim, entre duas sessões do colóquio, ele lhe fala de Scola, mas principalmente de Sophia: que arte, que sensibilidade... não parecia uma rainha? Uma rainha e uma compatriota: que oportunidade para a Itália — sem nenhuma dúvida, temos aí um clássico. Favre insiste no contexto histórico com uma alusão um pouco pesada a *Roma, cidade aberta*, sua obra-prima, meu caro amigo... É conhecer mal os recursos maquinadores de um Roberto, que não vai na conversa um só instante e que também passou a vida a bancar o sedutor. Ele dá aos conspiradores garantias de cumplicidade enquanto deixa Favre Le Bret acreditar que está do lado dele. Facílimo. De fato, de tanto tergiversar, muito ocupado com seu colóquio, ele próprio já não sabe em que campo se situa. Assim mesmo, quando Dauman, como raposa matreira, lhe ressalta que os irmãos Taviani são seus alunos e que pode orgulhar-se deles, Roberto não hesita mais. Mas continua a ludibriar Favre Le Bret, de modo que no último dia, quando os jurados se recusam a deliberar em presença das autoridades para evitar qualquer pressão, ou mesmo algum incidente, Favre compreende que foi enganado.

O problema com os júris é que são tão ciosos de suas prerrogativas que estas se exercem a despeito do valor intrínseco de um filme: se a imprensa declara que o júri "se cobriria de ridículo não atribuindo a Palma de Ouro a X", o júri se rebela e as chances de X se evaporam.

Favre Le Bret correu para Roberto, que primeiro se fez de morto. Depois o deixou entrar e o convenceu a se manter afastado. Favre não percebera a que ponto *Pai patrão* (que ele não vira) tinha tudo para agradar a Roberto: o próprio tema, as relações pai-filho, o neorrealismo levado ao ponto de incandescência. Tampouco percebera que se tratava de um filme de televisão de baixo orçamento. Então, entregue à sua defesa, ele sacudia sua bela cabeleira de velhote, bem longe de pensar que Roberto daria com a língua nos dentes e, rindo, contaria a cena aos colegas... De qualquer modo, era tarde demais. O resultado não se fez esperar muito: Palma de Ouro para os Taviani. Nada para Scola, nada para Sophia.

A catástrofe? Não, o drama.

Pela primeira vez numa longa carreira, Favre Le Bret perdeu as estribeiras e ficou furiosíssimo. Pela primeira vez na história, o presidente do Festival decidiu evitar a cerimônia da premiação. Favre até mesmo nos proibiu, Bessy e eu, de aparecer no palco. Apenas o secretário-geral, Jean Touzet, em sua discutível camisa com jabô, foi autorizado a passar os diplomas a Rossellini. Quanto ao resto, o júri que se virasse! Ele se virou tão bem que a raiva de Favre Le Bret não passou. Ele se deu mesmo ao luxo de um comunicado e de uma entrevista furibunda na televisão, ameaçando suprimir no futuro toda competição ou, no mínimo, abster-se de escolher para o júri "amadores esclarecidos"...

No entanto, em sua fúria, ele poupou Rossellini. Conhecidos os resultados, os dois homens tiveram uma longa conversa a sós, no Carlton, na suíte de Favre Le Bret, e Roberto, voz apagada e respiração curta, conseguira convencer o interlocutor de sua absoluta boa-fé. Poupado Rossellini, os outros foram expostos no pelourinho sem exceção nem contemplação. Dali em diante estariam vetados do Festival, mas simplesmente ninguém nunca se encarregou de avisá-los disso.

Eles não demoraram a denunciar a intrusão de Favre Le Bret em seus trabalhos e a imprensa, por sua vez, se entregou a isso de corpo e alma: em nome de que pretensa injustiça o presidente do Festival se permitia tratar profissionais estimados e reconhecidos como moços de recado? Será que ele ainda estava no uso de todas as suas faculdades mentais, de toda a sua lucidez, para primeiro tentar influenciar assim e em seguida repreender? Com toda a evidência, Favre, o inconsolável, perdera a cabeça. Mas, agindo dessa maneira, se redimia aos olhos de Sophia, com quem deve ter se arriscado, e isso era o essencial.

Oito dias mais tarde, no momento de concluir um artigo que lhe fora encomendado por um diário romano sobre "a batalha de Cannes", Roberto Rossellini desabou sobre sua escrivaninha. Não pôde ser reanimado.

Favre Le Bret acabava de voltar à Suíça. Em alguma parte dele, uma voz lhe sugeria parar. Retornar às suas montanhas, à beira do lago, e ficar lá de uma vez por todas. Sua cólera se extinguiria por si mesma em seus longos passeios solitários na floresta. Extinguiu-se como um círio quando soube da notícia e releu a última carta de Roberto, ainda aberta em sua escrivaninha. A carta terminava assim: "Caro Robert, apesar de tudo não vamos morrer por causa de um Festival...".

Na mesma hora, eu almoçava no George-V com Toscan du Plantier. Evidentemente, comentávamos a premiação e Daniel ainda ria da maneira pela qual Roberto enganara Favre Le Bret. De repente, um mensageiro se apresenta: o sr. du Plantier é chamado ao telefone. É Nicolas Seydoux, que lhe anuncia a morte de Rossellini. Daniel volta sem dizer nada, o que nele é sinal de uma viva agitação, depois se levanta de novo para telefonar para Isabella, a filha de

Roberto. Também eu me sinto órfão. Quando Daniel volta, caminhamos ao longo daqueles salões desertos. Que abalo em nós! É claro que Roberto levara até o fim seu famoso colóquio, mas o preço a pagar não era desmedido? Ele fizera tanto, se desdobrara tanto... Era uma maldade!

Assim terminou tragicamente uma semana que começara no complô.

1. Já o cinema, em torno de 24 imagens por segundo...

2. Minha mãe, com seus pais.

3. Meus avós paternos: à esquerda, meu tio Simon, e embaixo, à direita, bem pequeno, meu primo François Jacob, futuro prêmio Nobel de Medicina.

4. Antes da guerra, meus pais André e Denise, meu irmão Jean-Claude (rindo) e eu.

Na página ao lado:

5. No parque Monceau.

6. Com mamãe, depois da queda de bicicleta.

7. Gilles e Jean-Claude, anos 1930.

8. Denise Jacob, prêmio de elegância; anos 1930.

9. Minha estreia como industrial... Aqui, no estande Toledo da Feira de Paris.

10. Um perfeito esportista nos anos 1950, precursor das iniciativas arriscadas no momento indevido.

11. Com Jeannette, minha mulher, no convés do *Île-de-France*, da Compagnie Générale Transatlantique.

12. A equipe do *Masque et la plume*. Da esquerda para direita: Georges Charensol, Robert Benayoun, François-Régis Bastide, Michel Mohrt e eu.

13. Annecy, anos 1960. Homenagem a François Truffaut (no centro), com Yvonne Baby e os críticos Albert Cervoni (à esquerda) e Jean Narboni (à direita).

14. Stanley Kubrick depois de *Glória feita de sangue*.

15. Subida da escadaria com Pialat, a mulher dele, Sylvie, e Toscan du Plantier.

16. O jantar dos cinquenta anos: o caso da garrafa de cerveja.

17. 1977, o júri Rossellini. Meus primeiros passos em Cannes. Da esquerda para a direita: Maurice Bessy, eu, Carlos Fuentes, Roberto Rossellini, Benoîte Groult, Marthe Keller, Jacques Demy, Pauline Kael, Anatole Dauman, Favre Le Bret e N'Sougan Agblemagnon. (Falta Iúri Ózerov.)

18. Na escadaria do Palais, Cannes em todo o seu cerimonial. O júri do quinquagésimo aniversário, em 1997. Da esquerda para a direita: Mike Leigh, Paul Auster, Luc Bondy, Kim, Patrick Dupont, Gong Li, eu, Isabelle Adjani, Nanni Moretti, Mira Sorvino. (Faltam: Tim Burton e Michael Ondaatje.) Adivinham qual é o guarda-costas?

19. Louis Malle e a história de *Adeus, meninos*.

20. Coppola: "Ganhei apenas meia Palma".

21. Por que Jean-Luc Godard sorri tanto?

22. Com Luc Besson: a ternura de um presidente de júri que brinca de ursinho de pelúcia.

23. Woody Allen, pequeno passeio de dois tímidos.

24. Com Clint Eastwood. No terremoto, ríamos menos.

25. Nicole Kidman: que par de pernas!

26. Com Romy Schneider: uma brincadeira que acerta no alvo.

27. Com Barbara Hendricks: é uma gentileza me espanar!

28. Jeanne Moreau e Juliette Binoche, duas perturbadoras guarda-costas.

29. Martin Scorsese condecorado.

30. A história do *punching-ball* de Roman Polanski...

31. Com Giulietta Massina e o notável Federico Fellini.

32. Quando Sharon abraça a gente...

33. Isabella Rossellini. As "mocinhas" estão sozinhas no mundo.

34. De que Jodie Foster quer ser perdoada?

35. Não, Catherine Deneuve não toca castanholas!

36. Entre Emma Thompson e Isabelle Hupert. Qual de vocês duas me ofereceu uma caixa de biscoitos?

37. Dilema: deixar agir os fotógrafos do Festival ou começar na hora?

38. Autorretrato.

25. A manhã de uma nova vida

UM MINISTRO NU COMO VEIO AO MUNDO

Esse desaparecimento brutal fez pairar sobre a edição de 1977 um gosto de Juízo Final. O ministro não disse nada, mas lamentou a falta de sangue-frio dos organizadores. Bessy, que tinha seus espiões, se enfiava em seu canto. Finalmente, os poderes públicos decidiram apressar as mudanças.

Aquele verão estava radiante. Não tinha noção do que estava sendo preparado. Passava o mês de agosto nas quadras de tênis de Villers-sur-Mer, onde morávamos debruçados sobre o mar. Claude Lelouch também tem uma casa na costa normanda, na escarpa, acima da nossa. E como a escarpa desaba pouco a pouco, em algumas dezenas de anos é sobre nós que Lelouch despencará. Um consolo?

Estamos então no clube de tênis de Deauville, acabamos de terminar uma simples, eu me preparo para voltar para casa quando Lelouch me diz:

— Fique um pouco mais, há uma equipe local que quer fazer uma dupla contra nós. Amadores. — Ele me apresenta a Michel d'Ornano, deputado e presidente da câmara de Deauville e, principalmente, novo ministro da Cultura, vindo da Indústria. D'Ornano substituiu Françoise Giroud, que substituiu Michel Guy.

Claude me chama de lado: nada de amarelar, ministro ou não, vamos lhe dar uma lavada. No esporte como na vida, Lelouch é muito voluntarioso, obstinado mesmo. Eis-nos na quadra central, diante de d'Ornano e de seu primeiro adjunto. Não forço além da conta, mas Claude se lança à rede e apara de primeira o serviço do ministro. E toda vez que, diplomata ou não, meto a bola alguns centímetros para fora, ele me sopra:

— E essa agora, o que significa, você fez de propósito?

Acabamos por ganhar o primeiro set por um triz. Caiu um aguaceiro, tão violento que corremos para nos abrigar, e eu me encontro sob a ducha, nu como vim ao mundo, ao lado de um ministro da República tão nu quanto eu. Ainda molhado, d'Ornano se volta para mim e me diz:

— Você está pronto?

— Pronto para quê, senhor ministro?

— Pronto para substituir, como se chama mesmo, o tal Bessy... — Não sei o que responder. — Porque conto com você para isso. O diretor-geral do CNC me diz que você é alguém independente, então será preciso começar, sente-se capaz?

Gaguejo que... meu Deus... capaz... sim!

Quando volto a pensar nessa cena, me dá antes a impressão de uma brincadeira: eu não imaginava que minha vida ia mudar de rumo de maneira tão radical. Três semanas mais tarde, recebi um telefonema de Pierre Viot para me dar a notícia e me felicitar. Em seguida, foi preciso convocar o conselho de administração do Festival. Bessy opunha resistência e exigia ficar mais um ano para não pagar o pato pelo caso da premiação Rossellini. Mas foi abandonado por Favre Le Bret, que o fez notar que havia ultrapassado o limite de idade e que ele, Favre, não podia fazer mais nada por ele. Como se vê, os colaboradores são protegidos desde que não se transformem em ameaça. O conselho me nomeou diretor-geral por unanimidade em votação secreta, em seguida os dois ministros tutelares, Cultura e Relações Exteriores, ratificaram essa eleição, como está previsto nos estatutos do Festival. Recebi o estímulo de d'Ornano e do Élysée. Bessy tirou sua coroa e saiu sem se despedir. Decidi conservar meu escritório, em vez de me instalar logo no escritório da diretoria. Tudo havia acontecido ao mesmo tempo, tão demorado (para mim) e tão violento (para ele), que me parecia apropriado um período de latência, tanto para a equipe muito apegada a Bessy como para os de fora. O que poucos sabem é que, algum tempo depois, num domingo ao cair da noite, uma caminhonete manobrou no pátio, como contou a zeladora, e levou os objetos pessoais de Bessy — mas também todos os dossiês, os papéis, as cartas...

Maurice nunca mais pôs os pés no Faubourg Saint-Honoré.

Eu me vi, portanto, sem um papel, sem um documento, e me dispus a reconstituir os arquivos ou, em todo caso, os dossiês indispensáveis. Felizmente, dispunha da memória do Festival: a pequena equipe remanescente. Começamos alegremente a preparação do Festival de 1978, sob o olhar vigilante e até minucioso de Favre Le Bret.

Acima de tudo, decidi aprender.

26. Aprender

NOVOS TALENTOS

Há anos de abundância e anos de penúria. Uma seleção em Cannes é tão glorificante, e tão importante também financeiramente, que o mundo inteiro deseja fazer parte dela. Mas o mundo inteiro prefere a competição, em outras palavras, vinte lugares no programa para 2 mil filmes rodados e mais de mil oferecidos. Como fazer? Avaliar o nível de cada um deles, um em relação ao outro, quando os vemos com dois ou três meses de intervalo, não é coisa fácil. Há anos que começam muito fortes e, lá para o fim da seleção, os filmes que chegam são fraquinhos. Em outras ocasiões, em janeiro-fevereiro, nada de muito especial. Os melhores esperam os últimos instantes. Então é preciso manter o sangue-frio, de tanto que se passa de momentos de exaltação a períodos de desencorajamento. É o princípio do pêndulo, e o da alternância. Há anos, de fato, em que o número de grandes filmes ultrapassa a média (o ano de 1979, por exemplo), o que os anglo-saxões chamam *a vintage year*, outros em que a imprensa manifesta sua decepção. Pois a imprensa faz e acontece. E da mesma forma o humor do diretor. Se a imprensa é favorável, ele acha isso normal. Se é hostil, ele denuncia o complô. E, aliás, decepção em relação a quê? Às expectativas, à seleção, à premiação. Acontece de a lista dos nomes ser prestigiosa (a ambição de todos os diretores de festival), mas que no fim alguns não tenham feito seu melhor filme: então o cutelo desce. Do mesmo modo que desce se a lista dos premiados se afasta muito do consenso midiático. Pois o crítico é um diretor de festival reprimido, um jurado sem saber, um cineasta frustrado ou em projeto.

Descobrir novos talentos é o deleite dos jornalistas. Sua guloseima. É o mais difícil: um primeiro filme, não se tem pudor nenhum em achá-lo verde demais. O mesmo acontece em mostra paralela: "era preciso encaixá-lo na competição". E assim por diante. Seja como for, os recém-chegados são os grandes ganhadores por sua presença em Cannes. Não arriscam nada e até mesmo, bem ao contrário, ganham notoriedade, seu filme será mais bem vendido no mundo inteiro e o seguinte conseguirá financiamento com mais facilidade. A menos que a acolhida seja catastrófica.

De tudo isso acima, que eu mais ou menos ignorava, eu ia tomar consciência.

Mas, em primeiro lugar, não se conduz uma manifestação dessa importância como um carro de corrida. Em segundo lugar, os jornalistas também tinham seu diagnóstico fundamental, e ele era inapelável: filmes demais para ver. Sem contar que muitos deles são terríveis (falo dos filmes)... Diminuir seu número seria um gesto político.

Então, concentrei em um segmento os três inventados por Maurice Bessy (excluída a competição), cometendo aí meu primeiro erro: o título. Um Certo Olhar apontava poeticamente para Éluard, mas é menos valorizador que um segmento em que a palavra "diretor" drapeja como um estandarte: A Quinzena dos Realizadores... Tarde demais para mudar! Em compensação, creio ter feito bem, tão logo cheguei, em criar a Câmera de Ouro, um prêmio destinado a um primeiro filme, em qualquer um dos segmentos. Eu tomara consciência do envelhecimento das elites e da necessidade de pôr em órbita uma nova geração de cineastas, ideia que se tornaria minha mania com o nascimento, mais tarde, da Cinefundação e, depois, da Residência do Festival, uma espécie de Villa Médicis do cinema. E, enfim, para coroar a coisa, de O Ateliê e de Todos os Cinemas do Mundo.

Isso não me impediu, quando admirava um cineasta, de acompanhá-lo filme após filme, como fiz com muitos, de Jane Campion a Lars von Trier, dos irmãos Coen aos irmãos Dardenne, de Kieslowski a Wong Kar Wai, de Moretti a Woody Allen, sem esquecer Saura, Altman ou Fellini... e Godard.

Os efeitos não se fizeram esperar: outros festivais começaram a imitar o que realizávamos, os segmentos paralelos, fixados na descoberta, gritavam que tinham sido roubados, o cinema vivia. Houve debates inflamados, mas eu me beneficiava do famoso estado de graça. Os jornalistas estavam satisfeitos de ver um cinéfilo suceder a Bessy, de quem nunca haviam gostado muito (ele os tinha em fraca estima). Acima de tudo, festejaram um novo estado de espírito. Vivam os recém-chegados, seja no comando, seja na tela!

AS QUINZE REGRAS

Eu estava só. Devia construir para mim uma experiência. Descobrir. Aprender com meus erros. Progredir. Compreender. Compreender é incluir, e ser incluído. Decidi dar uma resposta imediata aos que apresentavam seus filmes para seleção. Dizer sim ou não no mesmo dia: sentia que me seriam gratos por isso.

Além disso, adotei pouco a pouco, e para sempre, certo número de atitudes.

Regra nº 1: Nunca mentir. Prometer apenas o que se pode cumprir.

Regra nº 2: Falar diretamente com o diretor.

Regra nº 3: Mostrar seu conhecimento do cinema.

Regra nº 4: Cercar-se de opiniões, de olhares novos.

Regra nº 5: Fazer uma competição internacional, no mínimo uma dúzia de países.

Regra nº 6: Não levar em conta uma cota por país: por que não quatro filmes lituanos, se a Lituânia apresenta quatro obras-primas?

Regra nº 7: Aceitar filmes de gênero unicamente se trazem um algo mais em relação à produção corrente.

Regra nº 8: Escolher filmes *que tragam um diferencial*, tanto no desenvolvimento da trama quanto na carreira do diretor.

Regra nº 9: Não temer o *star-system*, sobretudo se ele permite, em troca, mostrar filmes difíceis; por exemplo, Sharon Stone como locomotiva de Oliveira.

Regra nº 10: Procurar filmes singulares. Não se deixar levar por modas efêmeras ou estilos exibicionistas.

Regra nº 11: Constituir júris compostos unicamente por artistas.

Regra nº 12: Jamais responder a um ataque na imprensa.

Regra nº 13: Honrar os grandes autores, confirmar os já conhecidos, revelar as novas gerações.

Regra nº 14: Não perder de vista que um belo rosto de mulher é a razão de ser do cinema (cineasta enamorado).

Regra nº 15: Não ter regras.

27. Visão do Apocalipse

QUARENTA QUILÔMETROS DE PELÍCULA

Para um diretor de festival, apresenta-se a escolha entre os filmes que não querem lhe dar, os filmes que ele não quer e, enfim, todos os outros. Mas existe sempre em alguma parte um filme que ele deseja de modo absoluto. Pelo qual estaria disposto a vender sua alma. Essa pérola inacessível, essa água tão pura é a joia da coroa.

O caso *Apocalypse now* começa em 1976 para Coppola, para mim em 1979. Tomado por uma loucura megalomaníaca, Coppola fica preso durante três anos nessa aventura insensata, quase se afoga nela, afinal se aproxima do fim. Circulam os rumores mais loucos (tufão, filmagem na selva, infarto de Martin Sheen), mas estão aquém da realidade. Enredado em seus aborrecimentos financeiros e seus quarenta quilômetros de película, Francis não sabe mais para que lado se voltar. No entanto, está dez anos adiantado. É o primeiro a montar seu filme no computador: as simulações de montagem são oferecidas instantaneamente e conservadas na memória. Mas, mesmo ajudado por tal dispositivo, o cérebro humano não consegue tirar uma linha coerente. Ainda faltam tomadas, mas ir filmar novamente nas Filipinas está fora de questão.

No dia em que visitei a sala de montagem — tentava-se Wagner no ataque à aldeia pelos helicópteros —, as imagens me pareceram tão prodigiosas que meu entusiasmo lhe devolveu, eu acho, uma bela energia. Contudo, a apresentação no festival de 1979 não estava garantida, longe disso, e eu fui embora apenas com uma garrafa de seu vinho Nappa Valley de que ele tanto se orgulha. Magro viático.

A United Artists assegurara para si, a preço de ouro, a distribuição mundial, ainda que, entre Francis e o estúdio, as discussões não fossem raras. A seguir, tive a colaboração de uma amiga jornalista, responsável por cinema americano no *L'Express*. Catherine Laporte soubera que uma projeção-teste estava sendo organizada em uma cidadezinha da Califórnia; a presença da imprensa não era permitida. Catherine desembarcou de um avião. Pusera uma peruca e óculos escuros e se enfiou na sala nas barbas de todos. Ela mantinha sua exclusividade e eu, doze horas depois, sabia que o filme seria "inesquecível".

Fingi surpresa quando, três dias mais tarde, recebi um telefonema de Ernst Goldschmidt, da United Artists. Fora da competição, Ernst me oferecia o filme, que estaria terminado em cima da hora. Eu já tinha uma belíssima seleção, a melhor em trinta anos: *Hair*, *O tambor*, *Manhattan* (fora da competição), *Ensaio de orquestra*, *O grande engarrafamento*, *Série Noire*, *Le malin*, *Caro papà*, *Dias de paraíso*, *A menina que queria ser amada*, *As irmãs Brontë*, *Norma Rae*, *As quatro irmãs*, *Rapsódia húngara*, *Siberíade*, *Os europeus*, *Woyseck*, *Femme entre chien et loup*, *Herança*, *Os sobreviventes*... sim, realmente uma colheita dos deuses. Filme-acontecimento antes mesmo de ser visto, *Apocalypse now* a finalizaria como apoteose de sonho!

O TELEX MALDITO

Coppola ganhara a Palma de Ouro com *A conversação* cinco anos antes, e o regulamento lhe dava o direito de retornar *hors concours*, salvo dispensa, que eu estava disposto a conceder dada a importância do filme. O jogo era menos excitante, mas aceitei sem hesitar. Procurei saber das reticências de um Francis que de todo modo enterrara sua fortuna no filme. Ele não estava arriscando sua carreira ao expor-se em Cannes, ele, o mal-amado da imprensa americana, que denunciava sua megalomania e suas más maneiras?

— Não se preocupe — me diz Ernst.

Insisti, no entanto, em ter a concordância de Francis.

— Você a terá.

— Quando?

— Muito em breve.

No meio cinematográfico, as coisas que devem permanecer confidenciais não permanecem assim. Os rumores que correm nesse meio equivalem amplamente à Internet. O pequeno círculo parisiense farfalhava de boatos, o conselho de administração já me felicitava.

— Você tem certeza? — me diz Favre Le Bret. Eu lhe garanti que sim. Era muito novo no ofício para saber que, quando um estúdio dá a um festival um filme tão caro em estreia mundial, é que há um problema.

Os dias passavam. Ainda nenhuma notícia de Francis. Um mau pressentimento se apoderava de mim. É que as seleções de festival são como as árvores no outono: as folhas caem e morrem. Os filmes não querem mais vir, ou não podem esperar, ou não são bons: daí o perigo dos anúncios prematuros.

Apesar de um trabalho infernal, eu me vi em plena crise de paranoia. Em alguns momentos, cruzava os dedos. Em outros, me convencia de que *Apocalypse now* não passava de um magma que o autor não conseguia moldar. Reduzir o pássaro de fogo a proporções de pardal de mau agouro me acalmava. Mas, acontecesse uma reviravolta, e eu estava pronto para novas angústias.

Ela aconteceu.

Eu tentava entrar em contato com Ernst. Ele me respondeu por um assistente e, por sua voz embaraçada, adivinhei que o projeto estava em vias de fracassar.

— Você deve telefonar diretamente para Francis — me diz Catherine, e ela me passou seu número particular.

Em 24 de abril, um telex cai sobre minha escrivaninha, assinado por Tom Sternberg, o procurador de Coppola: "*I am glad you have made no announcement regarding our plans at Cannes, since today Francis decided we will not show the picture there*" [Estou contente por você não ter feito nenhum anúncio quanto aos nossos planos em Cannes, visto que hoje Francis decidiu que não vamos mostrar o filme aí].

TUDO OU NADA

Já que estava perdido mesmo, decidi contra-atacar. Telefonei sem me identificar, pretextando urgência. Caí na secretária de Coppola. Ele estaria lá por volta das cinco horas. Agradeci. Cinco horas eram, para mim, duas horas da manhã. Minha mulher me fez um café que não me acalmou. Fui ver um filme, do qual saí imediatamente. Depois, na Rhumerie martinicana, olhei os que flanavam, remoendo minhas ideias sombrias. Voltei para casa quando eram duas horas.

— Francis?

— *Speaking.*

O que estava em jogo era tão importante que eu escrevera meu texto e o traduzira. De saída, dramatizei. Acusei vivamente Francis de ter me traído. O filme estava anunciado: eu me encontrava em suas mãos. Fiz surgir diante dele o espectro de meu próprio desaparecimento. Se ele cancelasse sua vinda, eu seria despedido — nada menos! Mesmo que eu sentisse que ele me faria pagar por isso mais tarde, essa mentira descarada produziu mais efeito nele do que eu imaginava. Mas, principalmente, o porta-joias de Cannes estava à altura de sua megalomania.

Naturalmente, ele não podia capitular sem condições.

— Mas é por sua causa que eu não quero mais ir... — contra-atacou ele numa voz potente.

Estremeci: era como se ele acabasse de me enfiar seu punhal.

— Como assim, por minha causa?

— Você me recusou a competição!

Nesse instante compreendi que a United Artists me enganara.

— Mas nunca na vida! Foi Ernst que...

— Eu estarei com cópia de trabalho e o filme em banda dupla...

— Nós a instalaremos...

— E não haverá ficha técnica...

— Isso é até bom, os créditos são intermináveis...

— Eu rodei dois finais...

— Ponha os dois...

— E quero uma coletiva de imprensa no salão...

— Está prometida.

— ...com Lucius Barre como mediador... — Lucius era um assessor de imprensa que trabalhava para o Festival.

— Ele é seu...

— Então, combinado: eu irei!

A continuação faz pensar em Jean Desailly em *Um só pecado*, quando, no meio da noite, Françoise Dorléac o autoriza a ir encontrá-la: ele fica como louco e acende uma após outra todas as lâmpadas do quarto. Tomado pela maior exaltação, acordei minha mulher. Não dormimos muito aquela noite.

Telex de Ernst Goldschmidt de 25 de abril de 1979 a FESTIFI650765F:

> *Francis Coppola will present his new motion picture* Apocalypse Now *in competition at the next Cannes Film Festival. The film will be presented for the first time to the public as "work in progress" on may 19th. This day will be entirely devoted to this cinematographic event of worldwide importance* [Francis Coppola apresentará seu novo filme *Apocalypse now* em competição no próximo Festival de Cannes. O filme será apresentado pela primeira vez ao público como "*work in progress*" em 19 de maio. Esse dia será inteiramente dedicado a esse acontecimento cinematográfico de importância mundial].

A última frase fora acrescentada sem o meu conhecimento, mas eu estava disposto a aceitar tudo.

O *TAMBOR* ESTÁ NA FRENTE

As preocupações de direção começaram, estavam à altura das encontradas na filmagem: ordens e contraordens, importunos que se imiscuíam, tempo muito apertado para gravar as legendas, bandas sonoras ambientes a acrescentar atrás da tela, avião particular a desencavar, iate de 45 metros a alugar para alojar Coppola, sem contar várias suítes no Carlton para sua família, seus filhos, seus colaboradores, seu agente, seus advogados... Era preciso encontrar as suítes, reservá-las, depositar um sinal, ao que Favre Le Bret se recusava terminantemente. Era preciso organizar a chegada das cópias, o horário das salas — quatro projeções exigidas, das quais uma à meia-noite, para os jovens. Era preciso aceitar as chamadas dia e noite, a chantagem, as ameaças de cancelamento à menor contrariedade. Eles queriam até mesmo distribuir à imprensa questionários de satisfação, como se pratica nos Estados Unidos nas *sneak-previews*. O estúdio hollywoodiano organiza a projeção da cópia de trabalho numa cidadezinha para uma população-teste, a fim de promover modificações no sentido que deseja (por exemplo, um final feliz) nas escolhas dos cineastas forçosamente reticentes. Eu dizia sim a tudo, cuidava do menor detalhe, aceitava privilégios jamais consentidos: sentia de fato que tinha ali um dos acontecimentos mais importantes de minha vida profissional e não estava disposto a deixá-lo escapar.

Apocalypse foi objeto de intensas polêmicas na imprensa americana. Francis, que não gostava dos críticos, os atacou abertamente. Ele chegou ao palco, como prometido, acompanhado de seus quatro filhos pequenos, nem um pouco intimidados. Segurava a mão de Sofia: ela devia ter seis anos, ele a chamava de Sophie e se serviu dela para uma demonstração apaixonada. Pois, em suas entrevistas coletivas, Francis era inacreditável. Era como se tivesse saltado sobre a mesa, desnudado o peito e gritado "Matem-me!". Mas os europeus o adoravam. Ele lhes restaurava o choque de Orson Welles no tempo de *Cidadão Kane*. Para uns, era um marco na história do cinema, para outros — menos numerosos —, uma bola de borracha que não tardaria a se esvaziar. Filme sobre a guerra, a partir do conflito do Vietnã, a obra era sombria, alucinada, arrepiante.

Não para Françoise Sagan.

A presidente do júri defendeu com unhas e dentes *O tambor*, de Volker Schlöndorff, mais na tradição literária que ela preferia, ainda que houvesse Conrad em *Apocalypse now*. As próprias palavras de Volker, fino estrategista, não podiam deixar de tocar seu coração: "Não podemos ter a ingenuidade do cinema pioneiro americano, sou europeu, a literatura faz parte de minhas experiências, não posso eliminá-la. *Tenho necessidade do escritor como interlocutor*" (o itálico é meu).

Assim, na véspera da premiação, no voto preliminar, *O tambor* estava na frente. Mas, à noite, Favre Le Bret e Maurice Bessy se mexeram (a título de compensação por sua saída forçada, Bessy estava no júri aquele ano). O interesse superior do Festival tendia, ressaltaram eles aos outros jurados, a favor do filme de Coppola.

A igualdade dos concorrentes acabou por se impor. Schlöndorff se declarou encantado, pronunciou palavras inequívocas sobre Davi e Golias. Coppola não disse nada.

Ao fim de seis meses, Sagan despertou e denunciou complôs. Favre Le Bret replicou que ela não tinha pagado seus extras. (Eu me lembrava apenas de que, na primeira reunião do júri, ela havia sugerido algo que só podia ser classificado de prêmio palhaçada...) Em suma, aquilo era rasteiro.

Vinte e cinco anos mais tarde, o julgamento da história concluiria, em retrospecto, que *Apocalypse now* é uma obra magistral. Um marco. E que *O tambor*, ao contrário, mostra algumas rugas. De minha parte, tirei disso duas lições, essenciais para o futuro: a primeira, que Coppola acabava de inaugurar o clube muito fechado das Palmas duplas; seu exemplo me serviria para convencer vencedores reticentes a retornar à competição. Segunda lição: que o Festival não devia, em nenhum caso, intervir nas decisões do júri. Dali em diante, eu me contentaria em assistir, mudo, às deliberações.

No dia seguinte ao encerramento, voltei ao Carlton. Tinha a melancolia pós-Festival. Uma grande limusine estava prestes a arrancar. A porta traseira se abriu e Francis desceu. Aproximou-se de mim, estendeu-me a mão e retirou um grosso charuto que tinha entre os dentes:

— Ganhei apenas meia Palma — disse ele.

28. O trem de campanha

TROIS DE SAINT-CYR

— Fiquem na espreita, recrutas, se levantarem a cabeça quando rastejarem, vão tomar um balaço em plena cara...

Em fevereiro de 1953, o sargento instrutor não encontrara nada melhor do que nos lançar no exercício de obstáculos, nós, os convocados da 53/2,* nos fazendo atirar com balas de verdade, sob o pretexto de que partiríamos para a Indochina. Hipótese felizmente não concretizada.

Eu tinha 23 anos. Trabalhava num escritório havia três anos. Não podia mais recorrer a estudos universitários para prolongar o adiamento de minha convocação. Eu teria de bom grado fugido à responsabilidade simulando loucura, mas não era maluco nem fingido o suficiente. Um amigo de Wormser me recomendou ao gabinete do ministro, e me vi em Montlhéry, no 501º regimento da coluna. A guerra da Indochina terminava sem glória, a guerra da Argélia não tinha começado, o exército aproveitava essa trégua para formar os convocados. Todo mundo sabia que, depois das aulas, muitos iam se esconder nos escritórios em Paris e os instrutores se encarregavam, durante cinco meses,

* A classe de 1953, segundo contingente, comumente chamada 53/2.

de “fazê-los perder a vontade de recomeçar”. Meu chefe, oficial de primeira classe, queria me enviar aos EOR, os alunos oficiais de reserva. Ali se *apanhava*, física e moralmente, mas em seguida se era feito oficial como em *Trois de Saint-Cyr*: “De joelhos, homens! — Oficiais, em pé!”. Eu encarava essa ameaça com terror, pois, então, adeus Paris... Eu estava, é claro, desalentado com todas as humilhações, mas resistia bem, apoiado em meus fracassos deliberados no exercício de obstáculos. Felizmente, fizera dois amigos, Elie Pressman e Samuel Kramarz, jovens judeus cheios de humor, que vinham ajeitar minhas cobertas na hora de dormir e me desejar boa-noite.

Montlhéry não fica longe de Paris. Tudo bem calculado, depois da chamada se escapava durante a noite e voltava-se discretamente de manhãzinha. Foi assim que conheci Sacha Distel. Seu carro estava escondido não longe dali: ele abria a porta, nos enfiávamos atrás, com a cumplicidade do ordenança de serviço, e dois ou três de nós fugíamos na bruma da noite. Perder a chamada, no dia seguinte, era correr o risco de ser considerado desertor, como, mais tarde, François Truffaut. Meu oficial de primeira classe — não o sargento recrutador de Kubrick, tampouco Fernandel em *Les gaietés de l'escadron* — teria ficado muito contente de me pegar, sonhando com um tribunal militar para mim, eu tenho certeza.

O INVERNO MAIS FRIO

Inverno de 1953-4. Um dos mais rigorosos desde a invenção da meteorologia, uma temperatura de -18°C... A água gelava nos jarros e, quando o aquecedor chegava a apagar-se, sua superfície ficava recoberta por uma película de gelo. Não havia nada a proteger, mas montava-se guarda assim mesmo, com revezamento a cada meia hora. A geada era tão forte que as luvas de lã colavam no aço dos fuzis. Em suma, passávamos maus bocados.

Uma noite sem lua, eu estava de sentinela. Querendo verificar se eu dormia, o espertinho do meu superior se aproximou da minha guarita na ponta dos pés, para roubar meu fuzil. Rumores absurdos corriam nas cantinas, sobre “um convocado que tivera seu fuzil roubado” e que passara por conselho de guerra: era o regulamento do Exército, claro e cortante como um conto de

Perrault. Ao ouvir um estalo de galhos quebrados, me sobressaltei e lancei o regulamentar:

— Alto lá! Primeiro aviso! — com voz abafada. Como o ruído se aproximava, armei meu fuzil: — Alto lá ou abro fogo! — Estalido seco no bosque nevado.

— Sou eu, deixe de asneiras — me berrou o cretino. Depois de assim se ter feito reconhecer, ele me deu um tapa nas costas, e não me aborreceu mais.

As aulas terminavam. Fui transferido para a caserna Dupleix, em Paris.

ALPHONSE JUIN, MARECHAL DA FRANÇA

Alguns dias mais tarde, fui convocado à caserna Tourville para fins de destacamento. Eu datilografava bem, tinha noções de estenografia, o tão cobiçado posto de secretário no Estado-Maior da Defesa nacional não podia me escapar. Um coronel me recebe, cheio de afabilidade, afável demais, talvez, mas eu era ingênuo e espontâneo. Em todo caso, não podia adivinhar em que armadilha ia me meter. Acontece que a caserna Tourville abrigava também a DGSE, a contraespionagem, e não podia se permitir acolher qualquer um, ainda que num posto subalterno. A entrevista transcorreu tão bem que eu estava certo de ser aceito. No momento de encerrá-la, o jovial coronel me pergunta (há artigos para me mandar redigir) se há alguém no jornalismo que possa me dar referências. Cito de modo impensado o nome de Jacques Doniol-Valcroze, e insisto: crítico de cinema no *France-Observateur*.

— Um amigo — digo tolamente, sem pensar na coloração do jornal.

— Muito interessante — me diz o coronel. — Sim, creio que o conheço também. Espere um momento na sala ao lado. — Ele se levanta, sorri e aperta minha mão. Eu soube imediatamente que tudo estava perdido. Eu me fizera de esperto. O "Jacob, você sabe o que o espera" do professor Morrisset não estava tão longe...

Depois de alguns dias em Dupleix, fui enviado ao palácio de Sens, na Rue Varenne, para ser ordenança-secretário no estado-maior particular do marechal Juin. Alphonse Juin, marechal da França, também estava de castigo e em seu gabinete eu não corria o risco de me inteirar de segredos de Estado: René

Pleven, ministro da Defesa, deplorara havia pouco uma tomada de posição política de Juin em *Le Figaro* e o convocara secamente:

— Sinto muito — respondera Juin —, não se convoca um marechal da França como um trombeteiro!

No entanto, o marechal tinha direito a um gabinete e não se cogitava tirá-lo dele. Foi nessa atmosfera de guerra aberta que me apresentei a meu superior hierárquico, o tenente Dewasnes, que cumprimentei segundo o regulamento.

O tenente Dewasnes tinha pouca altura, mas muita influência. Ele verificou que meus sapatos estavam bem engraxados e me instalou em um escritório equipado com uma velha Underwood. Depois me fez datilografar relatórios classificados como "Confidencial", que em seguida percebi serem apenas o resumo dos telegramas das embaixadas. Cumpri conscienciosamente essa tarefa, mas apenas depois de ter instalado toda manhã sobre minha máquina um cartão que eu intitulava "Permissão para sair à noite". Eu o fazia assiná-lo e, uma vez embolsado esse salvo-conduto, entregava-me, tranquilizado, aos meus pequenos trabalhos.

Um dia, uma cara sorridente e espantada que era a perfeita sósia da atriz Delia Scala meteu a cabeça pela abertura da porta, sem dúvida para descobrir como eu era. Ela me cravou seu olhar divertido no fundo dos olhos e desatou a rir. Senti meu coração bater com toda a força e estava morrendo de vontade de conhecer a jovem mulher que ria assim da minha cara... Como ela era adorável, não demorei a adorá-la: acontece que ela se tornou minha mulher, quatro anos mais tarde, e não nos deixamos mais há cinquenta anos, mas como nossa história pertence tanto a ela quanto a mim, respeitarei seu desejo de não revelar nossa esfera privada.

DESPEDIDAS LANCINANTES

Em três meses, devo ter avistado Juin três vezes. Fui enfim apresentado a ele e tive o privilégio de apertar sua mão esquerda, a direita, enluvada, passava por uma dificuldade motora. Terminei meu tempo saindo com Jeannette, me informando sobre o escritório e me classificando no tênis.

Então voltei para casa. Estada de verão em Villers-sur-Mer. Tênis em exagero. Eu era bastante forte em dupla e participava dos torneios da costa normanda, a vida continuava.

Mas os acontecimentos da Argélia haviam chegado às operações militares. Uma guerra que não ousava dizer seu nome e na qual os sucessivos governos da Quarta República falhavam redondamente. Como sempre nas guerras coloniais ou pós-coloniais, os generais reclamavam reforços. Enviavam-lhes soldados do contingente e, apesar de alguns movimentos na imprensa de esquerda, ninguém se mexia. Passei um verão de inquietação avaliando os rumores alimentados por indiscrições. Agora Edgar Faure era primeiro-ministro, um primeiro-ministro com pronunciado ceceio, e que se tornara conhecido por uma fórmula radical-socialista, "a independência na interdependência"...

Será que iria mobilizar os reservistas do Exército? O resultado não se fez esperar: em julho, soube-se que, por enquanto, se mobilizava apenas uma única classe de idade, essa classe era a última liberada, adivinhem qual? A 53/2, acertaram!

Eu estava perdido.

O documento em envelope lacrado azul que eu conhecia bem foi introduzido sob nossa porta no fim de agosto. Eu devia me dirigir sem demora à caserna de Vincennes, de onde o contingente partia para a Argélia.

Eu vivia então meio na casa dos meus pais, meio na casa de minha futura noiva, que morava no Boulevard Murat. Toda noite, como se supunha que embarcaríamos no dia seguinte, nos mandavam abraçar nossas famílias. Toda noite, portanto, eu jantava primeiro na Rue Raynouard, onde minha mãe me preparava boas comidinhas, depois de novo em Murat, onde Jeannette não ficava atrás. Dupla solicitude para com o soldado de partida para a guerra e desejo de não ser superado pelo outro campo. Essa alternância de refeições suculentas e de despedidas lancinantes me fez ganhar seis ou sete quilos — e eu continuava sem partir: o caro tenente Dewasnes se servira de seus contatos. O capitão de Vincennes me tomou como conselheiro de cinema — não falei de Doniol-Valcroze! Era preciso pensar no moral das tropas e, durante o dia, eu ia procurar filmes para apresentá-los aos meus camaradas. Nada de *Cais das sombras* nem de *Trágico amanhecer*, principalmente nada daqueles filmes de tons derrotistas ou antimilitaristas, não: comédias como as produzidas pela Gaumont ou filmes de aventura americanos. Quatro meses mais tarde, eu estava balofo, mas livre. E considerava que, quanto a serviço militar, estava quite.

29. *A lei de quem tem o poder* aplicada a *O portal do paraíso*

APAIXONADO POR ISABELLE HUPPERT

— *Bloody Frenchman* — rosnou a voz. E ela acrescentou uma palavra estranha, algo como "*froggy*"... *

Onze horas de avião para ver um único filme, talvez se ache que é pagar caro. Não se é *O portal do paraíso*, 1981, a provocante obra-prima de Michael Cimino. Por ter adorado *O franco-atirador*, eu o considero um gigante da direção. Cimino, por seu lado, não faz mistério disso: é o homem que quer superar Coppola.

Novembro de 1980, aeroporto de Los Angeles. Sylvette Desmeuze, minha assistente em Hollywood, me leva diretamente à grande sala de projeção da MGM em Culver City, fotos de estrelas em evidência. Exigiram-me segredo, isso me convém. Não é mais Ernst Goldschmidt o responsável pela United Artists, mas Michael William Jones, que me recebe de braços abertos, à maneira americana que não se compromete a nada, e a projeção começa. Desse filme-rio (três horas e 39 minutos), não sei muita coisa: que é muito ambicioso, que o autor quis contar a epopeia dos pioneiros do Wyoming na virada do século

"Maldito francês"; *froggy* é termo ofensivo para francês. (N. T.)

xix, que mandou abrir champanhe quando o orçamento (nunca falo de dinheiro, salvo quando um custo passa de 7 para 40 milhões de dólares) superou o de *Apocalypse now*, que, enfim, ele ficou loucamente apaixonado por Isabelle Huppert... (Nesse gênero de megafilme, passam-se meses a tricotar no estúdio, mas para uma jovem atriz francesa, filmar com Cimino...) Sei também, pelos jornais, que o filme acaba de fracassar em Nova York: recepção catastrófica tanto de crítica quanto de público, o que não quer dizer nada.

De fato, a amplitude, a força das imagens estão lá, vemos isso desde a cena do baile, no começo, o talento de Cimino explode na tela numa série de sequências assombrosas. Já imagino o filme no salão de Cannes e me entrego apaixonadamente a uma exaltante euforia.

Ao fim de uma hora de projeção, um zum-zum-zum. Palavras soltas. A porta se abre violentamente, a luz se acende, o filme é interrompido. Ao lado da tela, na penumbra, um personagem que gesticula, e compreendo, pelo ar embaraçado dos mandachuvas da United Artists, que o autor, Michael Cimino em pessoa, acaba de fazer sua entrada. Em compensação, tenho dificuldade em compreender o que ele vocifera. Sylvette me diz que ele se queixa de não ter sido avisado. Ouço "*Bloody Frenchman*". Evito intervir. Mas sou tomado pela impaciência: toda aquela viagem por nada! Ando de um lado para o outro no fundo da sala quando um dos *executives* se aproxima, envergonhado — não é nada, apenas um pouco de nervosismo... Eu lhe respondo friamente que tenho por hábito ficar do lado dos artistas e que prefiro me retirar. Repito minha cantilena, 11 mil quilômetros, aquele único filme no programa. Como para me desmentir, o *executive* me arrasta para outra sala, "é hora de esclarecer bem as coisas", me garantindo que se trata de um mal-entendido. Enquanto esperamos, ele deseja me mostrar outro filme... Trata-se de *Caso de assassinato*, de Ivan Passer, um filme divertido, erótico, saboroso, pessoal, que apreciarei bem mais tarde, mas, por ora — que o autor me perdoe —, não *vejo* o filme, passo em revista o que de fato pode ter sido tramado, faço projetos mirabolantes, mas nada acontece além de um aumento de adrenalina.

Nova interrupção. O sujeito da United reaparece, triunfante: Cimino aceita me mostrar o filme, mas quer me mostrar a versão *dele*, na sala *dele*.

— E fica onde, a sala *dele*?

— Por ali — um gesto —, Sylvette vai levá-lo. — Ela me informa que é do outro lado da cidade, imagino a trinta quilômetros. Para mim são seis horas da manhã, estou de pé há 24 horas, mas decido ir até o fim do pesadelo. Largamos lá aquele pobre Cutter, que já perdeu um olho, uma perna e um braço na guerra, e compramos um sanduíche.

RECONCILIAÇÃO?

Eis-nos numa salinha de North Hollywood onde toda a equipe (diversificada) de Michael Cimino está à espera no hall. Passo dignamente diante de todo mundo e me afundo numa das poltronas no meio da sala. Estou sozinho na minha fileira, com Sylvette, mas sinto às minhas costas, quando a luz se apaga, o energúmeno de ainda há pouco, acompanhado de seus acólitos. Surpresa: recomeça-se o filme na primeira imagem... Sopro a Sylvette:

— Ah, não, não *desde o começo*! — Mas Sylvette não se mexe. Abreviemos: percebo logo que aquela cópia é *rigorosamente* a mesma de que acabamos de assistir uma hora de projeção; restam, portanto, duas horas e 39... Tenho uma teoria: se a gente dorme num filme, o filme mesmo assim é envolvente. Mas, com Cimino bem atrás de nós e depois da história que contei, impossível ter a menor folga enquanto o filme reexibe sua infinidade de personagens, sua arquitetura romanesca, o esplendor de sua realização.

A principal dificuldade das projeções assistidas pelo diretor é que o espetáculo é estragado pela inquietação. A procura do que se vai poder dizer no final. No tempo em que era crítico, eu conhecia de cor todas as saídas de emergência: da sala Lincoln, aonde se chega apenas por um elevador, ao Studiorama (onde Rissient e Tavernier se punham um atrás do outro para que nenhum crítico lhes escapasse), passando pelo Club de l'Étoile, o Élysée Biarritz, o Club 13 ou a sala Ponthieu. Se quisesse, eu me via na calçada antes mesmo dos últimos créditos da ficha técnica final, mas aqui é outra história...

Aqui, sou completamente prisioneiro de Cimino *and co.*

No fim, a luz se acende novamente e a equipe se dispersa no hall. Estou exausto, mas deslumbrado. Mesmo assim, decido me vingar. Tenho uma ideia. Permaneço sentado, com a cabeça nas mãos, para assombro de Sylvette. E espero. Espero uns bons cinco minutos. É preciso que Cimino pague, e não é pagar caro. Ao fim dos cinco minutos, saio lentamente, de olhos baixos, sinto que todo aquele pequeno mundo me encara, atento, talvez inquieto, me dirijo direto para Cimino, a tensão é enorme, digo-lhe que acabo de ver uma obra-prima, e de súbito caímos nos braços um do outro, enquanto integrantes da equipe, imediatamente contaminados por nossa emoção, batem nas mãos uns dos outros com alegria. Declaro em voz alta que o filme *está* em Cannes e peço permissão para me retirar, por causa da hora, acrescentei, pensando ser espirituoso.

— Nem pensar — diz Michael, incrivelmente eloquente a partir daquele minuto e transbordante de amor ao próximo: — Bem que me disseram que podia confiar em você, não vamos nos deixar assim. É preciso *ce-le-brar.* — Michael quer nos levar para jantar. Um restaurante iugoslavo, seu quartel-general e o de Joann Carelli, sua produtora. Especialidades servo-croatas: uma honra! E onde é? No outro lado da cidade. Não, estou brincando, dez, quinze minutos. Saímos. Estamos lá. Sala enfumaçada, ruído dez vezes mais estafante que o do filme (de todo modo, houve uma diferença em relação à projeção da United: o som foi ativado ao máximo), champanhe, gritos, risos, abraços, brindes. Especialidades com creme e bebidas fortes: eu os poupo dos ingredientes; é uma pena que nunca se fale de gastronomia em autobiografias, exceto as de Proust, mas eu não estava em condições de registrar o que engoli aquela noite, ou já era o dia seguinte?

Ao fim de uma hora desse regime sufocante, penso de repente em meu número de horas sem dormir e pouco faltou para me sentir mal. Sylvette percebeu, despediu-se e me deixou no hotel.

No dia seguinte, que é o da partida, Michael William Jones me anuncia que Cimino... não quer mais ir. Há novidades com a cópia. De novo! Começo a perder a cabeça. Como imaginar que ele levaria a esse ponto o mimetismo com o circo que Coppola me armou, cuja reiteração me apavora? Felizmente, meu voo é apenas às 22 horas. No escritório de Michael, a recepcionista sorri para nós: não, Michael não está lá, sem dúvida estará ausente o dia todo. Apanho uma cadeira, coloco-a atravessada na porta, sento-me calmamente e anuncio, com um ar que pretendo o mais aterrorizante possível, que não irei embora “antes de ter visto M. Cimino”. A hora do almoço se aproxima, a moça tenta discutir, mas não desisto. Depois de muita falação e de muitos telefonemas, Cimino acaba por aparecer. Passamos ao seu escritório. Michael está novamente distante. Eu também. O que aconteceu? Mais uma vez, trapalhadas com a United, contra a qual ele remói suas queixas. Uma reunião telefônica entre os beligerantes não faz as coisas progredirem e compreendo que Cimino não está disposto a ceder às exigências do estúdio. O tempo passa. Michael acaba por se acalmar e consigo que ele me envie uma carta aceitando meu convite. Mas esse último (?) sinal verde é acompanhado de uma condição: o diretor da United, Norbert Auerbach, deverá ir em pessoa apresentar o filme em Cannes na versão integral, a "*director's cut*", como já se dizia. Sinal de reconciliação? Não, sinal de que Cimino vencera a batalha internacional (o filme fora de novo derrotado em Nova York numa versão reduzida pelo próprio Cimino, imprensa hostil, público inexistente). Esse desfecho, como um milagre, me é de todo conveniente.

QUANDO ISA FICA AMUADA

A apresentação no Festival me pregará outros sustos: Isabelle Huppert está em plena filmagem nos confins da África (em *A lei de quem tem o poder*) e Bertrand Tavernier, pouco propenso a fazer um favor a uma das grandes da indústria cinematográfica, não está disposto a deixar sua atriz partir, ainda que por dois dias. Felizmente, Adolphe Viezzi, seu produtor e meu amigo, aceita cooperar. É preciso que o estúdio frete um avião particular, que Isabelle, em plena selva, pegue um carro que a conduza ao aviãozinho antigo que a leve ao avião de carreira e assim por diante, até Cannes, *idem* para a volta. A United Artists pagará as despesas, e até as horas perdidas dos outros atores (isso já não conta para eles: no quinto dia de filmagem, Cimino já tinha quatro dias de atraso no plano de trabalho). Mas, mesmo assim, Tavernier não está entusiasmado. Então, tenho uma ideia: telefono a Isabelle, sei que ela está morrendo de vontade de vir: um filme como aquele, um papel como aquele, como resistir? Eu lhe sugiro que... fique amuada.

— O quê?

— Sim, ficar amuada. Faça cara feia. Um dia, dois dias, eu me espantaria muito se, a essa altura, Bertrand não se derreter.

Ele se derrete.

Mal chegando a Cannes, Isabelle é penteada, maquiada, põe um vestido, reencontra Michael. A caminho da escadaria. A caminho da glória. Projeção grandiosa. Sala em choque. Coletiva de imprensa em que Auerbach exibe um contentamento de fachada. De fato, ele já sabe que está condenado. Que deve se demitir. A United Artists, a companhia criada em 1919 por Mary Pickford, Douglas Fairbanks, Chaplin e Griffith, precisa erguer-se desse fiasco abissal, e será retomada em parte pela Transamerica, uma companhia de seguros, em parte pela MGM (que recupera o catálogo), mas nunca mais será a mesma coisa.

A lei de quem tem o poder, em compensação, não será o último contratempo do desastre Cimino. Isabelle se apressa em pegar seu avião de volta. Isabelle já não está amuada.

30. A presidência Adjani

SIM, MIL VEZES SIM

"Quanta honra! Quanta honra!", respondeu Isabelle Adjani quando lhe propusemos a presidência do júri, em 1990. Seguia-se uma bonita fórmula: "Como não ter vontade de acreditar na própria glória? Como não ter necessidade de não acreditar nela?...". Ela não se sentia "digna desse acontecimento, não ainda", e nos pedia para ser pacientes. Em setembro de 1997, nova tentativa: dessa vez, o quinquagésimo aniversário não será recusado! Depois de certa hesitação, Isabelle acabara por dizer sim, em meados de outubro. De repente, era sim, mil vezes sim. Ela estava mesmo ansiosa por anunciar a notícia, ali, imediatamente, pois "se não, eu me conheço, vou prometer outra coisa ou vou acabar não querendo mais...". Mas precisávamos respeitar as precedências, convocar o conselho de administração para que desse, ou não, seu assentimento; ele o deu, por unanimidade.

Isabelle manifestou dois desejos: estar cercada por um júri jovem; um júri composto unicamente de artistas. Isso nos convinha às mil maravilhas. Queria também ser consultada sobre sua composição. Dissemos sim para comprometê-la ainda mais. Erro. Como imaginar que, em sua busca de absoluto, bem poucos cairiam nas suas boas graças? Ou então apenas personalidades que nós mesmos teríamos recrutado de bom grado, mas que se revelaram indisponíveis: Emma Thompson, minha querida cúmplice, com quem eu mantinha toda uma correspondência; Jodie Foster, muitas vezes solicitada, mas isso não deu em nada (Jodie queria ser presidente).

Trocamos listas com seriedade e profissionalismo, mesmo que certos nomes não tivessem a sorte de lhe agradar. Isabelle descartou cineastas, com exceção de Arnaud Desplechin, que acabou por desistir. Ela desejava ter Ralph Fiennes, mas ele não estava livre. Ralph pertencia àquela linhagem de atores (ingleses) que a atraía e pela qual ela desejava, mais ou menos conscientemente, tirar uma desforra.

Mulher traída não era a situação de Kristin Scott-Thomas, que Adjani desejava com tanta intensidade, e compreendi que Kristin, associada, da mesma maneira que Ralph, ao sucesso de *O paciente inglês*, correspondia a uma estratégia: afrontar Daniel Day-Lewis. Mas Kristin esperava, de um momento para o outro, ser contratada por Redford; esperta, ela lhe comunicou nossa proposta, que teve como resultado a rápida assinatura de seu contrato.

Sorte nossa, eu já tinha a concordância de Gong Li, de Mike Leigh, de Nanni Moretti e, enfim, de Mira Sorvino. Mira terminava um filme no mesmo dia da abertura, mas, felizmente, estava morrendo de vontade de estar no júri...

ADJANI? VOCÊ ESTÁ BRINCANDO!

A continuação, as semanas, ou melhor, os meses em que nos vimos foram uma rude prova para minha fleuma, mas estavámos decididos a dizer sim a tudo — ou quase. Num dia de contrariedade, escrevi a Isabelle que o conselho definira uma convenção do júri ideal e que, no espírito dessa convenção, estávamos contentes que ela desse sua opinião. Esse esclarecimento a tornou adorável, como ela sabe muito bem ser desde que se aceitem todos os seus caprichos.

O agradável com os escritores é que eles se decidem num instante. Foi o caso de Paul Auster, e Isabelle aceitou com igual boa vontade Michael Ondaatje, sugerido por Auster. Estávamos de acordo quanto a Luc Bondy, estando Chéreau supostamente muito próximo dela depois de *A rainha Margot*. E quanto a Tim Burton, que se revelou encantador, sonhador e de uma insubmersível hilaridade.

No entanto, perdíamos as esperanças de encontrar um francês. Depois de um jantar na cidade, surgiu o nome de Patrick Dupont. Eu não gostava de seu agente, com exigências insuportáveis, nem que ele considerasse o negócio fechado. O cúmulo foi quando lhe pedi uma biografia de quinze linhas.

— Vai ser difícil: são 350 páginas — respondeu Patrick. Tarde demais para recuar.

É assim, às vezes com sofrimento, em todo caso a duras penas, que são formados os júris.

Repercussões em Hollywood: "Adjani? Você está brincando! Muito cheia de caprichos... Gilles está louco, ela cancelará no último minuto". Só coisas de fazer tremer um diretor de festival. Eu tremia, mas desde o começo daquela relação de amor e ódio, eu tinha a impressão de que Isabelle não nos trairia. Evidentemente, não falávamos nisso, mas nós dois tínhamos consciência de que aquela presidência ia dar um lustre a seu renome. Com a condição de representar bem seu papel. E para representar bem, podia-se confiar nela...

Isabelle, aliás, não se contentava em representar, ela saboreava a situação. Informara-se sobre os caprichos das estrelas que haviam presidido o júri e exigia o mesmo e mais alguma coisa. Por exemplo, se os jurados eram autorizados a se instalar, de manhã, no camarote do prefeito e das autoridades, ela queria que eles o ocupassem em todas as sessões, eles e ninguém mais. Mas ela não previra que cinéfilos viessem metralhá-la com sua pequena máquina descartável. Pediu que fossem afastados e reivindicou Kim em altos brados. Kim não é um docinho do intervalo, mas o guarda-costas preferido de Catherine Deneuve. A confraria dos dublês de que Kim saíra é um meio fechado como um olho roxo. Mas isso era passado. Agora, Kim se tornara uma garça. Ficava horas num pé só, a seis passos de Adjani, inspecionando a multidão, como fazia com Deneuve. Kim compreendera que um sorriso abre mais seguramente o caminho que uma cabeçada em plena cara. Mas ainda podia lhe despachar uma em caso de absoluta necessidade.

Isabelle chegou pelo Trem Azul, quatro dias antes da abertura. Por pouco não perdeu a parada em Cannes porque nem ela nem a secretária acordaram. Então ela enfiou alguma coisa às pressas, pôs um chapeuzinho improvável e saltou na plataforma, sem dúvida um pouco ofendida por não ter de enfrentar a chusma dos fotógrafos.

Para alojar toda a sua gente, seu filho, a babá, seu assistente e fãs, ela precisava mais do que a suíte presidencial. Precisava também de dois fax, um forno de micro-ondas, linhas telefônicas diretas, toda uma coleção de equipamentos. Como se fosse manter uma residência?

Ela se instalara, depois terminara as muitas entrevistas que combinara conceder a uma imprensa pouco habituada a tal dádiva: uma presidente à sua inteira disposição, desde que ela pudesse reler suas frases, escolher as fotos, abrandar as luzes. Mas, no total, um número incalculável de fotos de primeira página, reportagens, transmissões, uma operação de rebaixamento das mídias para o bem maior tanto da interessada quanto do Festival. Nunca se falara tanto de Cannes, nunca se anunciara, se escrevera, se publicara tanto. Isabelle tinha a elegância e a inteligência de não se repetir. Pelo quinquagésimo aniversário, ela se expusera e já podíamos lhe perdoar tudo. Enfim, tudo...

O REGIME DE ERIK SATIE

No dia da primeira reunião, Isabelle desceu dois andares e entrou na suíte 329. Depois de nossas boas-vindas, ela tomou a palavra com voz suave, procurando se impor. Ela aprovara um júri de artistas, mas era esperta demais para não sentir que eles iam lhe causar dificuldades. Começou por pedir que eles ficassem reunidos com a maior frequência possível. Propôs, por exemplo, que o júri visse os filmes na mesma sessão e por que não a das oito e meia, a que ela própria esperava assistir. Em seguida, seria possível continuar pela sessão das onze horas, depois de um pequeno lanche. Ninguém ousou abrir o bico. Mas a presidente tinha outras preocupações, não tinha intenção nem tempo de se embelezar duas vezes por dia e chegaria ao Palais por trás, com um gorro até os olhos. Acima de tudo, queria colher as opiniões desde o final dos filmes para evitar as reviravoltas, as pressões — e também que clãs se organizassem. É o abecê do presidente perfeito. Mas, levada ao extremo, a coisa virava caricatura: ela convocava o júri a cada 48 horas, quando eles não tinham visto muitos filmes no intervalo. Ao longo dos dias, as coisas pioraram: "Por que não tomamos o café da manhã juntos? Vamos nos encontrar de manhã, às quinze para as oito?". Em seguida, a dietética: Erik Satie só se nutria, ao que parece, de alimentos imaculados — coco, nabo, arroz, queijo branco; na época, Isabelle seguia um regime à base de rabanete, pimentão assado e proteínas sintéticas que mandava aquecer no famoso micro-ondas. Preocupada com a saúde de seu júri, ela sugeriu, então, que todo mundo passasse a rabanete e pimentão. Pensando, ao contrário, na resistência física e nervosa, a secretária mandou acrescentar, sem consultar ninguém, bons pratos de massas.

31. Vienense

É um plano fixo de um minuto, 38 segundos e 41 centésimos. Em um cemitério de Viena, uma alameda ladeada de árvores, por volta do fim do outono. O céu está baixo, as sombras são longas. Folhas mortas rodopiam para o solo. Durante toda a cena, ouve-se um ritornelo meio ácido que dará volta ao mundo. À esquerda da tela, um homem com uma sacola de viagem está postado, apoiado numa carrocinha largada ali. O suspense é total. O que pretende? Espera que chegue até ele um vulto que vem do horizonte e que aos poucos vai crescendo. É o de uma mulher — a mulher que ele ama secretamente. Ela se aproxima, tem uma classe notável, uma bolsa a tiracolo, um chapéu claro de abas largas enfeitado com uma fita escura, cachos castanhos no pescoço, um casaco muito comprido como os usados pelas refugiadas no fim dos anos 1940, e ela se adianta. Minuto de eternidade para o personagem masculino. Ela vai lhe dirigir a palavra, perdoar-lhe por ter deixado matar seu amante? Não, ela apressa o passo, passa diante dele sem lhe lançar um único olhar, depois desaparece para sempre pela direita da tela. O homem recebeu esse desprezo em pleno rosto. Ele não se moveu, não disse uma palavra. Tira um maço do bolso e acende lentamente o cigarro da solidão.

É o último plano de *O terceiro homem*, de Carol Reed (grande prêmio do Festival de Cannes em 1949): é belo, é fatal, não terminará jamais. Ele é Joseph Cotten, ela Alida Valli, e é sublime.

32. A premiação

VILLA DOMERGUE

— Voto pelo diretor... iraniano!

Nanni Moretti tirava de seu passado esquerdista uma retórica quase infalível para fazer triunfar seus vencedores. Um deles, em todo caso, pois estava mais reservado quanto à maior parte dos diretores em competição aquele ano. Seu protegido era Abbas Kiarostami, cuja filiação rosselliniana todo mundo conhecia: um humanista sob o magistério dos mulás.

O novo filme de Abbas, *Gosto de cereja*, proibido para exportação por razões falaciosas, chegara a Cannes no último momento e mesmo depois, visto que a competição já começara. Um único personagem roda uma hora de carro em busca de um lugar para se suicidar... Por certo, não é um filme fácil, mas eu não me mexera loucamente para consegui-lo, me limitando a escrever uma carta pessoal ao ministro iraniano da Cultura — e sabe Deus o que isso me custou! —, para não ameaçar o equilíbrio da competição. Daí a imaginar que, no Festival, ninguém deixaria a sala e que o filme ganharia a Palma de Ouro...

Então Moretti, Adjani e os outros se acham em volta da mesa das deliberações, na *villa* Domergue, nos Hauts de Cannes. É lá que, há uns dez anos, o Festival reúne seu júri no último dia. Jardim com escadaria majestosa, fontes em cascata, canteiros de flores, vista para a baía, a *villa* foi retomada pela municipalidade depois da morte de Jean-Gabriel Domergue. Ninguém mora ali, embora no andar de cima haja duas belas suítes com banheiros. Os sucessivos prefeitos utilizaram o lugar para suas recepções, seus hóspedes importantes e até mesmo, no caso de um deles, suas aventuras. O pessoal garante o serviço impecavelmente, tira o pó das grandes telas do pintor e mantém uma louvável discrição. Aquela manhã, como é costume, os representantes do Festival — diretor, secretários, tradutores — chegam primeiro: últimos preparativos, verificação de hipotéticos microfones, patrulhas nos jardins.

Chegada dos carros oficiais; parecia um conselho de ministros na prisão das Baumettes. Um após outro, os sonolentos jurados se arrastam para fora das limusines; passarão o dia isolados do mundo, celulares confiscados: o segredo deve ser mantido até a noite. Os objetos são recolhidos, trajes de noite e potinhos de maquiagem são arrumados, o lugar é inspecionado. Mas o momento não é de *farniente*: todo mundo tem consciência do que está em jogo.

Na prática, existem duas maneiras de decidir. Uma é votar prêmio por prêmio, começando pela Palma de Ouro; a outra é listar, entre os vinte ou 22 filmes da competição, os que poderiam obter um dos cinco prêmios principais (Palma, grande prêmio, direção, os dois prêmios de interpretação) sem ordem estabelecida, por enquanto. Nesse caso, pressupõe-se que nenhum dos filmes que contam mais será esquecido. De fato, Isabelle não optara nem por uma nem por outra das soluções: ela navegava ao acaso. Sem ver que era grande o perigo de desvanecer-se a Palma que, de modo público e notório, ela cobiçava para *O doce amanhã*, de Atom Egoyan, filme aliás belo e forte. Mas, surpresa, no turno preliminar (voto indicativo), foi o filme de Shohei Imamura, *A enguia*, que recebeu mais votos: pensou-se, então, que ele levaria facilmente a Palma.

Isso era esquecer a capacidade de manipulação de Moretti. Nanni buscava o empate a todo custo. Sua insistência persuasiva ia pouco a pouco fazer aumentar os votos Kiarostami de um para cinco. Isabelle e Nanni se lançaram então numa campanha destinada a fazer aceitar o princípio de igualdade dos concorrentes que tinha tanto menos razão de ser quanto, votando filme por filme, *A enguia* vencia com toda a facilidade desde o primeiro turno.

Como se explica que Isabelle tenha se deixado enganar a esse ponto? Talvez tenha acreditado que o amor resolveria tudo. O amor por ela. A famosa lógica do quem me ama que me siga! Será que Moretti a amava? A questão nem sequer se apresentava. Mike Leigh, então, ou Paul Auster? Ninharias. Podia-se deduzir dessa estratégia que sua força de sedução venceria os incrédulos? Mas a determinação egocêntrica não basta para dobrar o outro, como por um toque de varinha mágica.

TRAIÇÃO ITALIANA

Como de costume, a discussão foi longa, confusa, às vezes veemente, com berros, votações interrompidas, justificações de voto, evocações do regulamento: de fato, ele estipula que, salvo revogação, a Palma de Ouro não pode ser atribuída a dois concorrentes em situação de igualdade. De minha parte, achava que a concessão do prêmio apenas a Imamura, por um filme que não é o melhor que fez, seria mal recebida pela imprensa. Mas, fiel aos meus princípios, evitei intervir e concedi uma revogação que em seguida alguns me censuraram (dividir a Palma em dois enfraquece seu alcance). De seu ponto de vista, o erro tático de Isabelle terá sido aceitar o princípio da igualdade dos concorrentes sem se certificar de que essa meia Palma iria realmente para seu protegido. Pois, uma vez obtido o voto, Moretti se passou, sem avisar, para o lado de Imamura, que venceu. Resultado: Palma de Ouro, Kiarostami/ Imamura; grande prêmio do júri, Egoyan. Isabelle perdera, não lhe restavam mais que seus belos olhos para chorar e Moretti para odiar (nas entrevistas pós-Festival, ela o chamará de Maquiavel). Não era de surpreender, portanto, que ela estivesse uma pilha quando se chegou ao prêmio da melhor atriz, um prêmio que lhe interessava muito. Nem que o prêmio fosse finalmente atribuído a uma atriz cujo papel — de fato, um papel secundário! — a destinava mais a uma medalha sos mulheres espancadas que ao prêmio de interpretação do maior festival do mundo... Foi assim que, mal livrando-se das equimoses da filmagem, a inglesa Cathie Burke subiu ao palco do Palais por seu papel no filme de Gary Oldman, *Violento e profano.*

Essa recompensa convinha também a um jurado de que quase não falei: Mike Leigh, vencedor do ano anterior, encantado de ver premiada uma "conterrânea" que juraríamos saída de um de seus filmes. A verdade obriga a acrescentar que, todo orgulhoso por sua Palma, ele mudara: a consciência de seu valor se tornara igual ao cuidado que ele proporciona à sua barba. Então, o mordaz Mike não cessou de bancar o escarninho e, durante aqueles doze dias, de repreender Isabelle por tudo e por nada. O entendimento nem sempre é fácil. Como ela tampouco conseguia engoli-lo, respondia na mesma moeda. Então ele a bombardeava com explicações de uma ironia gelada, comportando-se como se fosse ele o presidente. Ela acabará por se vingar, com um dito acerbo, chamando-o, em *Le Journal du Dimanche*, de "anão de jardim"... Era bem feito.

Como uma artista tão inteligente não dominou mais a condução da lista dos premiados permanece um mistério. Ao querer dirigir tudo, administrar tudo, Isabelle chegara ao último dia com duas desvantagens: forçara demais sua bateria; pusera o júri contra ela.

Portanto, foi numa espécie de torpor ofegante que a presidente tentou encontrar suas palavras. Quis, em inglês, dar a palavra a um após o outro, depois intervir por sua vez, mas diante de Moretti e de Mike Leigh, que a espreitavam, ela se tornara a cabrinha do sr. Seguin.* Eu estava sentado perto dela. Tive vontade de encorajá-la, tranquilizá-la, tomá-la em meus braços, dizer-lhe que a amava, mas o mais longe a que me aventurei foi tocar-lhe a mão como por descuido para lhe devolver um pouco daquela vitalidade de que eu também precisava muito.

A vida das estrelas não é um mistério. Não se compreende nada de Isabelle Adjani se não se levarem em conta as circunstâncias pessoais, familiares e psicológicas que a acompanham ao longo de todo o seu percurso, nem, é claro, o turbilhão de suas emoções. Todo mundo evolui; Isabelle muda, sem dúvida com mais frequência que outros e, com toda a evidência, a Adjani do júri não tinha mais nada a ver com a Isabelle que, não faz muito tempo, iluminou o estúdio da TF1 para desmentir o boato: não, ela não tinha aids; nem *a fortiori* com a pequena Isabelle que um dia subiu ao palco do Français, de vestido branco e ar inocente, para se tornar célebre em uma réplica: *Le petit chat est mort*... Não, o gatinho não estava morto: acabava de confessar ao público que não encontrara a solução. Mais tarde, bem mais tarde, sobreveio sua obsessão

* Referência a um apólogo de Alphonse Daudet em que a pequena cabra do sr. Seguin, mesmo bem tratada, foge para a montanha e é devorada por um lobo. (N. T.)

com a idade. Desde então, muitas vezes sua mão mascara a maçã do seu rosto como um véu de antigamente. Gorros e óculos escuros se tornaram companheiros fiéis. Mas Isabelle continua a ser uma atriz de inacreditável acuidade e de uma sensibilidade à flor da pele. Aquela pele sublime, aquele tom tão pálido, aquele olhar de miosótis, aquele charme, como resistir? Seu instinto dita sua conduta, sua lucidez entrava seus impulsos: é assim que se passa a vida a tergiversar. Há algo de incompreensível nas estrelas. Brilhante, talentosa, adulada, solitária, Isabelle me pareceu, aquele ano, a pessoa mais inapta para a felicidade que se possa encontrar.

33. Colhido pela história

"O papa está morto! O papa está morto e seu assassino, preso!" A notícia se propaga com uma velocidade louca. Ah, que terrível, o ano da graça de 1981! É o ano em que Ronald Reagan leva seis tiros: um deles perfura um pulmão. O ano das ondas terroristas no Irã: o presidente e o primeiro-ministro são mortos num atentado. O ano do assassinato de Anwar el-Sadat no Cairo. No meio de toda essa violência, a vitória, em 10 de maio, de François Mitterrand.

Nossa equipe já está em Cannes. Abertura em três dias. Telefonema do prefeito, Jack Lang chega com seu séquito: Christine Gouze-Renal, produtora, cunhada do presidente, seu marido Roger Hanin, Georges Kiejman...

— Mas ainda não houve a transmissão de poder!

— Estou lhe dizendo que Lang está chegando. É o futuro ministro da Cultura. — Favre Le Bret me telefona: — Acabo de falar com o CNC, Jack Lang está chegando! — Haverá dois ministros: d'Ornano e Lang. O antigo e o novo. Estamos bem arranjados.

Três irmãos, que eu escolhera para a abertura, na falta de um filme de entretenimento, se revela, no caso, uma escolha oportuna. O filme de Rosi é belo, mas acima de tudo dominado pela morte. Morte de uma mãe cujos três filhos se reencontram em sua casa de infância, assassinato de um magistrado por terroristas. E o filme começa pela caminhada fúnebre de Charles Vanel numa cripta dominada por estátuas jacentes. Mais tarde se dirá que essa cena prefigura estranhamente a entrada de Mitterrand no Panthéon, com uma rosa na mão...

Fim de manhã, algumas horas antes da abertura. Lang está no avião, João Paulo II estaria "apenas" ferido, prenderam seu agressor, o turco Mehmet Ali Agca.

— Uma bala na barriga é muito grave — me diz o delegado que veio discutir segurança reforçada (referência: *Du rififi chez les hommes: une balle dans le ventre, c'est deux heures*).* O rumor já deu a volta a Cannes. E estou com um soluço que não passa. Com Favre Le Bret, estudamos o que fazer. Um anúncio, um minuto de silêncio, um adiamento da inauguração, o cancelamento do jantar? Está combinado, se o papa morrer até a noite, faremos respeitar um minuto de silêncio, depois lançaremos o filme. Rosi chegou com seus atores. Está preocupado. Ao longo do dia, o telefone. Rumores contraditórios. D'Ornano não vem mais. As notícias do papa são melhores, depois não. Decide-se não mudar nada no programa. Favre Le Bret foi buscar Lang no aeroporto. Lang (gola Mao) insiste em subir ao palco com Giorgio Strehler, seu amigo, presidente do júri aquele ano. E em fazer um discurso. ("Enquanto eu estiver vivo", dissera Favre Le Bret, "a política não porá os pés no Festival.") Ah! como a vida é simples...

Em 1998, Kofi Annan, secretário-geral da ONU, é convidado a declarar aberto o 51º Festival. Em sua suíte no Carlton, Pierre Viot, ex-diretor do CNC que se tornou (em 1984) presidente do Festival de Cannes, dá um almoço em sua homenagem. Ali estão o prefeito, funcionários das Nações Unidas, atrizes, membros do conselho e eu. No cardápio: salmonete. Engulo um bocado e sinto alguma coisa que me pica o fundo da garganta. Bebo, como miolo de pão, bebo outro gole. Miolo de pão. Continua lá. Pânico interno.

É o momento escolhido por Pierre para me dizer amavelmente:

— Mas conte ao senhor secretário-geral como seleciona os filmes. — Situação de pesadelo. Emito grunhidos. Pierre insiste. Impossível articular distintamente. (Que achou Kofi Annan? Viot me confiou mais tarde que ele ha-

* Filme de 1958, de Jules Dassin. (N. T.)

via pensado: "Ora, Jacob está de mau humor".) Enquanto isso, minha espinha continuava não descendo. Imperturbável, Viot mudou de assunto.

Ao fim de um tempo que me pareceu interminável e tendo engolido (velha receita familiar) o miolo de vários pãezinhos, desapareci. O porteiro do hotel telefonou a um amigo otorrino. Que me recebeu imediatamente em um anexo, seu gabinete estava cheio de gente. Lâmpada de mineiro, espatela:

— Não se mova de jeito nenhum! Ah aaah! Veja, aqui está sua espinha. A espinha de salmonete é a pior que existe, curva e translúcida, eu mal a via, um milímetro mais baixo e seria preciso anestesiá-lo. O senhor teve sorte: hospital, anestesia. Adeus abertura do Festival.

À noite, quando o recebia na escadaria, me pareceu que o secretário-geral me olhava com um ar estranho. Um ar intrigado.

Nunca mais na vida comi salmonete.

34. Por amor a Hitchcock

A PEQUENA CHAVE DE *INTERLÚDIO*

Ano de 1979, American Film Institute, em Los Angeles. O prêmio Life Achievement* é entregue a Alfred Hitchcock, numa noite memorável. Os americanos talvez sejam um povo jovem, sem monumentos nem memória, mas quando prestam homenagem a um mestre do cinema, está todo mundo lá! Inchado, doente, o rosto avermelhado como uma beterraba, de uma imobilidade beirando a paralisia facial, Hitchcock está presente, é claro, mas é muito tarde em sua vida, tarde demais. Quando ele entra na grande sala da Academia, toda a plateia se levanta para aclamá-lo interminavelmente. À mesa de honra, Ingrid Bergman, Cary Grant, Gregory Peck, Claude Rains, François Truffaut. Atrás, Tippi Hedren, que, ao que parece, ele detesta. Com passinhos minúsculos, como que rebocado por um dispositivo invisível, Hitch alcança a mesa onde o esperam também sua mulher, sua filha Patricia e Lew Wasserman, diretor da Universal, seu ex-agente e seu amigo. Os aplausos continuam e, como toda Hollywood, tenho lágrimas nos olhos. A liturgia começa. Cada estrela de seus filmes sobe ao palco sucessivamente para dizer um cumprimento. Lem-

* Prêmio concedido a um diretor em homenagem ao conjunto de sua obra.

branças, ditos espirituosos, piadas, pequenos estribilhos sentimentais, os autores dos diálogos trabalharam bem. Hitchcock olha cada um com seu grande olho de coruja empalhada, testemunha de um suspense que, desta vez, ele não teria posto em cena. É aí que Truffaut, saltando para o estrado, sua echarpe de seda branca enrolada no pescoço, diz sua frase célebre:

— Você filma as cenas de assassinato como cenas de amor, e as cenas de amor como cenas de assassinato...

Para coroar tudo, Cary Grant diz uma palavra amigável e, tirando de seu bolsinho um minúsculo objeto, ele o agita: a pequena chave de *Interlúdio* que, indo até a mesa do mestre, ele devolverá a Ingrid Bergman, 32 anos depois! Momento sublime. Mais uma passagem da tela à vida. Hitchcock olha, olhos dilatados: está gostando? Ele se levanta penosamente, diz algumas palavras, fala de sua mulher Alma, não em muito melhor forma que ele.

Mas a presença das estrelas, a carga afetiva, a evidência quase palpável de que se assistia a uma cerimônia fúnebre, daquelas que não se voltaria a ver pois celebrava também o fim de uma idade de ouro, era pungente.

HOMENAGENS

Em Cannes, também, por vezes o milagre aconteceu.

Penso na sessão em memória de François Truffaut, justamente, algumas semanas depois de seu falecimento. Quando a grande, a imortal Jeanne Moreau pôs na cabeça reunir no palco os atores e sobretudo as atrizes de Truffaut: Fanny Ardant, Catherine Deneuve, Marie Dubois, Nathalie Baye, Dani, Bernadette Lafont, Jacqueline Bisset, Jean-Pierre Léaud, Aznavour, Depardieu, Brialy, Jean-Pierre Aumont, Henri Garcin, Charles Denner e os outros, sem contar Charles Trenet, que também soluçava. Um holofote descendo de cima do palco materializava no solo a presença de François por um círculo de luz, e aquela tarde cometi um dos maiores erros de minha vida de diretor: para não incomodar os espectadores, mandei empurrar as câmeras para os lados. Por minha culpa, a única imagem que subsiste é deformada por tomadas oblíquas...

Sim, criamos para nós mesmos belas lembranças. Quando, no centésimo aniversário do nascimento de Carlitos, convidamos os filhos, os netos, os primos, os primos em segundo grau de Charles Chaplin — uma verdadeira família numerosa. Três meses para garantir que todo mundo estaria lá. Eu estava nos bastidores quando eles chegaram. Estavam nervosos. Os netos se escondiam nos braços das mães, alguns começaram a achar o tempo muito longo. Ao sinal, cada um avançou para o palco, calmamente. Em nome da família, Geraldine agradeceu. Simples e digna ao mesmo tempo. Os Chaplin trazem consigo o capital de humanidade e de nobreza que Carlitos lhes legou. Eu pedira, para quebrar a solenidade, um brinquedo de criança. Um trem elétrico que rodaria num canto do palco. Um bisneto do "Kid" se separou do grupo e foi, virado de costas, brincar com o trem, sem se preocupar com o público. Desde então, todo ano Geraldine me escreve no meu aniversário.

Quando as crianças da escola de jazz de Marciac vieram tocar clarineta em memória de Louis Malle...

Quando Charles Vanel subiu a escadaria pelo braço de Charlotte Gainsbourg, o decano e a caçula dos atores franceses, ele o patriarca, ela a tímida garota de pais célebres, numa passagem simbólica das gerações...

Quando Vanessa Paradis, descalça, fez a surpresa de cantar para Jeanne Moreau e as duas atrizes, num impulso de fundir-se, de mãos dadas, retomaram em coro "Le tourbillon de la vie"...

Quando, na época da morte de Fellini, mandamos instalar uma cortina de palco onde seu ilustrador pintara todos os seus personagens. Com música de Nino Rota, havíamos imaginado um espetáculo de som e luz que durava três minutos e que passávamos todas as noites na sala grande...

Quando meu filho Laurent, por duas vezes, inventou os *Préludes*, pequenos aperitivos filmados extraídos do repertório dos grandes autores, e nos quais os temas se encadeavam sem que se visse a costura: por alguns minutos o público se divertia em adivinhar os filmes citados e, depois de ser assim cativado, a sessão prosseguia...

Quando foram homenageados Michel Piccoli, Alain Resnais, Youssef Chahine, Gérard Oury, Jeanne Moreau — sempre ela! —, Max von Sydow, Liza Minnelli, Anouk Aimée, Catherine Deneuve, Manoel de Oliveira (por seus cem anos), instituindo para estes últimos uma Palma de Ouro pela carreira, que os presidentes sempre haviam sido reticentes em conceder porque isso era feito em outro lugar...

Quando, enfim, no quinquagésimo aniversário, homenageamos os ganhadores de Palmas de Ouro e atribuímos a Palma das Palmas a Ingmar Bergman, que jamais obtivera a Palma de Ouro.

Então digo a mim mesmo que nenhum diretor de festival teve tanta sorte quanto eu.

TAC TAC TAC TAC

Em 20 de abril de 1980, morre Hitchcock. Estamos a dez dias da abertura do Festival. Emoção. Homenagens. Sua obra é das que melhor se prestam aos trechos escolhidos, tão numerosas são as cenas de grande virtuosismo. Decido arranjar às pressas uma montagem e mostrá-la no dia da abertura, na presença de Patricia Hitchcock, sua filha, e de Grace Kelly. Num prazo tão curto, é preciso esquecer os herdeiros: nem sequer tínhamos mais tempo de localizar os trechos, nem de mandar tirar cópias. Formo uma pequena equipe, primeiro em Paris, depois em Cannes. Estão lá o músico Philippe Sarde, aliás, um ás da montagem, Guy Teisseire, crítico de *L'Aurore*, que conhece os filmes de Hitchcock de cor, enfim, Michèle David, a montadora de Lautner, que produz o projeto comigo. Tínhamos grandes sonhos. As bobinas chegam às dezenas. Estado médio, no mais das vezes. "Estado médio", em linguagem de laboratório, quer dizer mau estado. Michèle me previne: não vamos conseguir, a menos que se corte diretamente nas cópias. Mas, a cada corte, perde-se uma imagem e, em seguida, haverá um salto, muito visível. É uma heresia e isso não se faz. Mas Philippe Sarde está louco e eu começo a ficar também. Chegado o dia, estamos prontos. Ensaio, na manhã mesmo, na sala do antigo Palais e aí, desastre!, os cartões previstos entre cada trecho para mencionar o título do filme foram entregues sem banda sonora virgem. E agora? A cada mudança de filme, tac tac tac tac, um ruído de pistola automática que provocará sobressalto na sala. O contrário do profissionalismo. O riso nervoso antes do pânico. Tac tac tac tac: como se cada cartão nos valesse doze balas no couro... Philippe Sarde imediatamente dá tratos à imaginação. Confecciona um pequeno cartão que inserirá na ranhura do projetor toda vez que o tac tac ameaçar. É arriscado, mas ele conhece o filme de cor e o desafio o diverte. De meu lado, digno de meu apelido "cinto + suspensórios", que diz bem o que quer dizer, disponho nos quatro cantos da sala meus dois filhos e Florence, a filha de Favre Le Bret.

Ao fim de cada trecho, eles têm a missão de lançar os aplausos, para encobrir a rajada intempestiva. E assim é que, graças a essa dupla bricolagem, Alfred Hitchcock foi finalmente celebrado e que, na tela do velho Palais, Cary Grant tomou Grace Kelly nos braços sem efeitos sonoros adicionais. (Os títulos dos filmes em competição, aquele ano, resumiam ironicamente nossa louca aventura: *Salto no vazio*, *Tratamento especial*, *Constância*, sem esquecer *O risco de viver*!) Assim, quando Grace Kelly, sorriso de fazer perder a cabeça, me estendeu a mão no momento de subir em seu grande carro preto, eu me inclinei respeitosamente diante da bela princesa, mas não pude deixar de pensar: tac tac tac tac...

35. Jack Nicholson, de improviso

LOVE STORY

— Que casa simpática você tem — digo educadamente a Sue Mengers, uma das agentes mais influentes dos anos 1970; ela representava, entre outros, Barbra Streisand e Peter Bogdanovich, e na casa dela se espremia toda Hollywood. Eu tinha ido à sua recepção levado por Catherine Laporte, que conhecia todo mundo e fora convidada por Jean-Claude Tramont, cineasta belga. O casamento com Sue o fizera dar passos de gigante, e ninguém tinha interesse em dizer diante dela que os filmes de JC eram um fracasso, pois ela estava muito apaixonada e tinha muita influência.

— Sue quer apresentá-lo a Ali Mac Graw — me disse Catherine. — Afora dois Peckinpah menores, ela não fez nada depois de *Love story*... vai ser relançada.

Em Dawn Ridge Drive, em Bel Air, mobília chique anos 1950, a casa de Sue é uma espécie de nevoeiro gótico escondido atrás de uma grade monumental. Segue-se por uma alameda ladeada de árvores que se enrola em volta de um palácio neomedieval. Sem dúvida moraram lá Gloria Swanson ou alguma antiga celebridade da idade de ouro, mas agora o conforto agradável dos Estados Unidos de hoje cria contraste, com suas portas de madeiras nobres, seus abajures com saiotes, as maciças poltronas onde se afunda. Sue, a muito imponente Sue, óculos rosa e grande sorriso, ali aconchega sua corpulência fazendo soar suas imensas pulseiras, seus colares tilintantes, os anéis com mil brilhos que ela agita voluptuosamente sob nossos olhos...

Mas Catherine, como tampouco Sue, não previra que Jack Nicholson apareceria de improviso aquela noite, nem que meteria na cabeça que terminaria a noite com Ali. Eu estava em pé, com um copo na mão, do outro lado da sala, e o observava em ação. De fato, um belo trabalho. Para disfarçar meu embaraço, rugi: "*Hi, Jack!*", e avancei na direção dele, de mão estendida. Ele me examinou friamente. No entanto, nos conhecíamos de longa data, mas eis que uma aparição surge do nada: Ali se adiantava no meio da varanda, vestida de ameríndia (era sua fase indígena). Um calafrio percorreu a plateia. Jack a deixou aproximar-se e usou sua voz, aquela sedutora voz aguda com que envolve sua presa para melhor paralisá-la e cujos efeitos nas mulheres ele tantas vezes experimentou. Sua voz e também suas sobrancelhas. Ele as ergueu em semicírculo e as deixou assim por um momento, o discurso se tornou mais lento, mais nasal: o olhar, sob a arcada, avaliava suas chances sem concessões. Na época, Jack ainda tinha cabelos, era tão roliço quanto um figurão normando, mas isso não tinha nenhuma importância: era Jack Nicholson e, no mundo inteiro, poucas mulheres teriam recusado passar um momento com o marinheiro de *A última missão* ou o policial com curativo no nariz de *Chinatown*... Como num conto de Kipling, a ave de rapina acabaria por apanhar o coelhinho aquiescente com o pretexto de levá-lo em casa. Ao chegar à soleira, Jack fez uma pausa. Sorriu ironicamente para mim e me piscou seu olho de coruja. Foi como um gongo interno que soou o nocaute em meu peito.

E, enquanto eles se afastavam sorrateiramente pela varanda, Jean-Claude acreditou me consolar me servindo um cordial, um copo cheio de sua genebra natal cujo aroma detesto. Soprou-me que a dama tinha necessidade de publicidade e guardei comigo a lembrança eterna dos olhos cor de avelã e dos tornozelos de Ali Mac Graw, que ficava tão bem de sapatilhas.

36. A demissão do presidente Coppola

CONTOS DE NOVA YORK

Junho de 1988. "*Dear Gilles, yes, I accept to be president of the jury.*" Não era costume anunciá-lo tão cedo mas, para tornar essa decisão irrevogável, publicamos um comunicado que caiu inesperadamente em pleno torpor estival. Eu estava encantado. Sentia subir, como um vapor quente depois da chuva, o inebriante rumor da aprovação midiática. Maduro, sereno, barba grisalha e cinquentão paternal, Francis Coppola, pois era ele, levava sua missão muito a sério. Além da suíte no Carlton, ia alugar uma *villa* para ele, sua mulher Eleanor, Roman e Sofia, seus filhos, e até seus pais. Francis sugerira alguns nomes e pedira também alguém muito jovem, um estudante de cinema, por exemplo. Indicou até mesmo títulos de filmes e, como eu evocasse *Contos de Nova York*, do qual acabava de dirigir um dos *sketches*, ele me remeteu ao produtor. *Contos de Nova York* compreendia três episódios, dirigidos por Woody Allen, Scorsese e Coppola, e eu tinha a ideia de fazer dele o filme de abertura. Eu relia o telex e fazia planos mirabolantes. Garantida a presença de Coppola e de Scorsese, seria o diabo se não se conseguisse convencer Woody a vir. Eu continuava acreditando nisso. E então, senhoras e senhores, que abertura...

Alguns dias mais tarde, a Disney aceitou abrir o Festival com *Contos de*

Nova York. Eu reclamei a presença de Woody e de Mia. O filme convinha: o *sketch* de Scorsese sobre a criação artística era revigorante, o de Woody, particularmente saboroso, e Mae Questel, sua *mamma* judia, irresistível. Restava o episódio Coppola, escrito com a filha Sofia. Cá entre nós, os Coppola não tinham se matado de trabalhar. Quem diria que a garota que escrevera aquela pieguice se tornaria a diretora de *Encontros e desencontros* e de *Maria Antonieta*? Mas ótimo! Eu tinha meu presidente, tinha minha abertura: me agarrava a isso como a ostra na rocha. Os dias passavam. As deserções começaram. Scorsese filmava em Chicago: ele tinha medo de avião, então vir por um simples *sketch*... O presidente Coppola estaria lá, evidentemente. Woody? Não, inútil insistir. E se Woody não vinha, Mia, a doce Mia, também não viria. A velha mãe, então? Ela também estava filmando. Seria preciso se contentar com Rosanna Arquette, Giancarlo Gianini e Nick Nolte. Em suma, eu estava com um humor de cão.

PHILIPPE SARDE

Um pouco mais tarde, estamos em Londres, em trabalho de visionamento, Baroncelli e eu. Jean é o único homem que conheço que de fato se bateu em duelo. O crítico do *Monde*, além disso marido da popular Sophie Desmarets, gosta de reclamar, de resmungar contra as pessoas, os aborrecimentos, a vida moderna, a obrigação de ir ao cinema ver filmes ruins. Mas é blague. Jean adora a vida, as coisas da vida, um copo de bom Bordeaux, os vestidos das parisienses. Eu o revejo com seu cabelo tingido, sua capa mostarda, seu chapeuzinho *pied-de-poule*, e ele resmunga. Dessa vez, é porque, no Méridien, lhe deram um quarto com *dois* banheiros: ele acha que é desperdício! Em Londres, como em Paris, Jean tem razão: os filmes não são bons.

Na mesma noite, Philippe Sarde nos mostra *De volta para casa*, um Hugh Hudson não muito em forma, para o qual escreveu a música. Depois nos leva para jantar. A sala de jantar do Claridge brilha suavemente, baixela luxuosa e cardápio pretensioso. O maître é parecido com Robert Duvall, o coronel amante de surfe em *Apocalypse*. De fato, eles são doze: chefes de posto, chefes de brigada, garçons, *sommeliers, commis* a ficar de olho em Philippe com ar indignado. Olhar inflamado, bochechas mal barbeadas, massa escura dos cabelos que se espalha sobre o colarinho, Philippe cultiva um charme devasso, para não dizer satânico. Ele lançou sobre os ombros a capa negra de Mefisto e, embaixo, usa camisa branca, colarinho aberto, *sem gravata*. Estamos sentados à mesa, faz calor. Sem cerimônia, Philippe deslizou sua capa sobre o encosto da cadeira. Avistando-o, por assim dizer, nu, Robert Duvall tem um começo de ataque. Última vontade de um moribundo, ele envia seu assistente para comunicar a Philippe que volte a vestir-se imediatamente. Se não?

Chamam-me ao telefone.

— Aqui John Peters — vice-presidente da Zoetrope, a sociedade de Coppola. John me pergunta se é verdade que *Contos de Nova York* faz a abertura. A Disney não se deu o trabalho de informar Francis, já vexado pela recepção de seu *sketch* pela crítica americana. — ... porque, se for verdade, Francis vai se demitir. — John fala calmamente, mas sinto que não está blefando. Como esse sujeito me encontrou em Londres, às dez horas da noite, em um hotel que não era o meu?

Na sala de jantar, Philippe continua às voltas com o chefe de posto. Estende para ele sua mão aberta, os cinco dedos afastados, enquanto se abana com a aba de sua capa. A pantomima queria dizer: "Me dê cinco minutos". A explicação remontou a hierarquia. O plenipotenciário volta, portador de uma gravata e de uma má notícia. A gravata, estendeu-a a Philippe, que a depositou sobre uma cadeira. A má notícia é que não aceitavam mais nos servir. Philippe não quis ceder. Viu-se então a brigada de cozinha do Claridge, unida em seu opróbrio, ignorar nossa mesa e passar ao largo. A comédia durou muito tempo. Para terminar, Philippe deixou a gravata em seu prato, como gorjeta, imagino. Mas Duvall o seguiu até o hall para fazê-lo assinar a conta.

FRANCIS E EMIR

No dia seguinte, estávamos em Paris. Eu tentava compreender por que Francis recuava. Não se via mais em situação de julgar os melhores filmes do momento? Mas tudo já estava anunciado! Ninguém nunca me dera um golpe semelhante, eu tinha escolha entre aceitar sua demissão ou pedir à Disney que retirasse o filme. Mas como deteriorar minhas relações muito recentes com a Disney? E havia pelo menos uma outra abertura possível? *Linda demais para você* estava "instalado" no segundo dia; *Lawrence da Arábia* (uma restauração) era longo demais. Não, só nos restava manter *Contos de Nova York*.

Consultei Pierre Viot:

— Uma demissão, você tem cada uma... mas é fato que todas essas hesitações são um mau sinal para sua presidência. Então, sim, deixe-o fugir... Vamos lá, força! — sua exclamação favorita.

Pensei nos bons velhos tempos de *Apocalypse* e em nosso telefonema em plena noite, mas não era o momento de se deixar levar pelos sentimentos. John Peters me confirmou a demissão. Combinamos uma versão oficial: um acréscimo de trabalho inesperado. Saída de Coppola.

Eu precisava encontrar imediatamente um novo presidente, de preferência com igual renome e, se possível, anunciar ao mesmo tempo a perda de um e a chegada do outro. Solicitado, Bertolucci me resmungou uma resposta ácida:

— Em outra ocasião, caro Gilles, mas me convide em primeiro lugar.

Logo um nome se impôs: Wim Wenders. Substituir aquele que fizera de sua vida um pesadelo quando ele dirigia *Hammett* em San Francisco o divertiria, sem dúvida. No bar do Bristol, diante de um Bloody Mary duplo, Wim bebeu um golinho, depois se entregou à gesticulação cervical que pratica de tempos em tempos para descontrair a nuca e me disse imediatamente sim, com toda a simplicidade.

Algum dia nos acertaríamos de vez com Coppola? Um dia — foi em 1996 — ele aceita, enfim, a presidência. Uma assistente nos fez suar meses com os problemas de produção, mas, uma vez lá, Francis foi um presidente exemplar que respeitou em todos os pontos seu contrato e seus colegas. Ele inventara um método original (à base de multicritérios: o equilíbrio do conjunto, a originalidade, o prazer, a sinceridade, o significado global, a persistência da impressão sentida) para julgar os filmes, e esse método agradou a todos. Como bom democrata, ele respeitou a opinião dos outros e aceitou de boa vontade premiar filmes nos quais não havia votado, a começar por *Crash*, um filme-desafio de David Cronenberg cuja seleção me valeu o opróbrio generalizado, pois preconizava o acidente de carro provocado para chegar ao gozo sexual...

Revi Coppola no ano seguinte, no aeroporto de Nice. Espalhado num sofá muito mole, ele esperava, no salão de honra, ser encaminhado ao seu hotel. Logo Emir Kusturica se apresentou. Sem se levantar, Francis se virou em seu sofá. Emir lhe falou de *Underground: Mentiras de guerra*, o filme que fizera sobre a guerra da ex-Iugoslávia, e que lhe valera sua segunda Palma de Ouro. Era visível, Coppola nunca ouvira falar do filme, nem de seu autor. Naquele instante, ele encarnava uns Estados Unidos ignaros e satisfeitos consigo mesmos, encarando com desdém os países emergentes. E Emir se agarrava canhestramente ao que acreditava poder interessar ao patriarca: a Iugoslávia, a guerra, Sarajevo. Mas Coppola se lembrava simplesmente de ter ido a Belgrado. Deu a Emir a esmola de escutá-lo. Emir marcava passo, quase em posição de sentido, como um fã vindo pedir um autógrafo no pior momento. Emir propôs enviar um cassete de seu filme. O que ele procurava, no fundo, era apenas um reconhecimento: fazer parte do clube. Afinal, o que aquele grande homem imponente tinha a mais que ele?... Eu estava embaraçado por Francis. Kusturica se mostrou extremamente tímido, seu único objetivo no momento era ser bem-sucedido em sua saída.

— Espero que estejamos todos no mesmo hotel — disse ele enfim. E voltou todo envergonhado para seu canto.

37. Alô, é Alain

O EMBLEMA "STAR" NA LAPELA

Maio de 1992. Pode-se imaginar a figura insólita de Alain Delon, sozinho à beira da calçada do aeroporto de Nice, uma pequena sacola de viagem na mão? Ele espera. Ninguém repara nele. O ar está fresco, o sol brilha, os jasmins estão em flor, um tempo ideal para um passeio a pé. Não é de passeios porém que Alain precisa, mas de atenções. *O sol por testemunha*, *Rocco e seus irmãos*, *O eclipse*, *O Leopardo*, *O samurai*, *Cidadão Klein* e assim por diante, chamo isso de uma das mais belas carreiras do mundo. O homem é belo, em todas as idades da vida. O ator é imenso em sobriedade e presença. Então, atenção é o mínimo.

Delon acaba de descer do avião de Genebra para apresentar *O retorno de Casanova*, e se lembrará por muito tempo dessa chegada pouco gloriosa. A última vez, para *Nouvelle Vague*, de Godard, foi exatamente o contrário. Ele pousara de helicóptero direto no gramado do Eden Rose. E se dirigira à sessão por mar, em iate de cruzeiro. Levara Jean-Luc e Domiziana Giordano, a outra atriz do filme, em uma subida das escadas de antologia, com movimentos de multidão, passagem dos fotógrafos, mecha rebelde e grandes gestos dos braços, da qual saíra todo suado, mas feliz. Aquela era uma chegada de estrela. Pois Delon é uma estrela, todos concordarão, e uma estrela é estrela por toda a vida.

Quando Delon telefona, ele diz: "Alô, é Alain". Cabe a você adivinhar de que Alain se trata e você precisa pensar rápido. Para a *Nouvelle Vague*, Delon encarregara Michèle Halberstadt, ex-jornalista que se tornara produtora, de supervisionar tudo, e as coisas correram bem, ainda que na premiação... Dessa vez, nenhum anteparo: o próprio Delon estabeleceu o curso dos acontecimentos, reservou uma suíte no Hotel du Cap e me deu vários telefonemas para se certificar de que o Festival cuidaria dele dignamente. Eu confirmo, dignamente, é claro, e mais do que isso. Chegada ao aeroporto, limusine, transporte, quarto: tudo deve estar perfeito. Maníaco eu mesmo, dou ordens para que se cuide de Delon nos menores detalhes, verifico tudo, não quero incidentes. No dia anterior à sua chegada, Alain me telefona mais uma vez: "Alô, é Alain", mas aí não sou surpreendido. Brincamos. Tudo vai bem.

Entrar areia é sempre no dia D. Nada de limusine, ninguém no terminal, o motorista deve estar parado em algum lugar. E a recepcionista, onde foram parar as recepcionistas? Não se sabe.

É um outro motorista que, percebendo Delon na frente do aeroporto com sua ridícula bagagem de mão, se encarrega de fazê-lo subir em seu carro. Que vergonha! Inútil acrescentar que Delon treme de fúria mal contida:

— Você vai me levar a Gilles Jacob e, acredite, ele vai passar um mau pedaço.

Essa evocação lhe devolve o bom humor, "mas nem uma palavra", diz ele ao motorista. Felizmente, este, mal deixando a estrela na entrada dos artistas, tem cabeça para me avisar por celular. Vou ao encontro de Delon, entro em seu jogo, levo-o ao meu escritório, me confundo em desculpas, ele aceita um café? Culpados? Ter encarnado tantos personagens célebres e sair de sua toca para se ver andando de um lado para o outro sob o olhar zombeteiro dos empregados de aeroporto é motivo para nos deixar extremamente nervosos. Olhar azul, olhar cruel. Delon fica exaltado, mas acabará por se acalmar, contente de me ver assim aterrorizado. Ele tem o dom de nos olhar como se não passássemos de um grão de poeira na beirada da escrivaninha. E é isso que sou, com certeza.

Há uma grande diferença entre uma estrela francesa e uma estrela americana: a estrela francesa conta com o carro do Festival e se vê desamparada se este não está lá. A estrela americana tem dez pessoas e dois cortejos para recebê-la e sobe em um terceiro que veio como reforço, para maior segurança. Talvez ela não exija tal aparato, mas seu *entourage*, sim. Senão, rua. Delon encara a queixa apenas como um meio de impor sua vontade. Felizmente, a culpabilidade não pertence à minha paleta emocional. Mas a história não acabou.

No quinquagésimo aniversário, novo caso, mais grave ainda. Pouco antes, eu encarregara Patrice Leconte de transmitir meu convite a Delon e a Belmondo, que ele dirigia em *Duas chances em uma*. Eu lhe propusera uma subida da escadaria com suas estrelas. Ignoro se Patrice transmitiu, mas, em uma entrevista a *Paris Match*, Delon se queixou violentamente de que os dois maiores atores franceses não tinham sido convidados (Belmondo não ligava para isso). E quando pedi a Patrice que corrigisse, ele se esquivou de maneira lamentável:

— Não gosto de conflitos.

Duas vezes é demais. Por muito tempo, Delon não deixou de me esmagar com seu desdém.

Dez anos mais tarde, no sexagésimo aniversário, a oportunidade era ótima. Convidado de honra em 2007? Aposto que você não adivinha: Alain Delon.

— Não se preocupe comigo — disse Alain —, no dia combinado, estarei lá. — Ele apareceu, com uma moça maravilhosa (na verdade, sua própria filha) e com seu famoso emblema "star" na lapela, que eu lhe pedira para usar. Em sinal de reconciliação.

38. O novo Palais

A ESTREIA DA CASA

— Você vê que não valia a pena se apoquentar! — me diz Pierre Billard na inauguração do novo Palais, em maio de 1983; tudo corre às mil maravilhas... Concordo, todo feliz. É verdade que os participantes do Festival estão contentes e a imprensa também. Mas, se uma sala inteira o vaia olhando-o maldosamente, essa cena de terror se conserva na memória por toda a vida. Pois, como é natural, no dia seguinte começam os aborrecimentos. Os projetores — material todo novo — entram em pane bruscamente. As lâmpadas estouram, lâmpadas que custam uma fortuna, e não há estoque de reposição suficiente. Os filmes são interrompidos, os espectadores protestam, os cineastas correm para a cabine onde os projecionistas já não sabem para que lado se virar. Pânico. Vergonha. Fragilidade de um Festival. Comunicados devem ser feitos. Mas o que dizer? Panes intermitentes equivalem a panes difíceis de identificar. Sempre dispostos a ironizar, os jornais se ocupam do caso. No dia seguinte, os projecionistas os leem e, furiosos com esse ataque à sua honra profissional, ameaçam fazer greve. Eu ando numa roda-viva entre meu escritório e o do sr. Antoine, chefe de cabine com um temperamento dos diabos, no posto desde 1946. Antoine, conhecido por "eu bem que avisei", não estava aborrecido de ver suas profecias se realizarem, mas de repente achou que a brincadeira já fora longe demais. Reuniu-se o conselho de administração em plena noite. Não era preferível interromper o Festival a ser motivo de chacota do mundo inteiro? Aí está o que era estrear casa nova. Em suma, não sabíamos o que fazer.

De seu lado, o fornecedor, com falta de estoque, fazia milagres com lâmpadas recauchutadas. Mas as lâmpadas continuavam estourando e os técnicos não descobriam o motivo. Foi então que um membro do conselho perguntou se a Quinzena dos Realizadores, que acabava de herdar o antigo Palais, não poderia ceder à "matriz" alguns horários vagos. Serge Leroy, diretor e conselheiro, acorre, acompanhado por Pierre-Henri Deleau, diretor-geral da Quinzena, e de seu assistente.

— Seria excelente, mas é impossível, nós mesmos temos problemas.

Segundo eles, seus aparelhos, submetidos a rude prova, esquentavam perigosamente. E, para atestar suas afirmações, apresentaram peças que, com toda a certeza, estavam carbonizadas...

— Com a melhor boa vontade do mundo, sessões extras, não, sentimos muito...

Continuamos desnorteados, fazemos comunicados e, pouco a pouco, misteriosamente, as coisas entram nos eixos: o Festival encontra sua velocidade de cruzeiro, mas é um caso de que se falará por muito tempo. Ia me esquecendo do envio de um telegrama a Lang, que voltara a Paris, em que lhe pedíamos uma condecoração para Antoine, com o intuito de acalmar a cabine. O ministro não hesitou. Eis portanto Antoine, à frente das tropas, sagrado oficial das Artes e das Letras.

Algumas semanas mais tarde — o Festival terminou mais ou menos bem —, batem à porta de meu escritório. É Antoine, todo sorrisos.

— Lembra-se da peça queimada da Quinzena? — me diz ele. — Aqui está ela, eu a guardei. O problema é que não é do projetor deles: era falsa, truque deles... Será preciso que Deleau nos diga onde a encontrou: em um ano e um dia, ela será dele...

39. Na Quinzena...

O IMPÉRIO DOS SENTIDOS

Ano de 1978. O que Pierre Wiehn (diretor da France Inter) me fez aquele dia na Rue d'Antibes? Por assim dizer, nada. Uma pequena frase. Ele passa na frente do cinema da Quinzena dos Realizadores e, mostrando a fachada, diz ao amigo que o acompanha (eu caminho bem atrás deles):

— É aí que as coisas acontecem.

A Quinzena não é o mais antigo dos segmentos paralelos do Festival de Cannes (é a Semana da Crítica), mas por muito tempo foi a mais avançada. Pelo menos enquanto Pierre-Henri Deleau foi seu diretor. Depois de maio de 1968, Favre Le Bret facilitara o nascimento dessa emanação da Sociedade dos Diretores de Filmes, a SRF, com tanto mais boa vontade quanto os cineastas-fundadores, Doniol-Valcroze (sempre ele!), Kast, Enrico, Albicocco, Costa-Gavras e Jean-Daniel Simon não eram uns demolidores. Apenas diretores responsáveis que amavam acima de tudo o cinema, o cinema em liberdade, como eles diziam. Sucessivamente, no Rex, no Français, depois no Star, antes de herdar o antigo Palais, Deleau descobriu muitos cineastas dos anos 1970: Scorsese, os Taviani, Angelopoulos, Fassbinder, Herzog, Tanner, Ivory, Jarmusch; era bem-visto. O ponto culminante foi sem dúvida atingido no dia em que ele revelou *O império dos sentidos*, o sulfuroso delírio erótico de Oshima. Foi preciso organizar dezessete projeções em vez das três previstas... O escândalo faz sucesso.

Decidi inverter a marcha. A oportunidade para isso me foi dada pelo comportamento de Deleau, dotado, aliás, de um temperamento difícil. Cabelo castanho curto, lábios finos, ele alternava opiniões peremptórias e cóleras repentinas. Uma alegria paradisíaca se manifestava nele por um simulacro de sorriso. Pierre-Henri me parecia do gênero inibido e é assim que eu mesmo devia lhe parecer. Então optamos por nos encarar com hostilidade. Eu acabava de criar Um Certo Olhar. Ele, que já acusava a competição de favorecer demais as dosagens diplomáticas, ia se enfurecer contra um segmento que competia com o dele. Em suma, eu lhe dava nos nervos.

Bem depressa, os estrangeiros me puseram a par das represálias. Deleau passará por ali como um *tsunami* no mar da China — suas fórmulas à *khmer* vermelho faziam picadinho das pessoas do Festival: Favre Le Bret não conhecia nada de cinema, Bessy com suas fórmulas conciliatórias, e eu, Deus meu, à força de querer ficar bem com todo mundo, não tinha um pingo de personalidade. Bom. Já que ele achava que eu não me zangava com ninguém, estava bem decidido a me zangar com ele.

Mas não foi necessário.

Desde a minha nomeação, eu criara a Câmera de Ouro. Esse prêmio reavivara entre os segmentos uma concorrência por um tempo amortecida. Depois de três anos de tentativas, formou-se um júri. Aquele ano, um jurado, o jornalista Alexis Grivas, tomou a liberdade de verificar a duração de um filme da Quinzena. Para concorrer de fato, os filmes deviam ultrapassar uma hora: aquele ali durava um pouco menos. Deleau teve um acesso de cólera homérico e foi aplicar, nas escadas do Palais, um par de bofetadas no pobre curioso. Ajuntamento. Demissão de Grivas. Arbitragem do presidente do Festival. Conciliábulos. Desculpas da SRF. O filme foi desqualificado. Grivas, cinéfilo combativo, retirou, contrafeito, sua demissão e Deleau passou por temperamental incontrolável.

Cada um enaltecia os méritos de seu segmento, era normal, mas eu pedira às minhas tropas para jamais falar mal da Quinzena. Deleau pretendia poder escolher seus filmes antes de Um Certo Olhar, "amontoado de fundo de gaveta destinado a enfraquecer seu segmento". Ele se comparava conosco permanentemente: melhor público, melhores filmes, em suma, a Quinzena lavava mais branco.

Houve outros incidentes. Dessa vez, Alan Parker me trouxera de Moscou o cassete de *Não se mexa, morra, ressuscite*, primeira obra de Vitáli Kaniévski relatando sua infância infeliz. Apesar da ausência de legendas, não era preciso ser muito esperto para descobrir um talento tão espantoso. O filme — *Os incompreendidos* versão Sibéria — merecia mil vezes a Câmera de Ouro, que, aliás, obteve com toda facilidade. Mas, nesse meio-tempo, Deleau tentava por todos os meios desqualificá-lo, pretextando que Vitáli participara de outro filme. A SRF precisou de novo acalmar seu diretor: uma sociedade de diretores censurando um dos seus, imagine-se o escândalo!

A DEMONSTRAÇÃO DE FORÇA DE BERLIM

Por outro lado, na mesma época, o mundo dos festivais entrou em ebulição. Cada cidade turística queria seu evento, para atrair estrelas. Mas, por esse efeito perverso, o número de bons filmes disponíveis se tornara inferior ao número de festivais.

A consequência dessa superabundância imprevista competia a um organismo, a FIAPF (Federação Internacional das Associações de Produtores de Filmes), à qual cabia classificar os festivais — várias centenas! — e harmonizar seus calendários. Na época, a FIAPF oferecia a seu secretário-geral férias perpétuas. De Locarno a Mar del Plata, de Xangai a San Sebastian, de Veneza a Cannes, esse felizardo provava a doçura das praias, lançando olhares à moda de Tex Avery para banhistas atraentes. Animado, no festival de Berlim ele fincou um bastião de gentileza quando este último teve a ideia de se posicionar antes de Cannes. Evidentemente sublinhamos para a FIAPF que nosso apoio financeiro desapareceria se deixássemos um concorrente se meter no nosso terreno. Mas os tempos eram de amizade franco-alemã e clamávamos no deserto.

Então Berlim mudou sua data sem aviso. Graças a nós, no entanto, o caso teve grande repercussão. Decidimos pela união inviolável de todos os segmentos de Cannes: o boicote de todo filme que fosse a Berlim foi votado com entusiasmo e, durante esse período, Deleau e eu estivemos em perfeita harmonia.

Depois, sem deixar de recusar os filmes que tivessem passado por Berlim, voltamos à nossa incompreensão recíproca.

Quando há incompatibilidade de temperamento, o contra-ataque tem seu encanto. "Roubar" filmes de Deleau o fazia perder as estribeiras. Afinal, eu não queria me fazer passar por santinho. No início, ele me propusera ver os filmes juntos, durante nossas viagens. Mas eu não queria saber de um casamento de conveniência que não tinha outro objetivo além de me impedir de viver minha vida. Eu via que se tratava de me aconselhar os filmes acadêmicos, guardando para ele os que tinham a atmosfera do momento. A Quinzena se metera na seara da competição, eu me metia na seara da Quinzena; e tanto pior se sua influência diminuía. De seu lado, Pierre-Henri ia choramingar um pouco em toda parte, no CNC, no ministério, e até para Favre Le Bret. Os funcionários me encorajavam quando estávamos a sós e davam razão a Deleau quando ele ia vê-los. Na imprensa, podia-se ler: há tensões no seio do Festival. Era uma confusão!

Sexo, mentiras e videoteipe, o primeiro filme de Soderbergh, é um exemplo de filme prometido à Quinzena e agarrado por nós no último minuto. Quando se avalia o caminho percorrido depois por seu autor, pensa-se que de fato era preferível não perdê-lo. Eu propusera Um Certo Olhar. Os produtores, os irmãos Weinstein, exigiam a competição. Então, malícia de Harvey Weinstein ou erro de seu secretariado, recebi uma cópia do telex que aceitava a Quinzena. A vontade que me deu foi de agarrar um dos irmãos Weinstein para dar um sopapo no outro. Em vez disso, convidei o filme para a competição. Foi em 1989, Wim Wenders, que presidia o júri, como se viu, o fez receber a Palma de Ouro e o prêmio de interpretação. Ele lhe teria concedido de bom grado todas as recompensas. Um belo trabalho, aquele dia!

Em outras ocasiões, era Deleau que se apoderava de um filme. A verdade é que estávamos em concorrência apenas quanto a dois ou três: o gosto dos selecionadores não era o mesmo e, principalmente a partir dos anos 1980, com sua chegada ao Palais Croisette e movido pela obsessão de enchê-lo, Deleau, que fora um descobridor incansável, não tinha mais que um gosto banalizado, sem critério de seleção. Ele imitava a competição, convidava estrelas, a Quinzena se tornara uma repetição do Festival. Esse desvio o prejudicou. De nosso lado, havíamos encontrado a resposta adequada: autorizamos para Um

Certo Olhar a menção "seleção oficial do Festival de Cannes". Era tentador? Era imbatível, sim...

Não sei se Pierre Wiehn voltou a Cannes, mas acho que ele já não diria, falando da Quinzena, "é ali que as coisas acontecem". Essas brigas de cão e gato não interessam mais a ninguém. Parecem aqueles pugilatos que opuseram, em certa época, Truffaut e Godard, mas, além de eles terem sido muito tempo amigos íntimos, é preciso reconhecer que não somos, Pierre-Henri e eu, nem Truffaut nem Godard, e isso é realmente uma pena.

40. A encomenda da sra. Jacob

A LOUÇA AO MESMO TEMPO

Devia estar soprando, aqueles anos, um vento de discórdia bastante elucidativo, pois meus pais não se entendiam mais. Seu acordo de fachada vacilava nas bases. Meu pai se ausentava com uma frequência cada vez maior, era mais e mais desagradável com minha mãe e um dia compreendi, ao surpreender uma conversa que não era destinada a mim, que daí em diante ele tinha uma vida dupla. Vivia com outra mulher, voltava de tempos em tempos à Rue Raynouard para encontrar minha mãe na cama, um médico à cabeceira. Por azar, os especialistas (ela os trocava com frequência) se serviam dela como de um centro de experimentação. Sei o quanto a memória transforma as coisas, mas eu a vi engolir tal quantidade de novos medicamentos que estou convencido de que a maior parte deles — placebos, suponho — atravessava seu corpo sem parar ali: sem isso ela estaria morta há muito tempo.

Esse ambiente enfermiço reforçava os sonhos de fuga de meu pai. Ele se sentava um momento junto dela, sem falar — "Mesmo ali, ele me faz cara feia", dizia ela —, depois acertava os problemas domésticos, o dinheiro da casa — mas, desse lado, minha mãe tinha sua independência — e ia embora reencontrar a *outra*.

Minha mãe sofria. Era infeliz, mas tinha a altivez de não deixar transparecer nada. Quando ele se ia, ela exibia uma satisfação de fachada, e ao mesmo tempo o ciúme a devastava. Nós havíamos construído nossa vida, como se diz, meu irmão e eu, mas ver nossos pais se dilacerar assim nos perturbava mais do que podíamos dizer. Meu irmão, sobretudo, casado com Diane, jovem advogada que lhe dera dois filhos, tinha o coração apertado. Ele era mais sensível que eu e não suportava ver tristeza no olhar de Denise. Jean-Claude ainda trabalhava com nosso pai e o conduzia de carro. André estava furioso por se sentir culpado. Mas eles falavam de outra coisa.

Minha mãe, ao contrário, se abria de bom grado. Ela se fazia de vítima e queria que tomassem seu partido. Em vez de se divorciar, tomou a si inverter os mecanismos comuns do ciúme. Conseguiu ser apresentada à substituta, recebeu Irène para jantar, e por pouco não se tornou sua amiga. A outra era mais reticente, comedida, caso estivesse tentada, por causa de meu pai, que aspirava à companhia de uma mulher, mas por certo não de duas. E eis que ele se apaixonara por alguém que se parecia com minha mãe, já que ambas desempenhavam um papel, como no teatro. O "trabalho" de Irène era ser decoradora que ajeitava casas de campo e as revendia (como meu avô, tudo volta a acontecer). Uma mulher de simplicidade fingida e, sobretudo, hiperativa. Se almoçávamos em sua casa, ela tirava a mesa durante a refeição e lavava a louça ao mesmo tempo, elevando a voz para continuar a conversa da pia da cozinha... "Ela é incrível", dizia meu pai.

Irène dizia que toda a família se enganara sobre meu pai. Nós o fizéramos passar por homem frio, severo, quando de fato, confidenciava ela, eles partilhavam acessos de riso, momentos de franca hilaridade. Eu concluía disso que ele estava apaixonado, eis tudo.

Ela o levava em cruzeiro, a lugares onde é difícil ser encontrado. Nessa época, minha mãe contava com Jeanne, sua criada de quarto e dama de companhia. Jeanne era doce, dedicada, sensível. Para recompensá-la, mamãe contratara uma faxineira, sra. Lucienne, encarregada dos trabalhos pesados, ou melhor: de todos os trabalhos. Minha mãe fazia suas encomendas de alimentação por telefone, e os comerciantes da Rue de l'Annonciation lhe levavam os pacotes todos preparados até o carro, gritando "a encomenda da sra. Jacob", enquanto ela permanecia em fila dupla. E ainda por cima, embora o pacote estivesse pronto, ela gostava de buzinar várias vezes para avisá-los de sua presença. Eu tinha horror a isso.

EM MÉRÉVILLE

Esse falso triângulo amoroso durou alguns anos. Eu me refugiava atrás de minha dupla atividade para passar na casa de minha mãe apenas como um pé de vento. Nós lhe levávamos as crianças, mas ela não se interessava muito por elas. Íamos também à casa de meu pai, em Chalô-Saint-Mars, perto de Étampes, onde ele ficava com mais frequência e onde nos emprestava uma casinha reformada por Irène. Não era longe da casa de Bory, em Méréville, Bory sempre sorridente, mesmo quando estava arrasado — ele também — por amores complicados. Mais tarde, muito mais tarde, Jean-Louis perdeu sua mãe. Isso é muito doloroso para todos nós, para ele foi uma tristeza sem fim. Ele começou a se atolar na depressão. Hospital, antidepressivos, casa de repouso. Saía. Retornava. Mesmo nos períodos de melhora, ele dizia que se sentia bem mas eu via bem que não tinha mais o mesmo olhar. Ele dava uma pista falsa, voltava para casa, evitava *Le masque et la plume*. Nem sequer lia mais. Conservei religiosamente uma carta que me mandou, com letra tremida, dilacerante de tristeza; o fim das linhas se inclinava para baixo. Jean-Louis afundava... Um dia, falei longamente com ele ao telefone, senti que estava muito mal, pedi para vê-lo, cometi o erro de não correr para lá. Era um sábado. Ele prometeu me telefonar de novo. No dia seguinte, Jean-Louis deu um tiro de carabina na boca.

41. O envelope pardo

Ao contrário de muitas crianças, não fui criado onde nasci, não fui criado em um único lugar, na verdade não. Durante a guerra, ninguém teria podido reconstituir nosso itinerário, nem mesmo os registros policiais. Era como se não tivéssemos mais existência legal. Se alguém quisesse me escrever, teria tido muito que fazer com seu caderninho: um endereço em Saint-Briac, um em Vichy, um no Bugue, dois em Nice, um em Miribel, um em La Tronche, três ou quatro em Paris; mas ninguém me escrevera, com exceção de minha avó, e uma vez os Escoteiros da França, por engano. Todas aquelas penosas viagens, aquelas mudanças não desejadas, tinham capacidade de desorientar, como uma caixa de medicamentos de que se tivesse perdido a bula.

Quando se envelhece, viaja-se atrás, depois não se está mais no carro. Não faz muito tempo — falo dos anos 1990 —, ao abrir a cômoda que vem de meu pai, dei com um grande envelope de papel pardo que fora aberto e depois fechado novamente com fita adesiva. Esvaziei-o sobre a escrivaninha, ele continha o que restava de meu pai, seu relógio, um Omega com pulseira de couro preto cujo furo usual ainda estava marcado, um pequeno rolo de fina fita vermelha para sua Legião de Honra, um passe Sociedade Nacional das Estradas de Ferro de segunda classe, "gratuidade em Paris", com sua foto (um alfinete corta sua gravata), sua caderneta de família, algumas fotografias de seus pais; há no verso, anotado a lápis com uma letra tão descolorida que mal se lê: Nancy 1907, Lunéville 1913, ou simplesmente: papai.

42. Jeanne, a eterna

Sucumbi à veneração há 56 anos, no sábado, 29 de janeiro de 1953, às 21h10, no Théâtre Antoine. Em *L'heure éblouissante*, a muito jovem Jeanne Moreau se dava ao luxo de interpretar dois papéis ao mesmo tempo, um dos quais imprevisto, pois Suzanne Flon estava doente. Felizmente, os dois personagens nunca se encontravam... Jeanne é como Gérard Philipe em *Le prince de Hombourg* ou como Pierre Brasseur em *O Boulevard do crime*: se não os vimos, não vimos nada.

Esplendor e precisão. Aos que, se é que existem, ainda duvidassem de sua presença, da extensão de seu talento, e que não tivessem tido a sorte, como eu, de vê-la, aquela noite, na peça de Ana Bonacci, recomendo uma cena de Jeanne em *Eve*, de Joseph Losey. Ali ela encarna tão maravilhosamente a feminilidade que, depois de ter sido fulminado, fica-se apaixonado por ela por toda a vida. Do minuto dezesseis ao minuto dezenove, com a melodia e as palavras de *Willow weep for me*, na voz de Billie Holiday, Jeanne consegue, como que brincando, criar um dos momentos mais eróticos da história do cinema. Como ela entra com passos curtos numa casa desconhecida, se apropria dela, elimina os vestígios de outra mulher, seca os cabelos, se despe, envolve-se numa toalha de banho, rasteja para a cama como uma pantera, vira-se, enrola suas meias, assobia, olhos negros e expressão sensual, para acompanhar a canção, continua seu *strip-tease*, sozinha no cômodo com a câmera que a segue e gira em torno dela, saltita no lugar para fazer descer o vestido que abandona, e, por fim, desliza para uma imensa banheira fumegante; como ela consegue tudo isso *em um único plano-sequência* com uma presença carnal, uma insolência juvenil, sua mobilidade de felino, aquele charme inaudito, continua a ser um dos grandes mistérios do cinema do pós-guerra. E o fato de ter captado esse mistério é uma das proezas de Losey. Vencidos, Malle, Truffaut, Antonioni, Buñuel e mesmo Orson Welles! Jeanne, era preciso fazê-lo uma vez, você o fez.

Time Magazine: "Não há atriz que possa igualar a profundidade e a extensão de sua arte"; Truffaut: "Ela tem todas as qualidades que se esperam de uma mulher, mais todas as que se esperam de um homem, sem os inconvenientes dos dois".

Um dia, novo deslumbramento. A aparição, no Festival de Cannes, dessa atriz assombrosa. Ela veio, ela veio de novo... Como jovem estrela, com filmes, como atriz premiada — em *Duas almas em suplício* (*Moderato cantabile*) —, como "entregadora" de prêmios, como presidente do júri (duas vezes), como mestre de cerimônia, um papel que se diria inventado para ela, e mesmo recebendo a Palma de Ouro na qualidade de... Jeanne Moreau.

Jeanne, sua voz *tão fatal*, seus olhos brilhantes, seu entusiasmo, sua integridade, sua independência, sua força de convicção, sua exigência moral, sua energia, suas chegadas majestosas, seus lampejos de doçura... Jeanne. A embaixatriz. A capital do cinema.

Suas *chegadas majestosas*. Jeanne, em 1995, se instala em Cannes para presidir o júri. Ela entra no Hotel Martinez precedida por um sorriso de incendiar o recepcionista-chefe mais misógino. Bagagens, secretário, manobrista, camareiro, solicitude. O diretor está lá, e a acompanha imediatamente a seu apartamento. Sigo atrás. Levam-na a uma das mais belas suítes do hotel. Vista para o mar, mobiliário *art déco*, banheiro todo de mármore, ramos de flores, cestas de frutas. Jeanne entra, dá uma volta, inspeciona, sorri, ao mesmo tempo fareja que existe uma suíte ainda mais bela no estabelecimento. Uma única. Então, precisa dela, com toda a certeza.

— Esta suíte lhe convém, madame?

— Ela é muito bonita, caro senhor, mas — olhar circular e novo sorriso incandescente — onde quer que eu ponha minhas coisas?

43. Quem abandonou *Sol enganador*?

CAMPO DE GOLFE

Para o júri de Clint, havíamos proposto a vice-presidência a Catherine Deneuve. Catherine recusara várias vezes a presidência. Mas seu agente Bertrand de Labbey era favorável a isso, e já que Clint presidia... Os jornais tinham como manchete: "Cannes: uma dupla presidência". Isso foi escondido de Clint ou então ele não se melindrou.

Para seu alojamento, a Warner fizera todo o possível. Três enviados desceram à Côte para visitar *villas*. A mais bela era a mansão de Bernard Chevry (na época, diretor do MIDEM), em Mougins. Paradisíaca. Parque, piscina, quadros de mestres, sala de projeção, campo de golfe, oito quartos com banheiros. Clint ou não, Chevry pedia uma fortuna. Mas, para o pessoal da Warner, o medo de desagradar era tão grande que fazia o montante passar por pechincha.

Chevry já tentara a superaposta no ano anterior com Liz Taylor, vinda para a cerimônia contra a aids. Eu interviera, estranhando que, por aquilo que estava em jogo, ele aceitasse ser pago. No dia seguinte, Bernard voltara atrás: "Caro amigo, eu me esquecera completamente, mas minha secretária acaba de me lembrar que a casa está alugada por todo o mês...".

Foram estudados com muita precisão o tempo de locomoção, a segurança e o risco de que Clint, uma vez instalado, não quisesse mais descer à cidade. Alguém pediu até mesmo, de modo impensado, que os filmes lhe fossem mostrados em vídeo no castelo! Acreditando me convencer, ele acrescentou: "Poderíamos até fazer vir todo o júri, se quiser...".

Clint se sentiu tão bem na casa de Chevry que, quando insisti em realizar a reunião final do júri na *villa* Domergue onde a fazíamos habitualmente, ele me olhou com seu ar paleolítico e me respondeu:

— É na minha casa que nós vamos deliberar. — Não havia o que discutir. Em consequência de sua vontade, o serviço de localização de minas do exército submeteu a propriedade ao detector. Consegui apenas que os hóspedes, família de Clint e pessoal incluído, evacuassem o local da manhã à noite.

Chegou o grande dia.

Para descontrair o ambiente, Clint recebeu seus convidados de *jogging*. Deu-se uma volta no roseiral, fez-se uma visita rápida pelos longos cômodos (assim mesmo, 1,8 mil metros quadrados) e o debate final se instaurou na sala de jantar transformada em tribunal de justiça.

Como para nos provar que nossa escolha havia sido boa, alguns jurados se sentiram obrigados a exibir um mínimo de eloquência. Tratava-se, em primeiro lugar, de fazer a defesa dos três filmes preferidos. O escritor anglo-nipônico Ishiguro explicou por que adorava *Pulp fiction: Tempo de violência*, Schifrin, por que não gostava dele. Entre os cineastas, o coreano Shin Sang-Ok foi conciso, o russo Kaidanóvski, prolixo, e o italiano Pupi Avati, mais combativo do que eu poderia imaginar. Catherine, como sempre, foi perfeita em honestidade intelectual e verdadeira convicção. Mas, com relação às escolhas de cada um, ela temia as indiscrições pós-Festival. Ela teve de passar por isso e conservou uma lembrança amarga dessas bisbilhotices. Clint foi breve. Segundo ele, ninguém convence ninguém. Já que era o dia D, *let's go, guys!*. E se passou à votação.

Clint mandara preparar enormes cartazes sobre cavaletes. Em colunas e em letras grandes, todos os filmes, diretores, atores, atrizes, roteiristas. Ele estava orgulhoso dessa ideia que, para ser explicada ao artista gráfico local, não demandara pouca energia da secretária.

Ele se levantou e manteve-se ao lado dos quadros com uma grande régua e um lápis grosso. Mas o artista gráfico não era cinéfilo e havia colocado Nikita (Mikhalkov) na coluna das mulheres. Clint não se aborreceu muito com isso.

Outro inconveniente do sistema: Clint cortava os nomes que não tinham nenhuma chance, mas como sempre se encontrava alguém querendo conservar um filme, isso não servia para muita coisa. Dito isso, ninguém, na verdade ninguém, teria ousado lhe fazer essa observação.

Ao fim de um tempo bastante longo, foi aceito, contudo, que se votaria por escrito, como prescreve o regulamento.

CHÉREAU, MAU PERDEDOR

Em primeiro lugar, a Palma de Ouro. Três filmes tinham vantagem. O voto indicativo deu *Viver*, citado oito vezes; *Pulp fiction*, cinco vezes, e *Sol enganador*, cinco vezes. No segundo turno, *Pulp* tinha quatro votos, os dois outros três. No terceiro turno (maioria simples), *Pulp* tinha cinco votos, *Sol enganador*, três votos, e *Viver*, dois.

Vários jurados lamentavam a confusão do método, a precipitação dos debates, e se mostravam frustrados por não ter feito triunfar seu candidato. Mas Clint estava encantado: seu protegido tinha ganhado.

E Pupi aplaudiu!

Acreditou-se descontrair o ambiente voltando-se para os atores. Os homens, primeiro: (indicativo) Trintignant (*A fraternidade é vermelha*), sete votos, assim como Ge You (*Viver*); Albert Finney, quatro votos; Jean-Hughes Anglade (*A rainha Margot*), três; Mikhalkov como ator em *Sol enganador*, um; *idem* para Samuel Jackson (*Pulp fiction*). No segundo turno, Trintignant continuava na frente, mas perdia três votos. No terceiro turno, os votos de Finney foram para Ge You. Ge You ganhara: ele seria o único a vir, pois os oficiais chineses proibiam Zhang Yimou de deixar seu país.

As atrizes, agora: primeiro turno, Inna Tchúrikova, cinco votos; Gong Li, cinco; Virna Lisi, cinco; Jennifer Jason Leigh, três; Kristin Scott-Thomas, um. Segundo turno: Tchúrikova, quatro; Gong Li, um; Virna Lisi, cinco. O presidente anunciou que Virna Lisi ganhara, e Pupi aplaudiu.

Melhor diretor: primeiro turno, Zhang Yimou, oito; Nikita Mikhalkov, sete; Nanni Moretti, quatro; Michel Blanc e Patrice Chéreau, dois. Segundo turno: Zhang, três; Mikhalkov, três; Moretti, quatro. Terceiro turno: Mikhalkov, dois; Moretti, sete. Pupi se apressou em aplaudir ruidosamente.

O grande prêmio do júri foi então atribuído em situação de igualdade a *Sol enganador* e a *Viver*!

Nesse momento, alguém propôs que se voltasse ao prêmio de Virna Lisi, por se tratar de um papel secundário. Segundo ele, essa recompensa constituía uma bofetada para Adjani, que tinha o papel-título. Mas outros jurados consideraram que *A rainha Margot* era um filme coral* e que Adjani não os convencera. Voltar a Tchúrikova, que obtivera numerosos votos? Clint recusou, pelo motivo de que o que estava votado estava votado. Dessa vez Pupi se absteve de aplaudir.

Prêmio de melhor roteiro: Michel Blanc, sete votos; Zhang Yimou, quatro; Mikhalkov e Moretti, um. No segundo turno, Michel Blanc, nove votos. Eu, que representava a mim mesmo em *Estressadíssimo* — ainda assim, uma tarde de filmagem para um minuto de filme —, me senti solidário, mas não a ponto de agradecer ao júri!

Faltava atribuir o prêmio do júri, que Chéreau levou. Ora, ele queria a Palma. Apressou-se em declarar à imprensa que tinha sido forçado a ir a Cannes quando não terminara sua montagem, provando com isso apenas que era mau perdedor.

Quando há mais filmes bons do que prêmios a conceder, acreditar-se vítima da má sorte é, sem dúvida, um bálsamo para o coração. Sabendo perder, os esquecidos da premiação — Lucian Pintilié, Rithy Panh, Arturo Ripstein, Atom Egoyan — foram ao jantar que se seguiu. Podiam dizer a si mesmos, depois de Volker Schlöndorff em seu tempo, que o julgamento de nove pessoas assim reunidas não representa a opinião de nenhuma dessas nove pessoas. Mikhalkov não estava no sétimo céu. Durante toda a noite, fez cara de enterro como se a polícia secreta soviética fosse vir buscá-lo, de manhãzinha, para levá-lo ao *gulag*, como em *Sol enganador*.

O futuro dura mais tempo que o passado: entre a Rússia imperial com toques nostálgicos e a arte do folhetim popular com violência drogada, Clint apostara no futuro e pusera todo o seu peso em favor do folhetim.

— Agora o trabalho está encerrado — me disse resumindo a jornada, ele que gostava do trabalho benfeito.

* Filme que, em vez de se concentrar em uma ou duas vozes, se ramifica em um conjunto de personagens. (N. T.)

Desde que souberam da notícia, lá pelo fim da cerimônia de premiação, Tarantino e seu grupo gesticularam como dervixes rodopiantes. Na sala, eles já haviam batido as mãos. Imagine só ver o distribuidor do filme, o corpulento Harvey Weinstein, levantar-se de um salto para berrar sua alegria; depois, no palco, para o qual todo o grupo saltara, foram intermináveis abraços orquestrados gentilmente por Jeanne Moreau, perfeita mestre de cerimônia. Enfim, no jantar no Majestic, todos se entregaram a uma operação de sedução, indo dizer boa-noite em cada mesa, como Bruce Willis, que foi de um lado a outro do restaurante para me agradecer. Da mesma maneira, John Travolta tentou entrar em contato comigo três vezes, de seu avião particular, o qual pilotava no retorno a Los Angeles. Em desespero de causa, ele me enviou um bilhete. John não sabia que logo voltaria a Cannes (com *Loucos de amor* e *Segredos do poder*). Mas, como seu grande retorno em *Pulp fiction* faria seu salário pular de 800 mil para 20 milhões de dólares, aquele bilhete me fez pensar que ele me achava simpático. Muito simpático, mesmo.

44. Gérard

Os estereótipos têm sete fôlegos. Porque a televisão pereniza aquela imagem, imagina-se o diretor do Festival saracoteando na escadaria onde recebe os convidados das sessões de gala, beijando uma atriz célebre, cumprimentando outra, sorrindo para uma terceira... Mas não é apenas isso. O diretor também passa por toda espécie de dificuldades. E com muita frequência! Uma noite de 1996, Gérard Depardieu gritou comigo como ninguém jamais tinha feito, nem meu próprio pai. Ele era o *deus ex machina* de um filme de Nick Cassavetes, e como adorava a mãe de Nick, Gena Rowlands, metera na cabeça levar ambos a Cannes, em competição. O filme se chamava *Soltem as estrelas*, e René Cleitman era o produtor. René e eu tínhamos, de longa data, um entendimento perfeito. Eu lhe propusera Um Certo Olhar, que ele aceitara; o filme não valia mais. Nick estava feliz de vir a Cannes: sua mãe também estaria lá. Tudo estava tão bem quanto possível. E então aquele telefonema de Gérard.

Gérard se considerava uma pessoa da família Cassavetes. É verdade que sem ele o projeto não teria sido montado. Ele pusera todo mundo frente a frente, e suponho que tenha prometido a lua, isto é, a competição, a Gena e a Nick, e fazia questão de contentá-los.

Atendi e ouvi a voz de Gérard, bastante sombria. Era a época em que ele fazia a curva da idade madura em derrapagens mais ou menos controladas. Aquela noite, ele falava alto e repisava seu texto, interminavelmente.

— É verdade o que fiquei sabendo? Que você não selecionou meu filme!

Tentei uma saída: o filme estava em Um Certo Olhar, era melhor para ele, um excelente filme, sem a menor dúvida, mas um filme frágil... Aliás, não se refletia muito nos filmes. Mas Gérard estava bem decidido a me culpabilizar, começou a exaltar-se: não confiávamos em suas qualidades de produtor, era la-men-tá-vel. E, para começar, o que entendíamos disso?...

Eu me refugiei atrás de meu comitê, o trabalho duro, o direito ao erro. A direção não estava no nível da competição e assim por diante... Mas Gérard não me largava e eu me sentia encurralado. Ele lançava as palavras com aquela raiva fria de quem sente que não vencerá:

— Se estou entendendo bem, você não é capaz de apreciar as qualidades humanas... E a ternura, será que você pelo menos sabe o que é, a ternura... Esse filme, você não vê que é como a vida... — e repetia suavemente para si mesmo: — como a vida... — Entre dois intermináveis silêncios, ele ainda me disse: — Ah! O cinema está mal com você, não seria de espantar se não durasse mais muito tempo!

E ficamos nisso, quase uma hora, ele furioso, tenso, obstinado, eu não sabendo como encerrar a conversa, mas exasperado. Fiquei tão perturbado com sua agressividade que tive de me deitar logo depois. Estava arrependido de não ter desligado na cara dele como fizera com aquela horrível assessora de imprensa hollywoodiana que me insultara por uma história de subida da escadaria no dia de Al Pacino... Mas Gérard era Gérard, um ator genial, o melhor de sua geração, e um homem por quem eu tinha — e ainda tenho — profunda admiração. Felizmente, eu me lembrava da frase de Rossellini:

— Robert, apesar de tudo não vamos morrer por causa de um festival...

Gérard havia mudado. Ele nunca se dirigira a mim com aquela grosseria. Tinham acabado aqueles longos uivos em cascata, aqueles risinhos de garganta quando nos divertíamos como loucos. Acabara-se o presidente do júri, hilário e montando em sua moto, descendo ao amanhecer à cozinha do Majestic para exigir um café da manhã "tricolor": um copo de *rosé*, um copo de branco, um copo de tinto... Imagino que quem nos tivesse visto teria pensado: esses sujeitos são doidos varridos. Hoje, e eu o verificara em outras ocasiões, um vinco cortava sua testa. Estaria irritado pelo tempo que perdia com a gente? Ele o contabilizava como o prisioneiro conta os dias com traços verticais na parede de sua cela? Seu olhar, antes tão comovedor, agora tinha um brilho estranho. Havia algo de metálico nesse olhar. Estava longe o tempo dos cadetes da Gasconha,* em que o espadachim, para rir, enfiava descaradamente na barriga de seu produtor uma espada imaginária...

Não é apenas o abuso de álcool, que de resto Gérard controla como quiser, passando do enorme ao diminuto, nem outras preocupações relatadas com deleite pela imprensa de escândalos. Não, agora, ele fazia negócios. Será que interpretar ainda diverte aquele que pode interpretar qualquer papel? Gérard se tornou, sozinho, uma empresa: vinhedos, petróleo, restaurante, Cuba, Romênia, Rússia. Com tempo calmo, deve-se perceber em sua testa, em letrinhas de néon cintilantes: "Gérard Depardieu Entreprise", em inglês, isso soa bem. Como se explica que o homem, chegando a tal grau de poder, não aceite nenhuma contrariedade e maltrate assim seus próprios aduladores? Pouco importa. Pois depois Gérard perdeu seu filho Guillaume, de 37 anos. Destino trágico. Guillaume era um dos melhores atores de sua geração. Os sofrimentos atrozes do filho, o tormento do pai que necessariamente se sente culpado tornam nosso apoio mais natural ainda.

* Referência ao filme *Cyrano de Bergerac*. (N. T.)

45. Isabella

RETORNO AO RAPHAËL

Todo mundo, em algum momento, esteve apaixonado por Isabella Rossellini. Como Scorsese, como David Lynch, como Toscan du Plantier. Para mim, é a filha de Roberto. Então, quando criamos — nos anos 1980 — o prêmio Rossellini, nós lhe pedimos, muito simplesmente, que se juntasse a nós. Assim, por muitos anos ela foi a embaixatriz do prêmio. E depois nos desentendemos. Mas aquela noite, mais uma vez, nos reencontramos como antes.

Então eu fui buscar Isabella em seu apartamento do Hotel Raphaël. Ela me abriu a porta — tinha enrolado os cabelos numa toalha cor de lavanda, atada no alto da cabeça como Lana Turner em *O destino bate à sua porta* —, nós nos olhamos, ela me deu um beijinho no rosto e me disse que estaria pronta num minuto. Eu me lembrei daquelas negociações secretas, aqui mesmo, para que Rossellini presidisse o júri, sua insistência em realizar aquele famoso colóquio. Roberto em pé ao telefone com o serviço de quarto. Encomendando dois camparis e um conhaque. Eu jamais retornara ao seu quarto, e me senti muito esquisito, enfim, esquisito...

Isabella pusera uma jaqueta preta muito simples sobre uma saia plissada, apanhou a chave jogada na mesa e deixou fluir sobre mim seu riso cascateante, o riso do pai. Então eu estava sozinho no mundo com Isabella, e fomos, de braços dados, para o restaurante Conti, sorrindo à evocação de nossas desavenças passadas.

Eu me irritara uma primeira vez porque ela havia dito sim para o júri e no último momento, na verdade no último segundo, assinara o *remake* de *Primo, prima*, e aquele cineasta com nome de couteiro* a queria nem sequer para filmar, mas para ensaiar. Traição. Ainda se isso tivesse sido para ganhar 20 milhões de dólares, como Jodie Foster quando nos abandonou por um David Fincher, vá lá... Eu me enfureci de verdade, não teve jeito. Ela estava irritada por eu estar irritado. Depois, cada um não cedeu um milímetro. Habitualmente, eu me compadecia de seus infortúnios: aventuras sentimentais, papéis escolhidos por impulso, filmes em que ninguém era pago... Os europeus acreditavam que ela fazia carreira nos Estados Unidos, os americanos não gostavam que se misturasse publicidade e cinema, eu, por maldade, dizia a mim mesmo que apenas os Taviani e David Lynch lhe fizeram bem.

O resto do tempo, à parte seu famoso contrato Lancôme, ela fazia "promoções": estreias, troféus esportivos, sessões de foto, voltas ao mundo. Um casamento fracassado, amores improváveis, o nascimento da filha, um menino adotado... A felicidade lhe escapava das mãos, como essas tortinhas de geleia que sempre caem do lado errado.

No entanto, como era bela, Isabella! Fazia-se de manequim, como ela dizia, mas era a Mulher. Adorável com qualquer coisa: um *tailleur*, um pretinho, um traje de gala. Adorável também por sua atitude, seu sotaque italiano que virava do avesso, sua vivacidade de espírito, aquela maneira de virar a cabeça para trás: um só desses fatores teria bastado para agradar. Diz-se muitas vezes que o rosto de um modelo deve atrair a luz. Em Isabella, a luz era interna: ela se iluminava de dentro, como uma lâmpada. Sobretudo quando estava apaixonada...

Por mais que passasse a vida fugindo, ela sempre voltava ao Raphaël. Amor filial. Mas toda vez que parava, sentia que era preciso fugir de novo, ela, de quem os homens de sua vida, incompreensivelmente, também fugiam. Foi assim que ela deixou a Itália pelos Estados Unidos, Nova York por Los Angeles, Los Angeles por Nova York, a parte baixa da cidade pela alta, os Esta-

* Joel Schumacher.

dos Unidos por suas voltas ao mundo. De que tinha medo, com seus grandes olhos verdes, um corpo ao mesmo tempo esbelto e bem constituído, um sorriso de fazer a gente saltar pela janela? Do depois? Quando já não seria jovem, quando "ainda" seria bela? No cinema, pode-se estender a carreira até não ter idade: Lilian Gish, Bette Davis, Katharine Hepburn, quantas outras. Uma top model, aos 35 anos...

O trágico com as personagens de mulher fatal é que são fatais antes de tudo para si mesmas.

O PRÊMIO ROSSELLINI

Em 1985, criei o prêmio Roberto Rossellini, e por nada no mundo teria confessado que era para ela. Convencê-la não levara cinco minutos. Constituí um júri franco-italiano, um júri de grandes diretores que se situavam, tanto aqui como em Roma, na grande tradição rosselliniana — humanismo, transmissão do saber.

O Festival ofereceria ao prêmio Rossellini uma estrutura de acolhimento, eu garantiria o secretariado e Isabella seria sua joia. Mas, para isso, era preciso se ver. Nós nos visitávamos, nos escrevíamos. Os franceses eram Jean Rouch, Agnès Varda, Godard, Rivette (Rohmer dissera sim, mas que jamais viria), Chabrol, Louis Malle, Toscan e eu; os italianos eram Olmi (ele também não veio), Bertolucci, Scola, os irmãos Taviani, Francesco Rosi, Carlo Lizzani e Gillo Pontecorvo. Foi assim que demos o prêmio, sucessivamente, ao Channel Four, Cesare Zavattini e Jack Lang, Emir Kusturica, Martin Scorsese, à Cinémathèque Française e a Abbas Kiarostami.

É claro que o fantasma de Rossellini puxava os debates para o alto, numa espiral de criação e de vida. Os italianos eram os mais assíduos. Renunciando dessa vez à música ligeira, ao lado "Volare cantare", eles brilhavam por exercícios de retórica deslumbrantes. Os franceses eram mais turbulentos: Varda e Rouch retocavam os comunicados. Como no Conselho de Segurança da ONU, batalhava-se por uma vírgula.

Eu me esforçava para montar um belo júri. Convidava cineastas, mas também uma parte da família Rossellini, família numerosa, pois Roberto adorava as mulheres e com elas fazia pequenos Robertos.

Reuni-los em Cannes era brincadeira de criança. Eles se sentavam, falavam, comiam, votavam, falavam de novo, e passavam três dias no Festival... Era alegre. Na noite da votação, os jurados se amontoavam num pequeno estrado, no Carlton, anunciava-se o laureado, entregavam-lhe o troféu desenhado por David Lynch. Havia zum-zum-zum, câmeras, risos, convidados que não estavam nem aí para o que se passava, apressados que estavam em passar à mesa. O sujeito careca que atuava em Veneza ia discretamente, durante os discursos, trocar os cartões sobre as mesas de honra... Monique Lang também, mas era Monique Lang. Em suma, só muito vagamente, com tudo isso, é que a insubstituível Martine Offroy, chefe do protocolo do Festival, ainda era mestre do cerimonial. Mas isso não importava, todo mundo estava feliz. Isabella era a rainha, é evidente. Cercada de câmeras e de fotógrafos, coisa que não a importunava, ela sorria, sorria... Durante toda a refeição, vinham incomodá-la, fotos, dedicatórias, perguntas, sorrisos — à italiana. Ela se inclinava para Bertolucci e eles cochichavam longamente, de modo que, do outro lado, eu não participava, mas isso me era indiferente: eu contemplava Scola à minha frente ou os Taviani e, de longe, sem poder nos escutar, fazíamos sinaizinhos uns para os outros... Ao me voltar para ela, via que seu rosto brilhava de alegria, e quando Isabella estava contente, fazia sol mesmo à noite. Se um dia o prêmio deixasse de existir, eu sentia que valia a pena tê-lo criado, apenas por noites como aquela.

À meia-noite, devia ser em 1987, Isabella pediu um carro, e dez homens que estavam loucos por ela se precipitaram para acompanhá-la, mas eu a levei para uma carruagem do Festival e ela fugiu para o Hotel Majestic. Eu volto para o elevador do Carlton, onde subia René Cleitman:

— Uma bela mulher! — Concordei. Era a cumplicidade dos rejeitados.

Outra vez, ao chegar cansada, por causa do fuso horário, Isabella prevenira as damas do protocolo de que se recolheria cedo aquela noite. Nesse ano o prêmio foi para Emir Kusturica, cujo charme selvagem um pouco marginal nunca deixa insensíveis as belas mocinhas. Desde o fim do jantar, Isabella o chamou para perto dela e eles conversaram. Por tanto tempo, depois que todo mundo tinha ido embora, que só lhe restava como guarda-costas Marie-Thérèse Rose, encantadora dama do protocolo, sonolenta mas estoica. Sentados na grande sala de jantar completamente vazia, Isabella e Emir continuavam lá a cochichar segredos que jamais saberemos. Uma verdadeira cena de filme.

Em dado momento, ela fez um pequeno gesto de mão, sinal de que a noite terminava ali. Não havia mais motorista. Em desespero de causa, puseram--na no carro do delegado de polícia, personagem um pouco ridículo com sua gravata-borboleta dourada a que só faltavam luzinhas piscantes.

PEQUENAS RUSGAS E GRANDES DESGOSTOS

A presença de Isabella era primordial para nós, pois ela por si só garantia a midiatização do prêmio. Ela vinha ao escritório, passava o dia embrenhada nos dossiês. Envolvia-se tanto que, quando me traiu, fiquei ainda mais decepcionado. Ela nos abandonava no último minuto com a mesma desenvoltura de seus admiradores que, por vezes, se casavam com outra. Para ela, era tanto mais difícil de engolir por estar habituada aos mimos, aos galanteios. Para mim, é como se ela tivesse liquidado o espírito de generosidade do pai. Eu me dizia: "Institui o prêmio em memória de Roberto, ela não pode me fazer isso". No entanto, sim. Ela o fizera duas vezes entre 1985 e 1990. E eu me enfurecia terrivelmente. Então, ela desaparecia. Era sua maneira de me punir. De me dizer que tinha sua vida. Sua vida profissional, sua vida familiar, sua filha. E que era preciso se mostrar compreensivo. As estrelas são assim, bem sei. Pequenas rusgas e grandes desgostos.

Nós nos reconciliávamos. Eu lhe escrevia, ela me enviava emissários. Ela passava por Paris, vinha jantar em casa, era encantadora com minha mulher, com as crianças, com a cadela, com todo mundo. Tudo era esquecido e recomeçávamos como antes.

Em 1991, eu queria muito que ela estivesse lá. Fizera-a compreender que sem ela, sem sua presença, o prêmio não tinha mais razão de ser. Ela se limitou a telefonar, e os pretextos que deu me foram insuportáveis. Eu teria engolido qualquer blá-blá-blá, mas aquilo! Ela não podia vir "porque tinha um papel não remunerado no curta-metragem de uma desconhecida e naquele dia precisava fazer provas dos figurinos!". O que é demais enjoa. Já estávamos em Cannes. Reuni meu júri e o informei de minha demissão. Todos protestaram, pensaram que estava brincando, mas eu estava decidido. Enquanto se deliberava, Isabella pediu para falar comigo: recusei-me a lhe responder. Votou-se. O prêmio ia para uma escola de cinema cubana e para um professor polonês, Jerzy Toeplitz. Estava acabado.

* * *

No ano seguinte, Agnès Varda escreveu a Isabella e aos outros que era preciso fazer tudo para salvar o prêmio. Uma carta comovente. Mas, sem a infraestrutura de Cannes, ela logo se deu conta de que não era fácil. A maior parte nem sequer lhe respondeu. Um ano mais tarde, Jean Rouch, sem me avisar, tentou relançar o prêmio na Unesco. Foi um fiasco irremediável e ele não foi mais retomado. Assim morreu o Prêmio Rossellini, vítima de um crime passional que Roberto, em sua grande sabedoria, teria sem dúvida reduzido a mais justas proporções.

De tempos em tempos, quando estou no bairro, empurro a porta giratória do Raphaël e vou me sentar no hall. Ninguém me pergunta o que estou fazendo ali e fico olhando os visitantes passar, sobre fundo de bar inglês e de telefonistas. Então parece que ouço a voz do velho Roberto: "Os filmes, isso é bom, Gillo, mas não se esqueça de que o que abre as portas do mundo inteiro é o saber. Será que você conhece algo mais comovente do que um sujeito que ainda aprende a cinco minutos de sua morte?".

Ele, um minuto antes de sua morte, escrevia, como já disse, seu artigo sobre a premiação. Estou ali, a vinte metros em linha reta da suíte Rossellini, e imagens sonoras surgem com tal nitidez que o presente se esfuma à minha volta. Ouço as leves batidas do *sommelier* que vinha trazer os dois camparis e o conhaque. Ele se ia com uma enorme gorjeta, enquanto Roberto nem sequer sabia como pagaria sua conta... De repente o riso de Isabella ressoa no hall: ela não está lá, é claro, mas se reconstitui fielmente em minha cabeça o pasmo de Oliver Stone me vendo sentado no bar com ela, enquanto o ator Jeff Goldblum, também de passagem por Paris, vem nos cumprimentar. Digo a mim mesmo, na mesma ocasião, que poderia dar uma olhada na suíte 132, aquela onde uma toalha cor de lavanda, que prendia os cabelos molhados de uma bela italiana, me aparecera na abertura da porta. Quando a vida é mais ou menos bem-sucedida e os olhos de certas mulheres se velam de prazer, como é doce estar sentado num hall de hotel à espera de que o recepcionista lhe diga "Pode subir", vendo passar tão ternos fantasmas...

46. Cópia sépia

A CONDECORAÇÃO DE SHARON STONE

Desenterro por acaso, no ano passado, um grande envelope pardo que por sua vez contém cartões gofrados cinza: minha avó e meu avô maternos captados por um fotógrafo que assina suas cópias como Ch. Kerschel, Paris, 1892. Foto posada, cópia sépia sobre fundo escuro, trata-se da única foto em que meu avô, o engenheiro, é jovem: seus lornhões sem armação filtram olhos muito claros e, visivelmente, ele saiu do barbeiro. O barbeiro penteou seus cabelos espessos, aparou com cuidado seu bigode fino do estilo tenor de ópera e uma barbicha que embranqueceu nesta outra foto em que está comigo num banco de jardim, em Garches. Um colarinho branco muito alto, um primeiro botão do paletó à altura da clavícula, a moda da época, ele não sorri, olha ao lado da objetiva, tenho a impressão de enfim ficar conhecendo meu antepassado, morto quando eu tinha quatro anos. Reencontro também aqueles cartões de bordas denteadas, aquela enfiada de personagens desbotados que são todos eu em diferentes idades de minha infância, cenas divertidas ou calmas: num triciclo no parque Monceau, uso um casaco e luvas em pleno verão (essa elegância indumentária de bicicleta, *mamãe querida, que é que deu em você?*); na sacada do Boulevard

Haussmann, nos braços de minha babá, antes do episódio da bola; em férias no Hermitage de Nice (já!), estou em traje de marinheiro, boné branco, sapatos brancos, meias brancas compridas, subo no estribo do veículo do hotel (Cimiez-Place Masséna e retorno a cada meia hora), meu irmão me segue, boné branco, casaco claro; os mesmos, em Combloux (férias de inverno), capacete de couro e óculos de aviador, sentados em um avião floreado puxado por dois cavalos: o desfile de carros imita o carnaval de Nice, a palavra com a fanfarra; esta outra — o alto à esquerda está rasgado — em que retiro, com uma concentração incrível, uma formiga que corre sobre uma flor; esta aqui — tenho vergonha de usar um calção tão comprido que quase cobre o joelho, foto onde escondo mal meu gesso (pulso quebrado na bicicleta, Boissey-le-Châtel, oito anos); uma outra, toda na vertical, Jean-Claude e eu estamos num balanço, ele está em pé atrás de mim e dá o impulso, é perceptível que eu tento descer — o fotógrafo desconhecido enquadrou a borda direita da foto incluindo uma corda de nós; ali, continuo com meu gesso e sorrio para minha mãe, que me devolve o sorriso, Jean-Claude não está excluído, ele passou o braço sob o dela; em Villard-de-Lans perto de uma menina, tenho esquis e um capuz tricotado à mão, mas estou agachado: o medroso não cairá de muito alto; a última é pouco nítida, continuo com meu capuz, mas cavalgo o farol dianteiro direito de um Citroën, uso calção de golfe e sapatos grossos, a neve de Saint-Briac em 1939 não está longe, o exército alemão também não... Mais uma: sou eu de militar, uniforme cáqui e camisa de sair, estou mais gordo que hoje; pela ausência de sorriso percebe-se bem que estou infeliz... E nesta aqui, muito mais recente, condecoro Sharon Stone em Cannes, no Café des Palmes, Sharon pôs a mão em meu ombro: se a foto se enfiou ali, é que alguém folheou estas cópias antes de mim...

Ao abrigo da luz, da poeira, dos insetos, da umidade, apesar das guerras, do êxodo e das mudanças de casa, essas fotos, que encarnam o período anterior à guerra, continuam vivas, cinquenta, cem anos depois! Intactas, cópia perfeita, são quase sempre de frente, olhar na objetiva, as roupas são novas ou recém-passadas, à altura do acontecimento; mas muitas vezes falta o à-vontade da vida cotidiana, o esquecimento da máquina, nunca se vê nelas uma refeição, um momento de descontração, um cigarro, risadas, pediram-nos para estar lá, eis tudo. Quem tirou essas fotos, quem as arrumou, conservou? Quanto tempo se leva para descobrir aquele que se era antes... E quanta doçura em legar aos netos todo um passado evaporado e que tem o nome de Garches, Cimiez, Combloux, Saint-Briac, Villard-de-Lans, em outras palavras, a praia, pequenos caranguejos sob as pedras, os camarões cinza, a neve, os bastões de esqui, o trem, as férias, o carro, a família que canta a plenos pulmões velhas cantigas, todos esses vestígios embelezados da infância.

47. Seduzir Scorsese

COMO GROUCHO

Ano de 1998.

— Se você quer Marty — confiou-me Rafaele Donato* no corredor —, é melhor alinhar urgentemente umas malditas boas razões!

Quando lhe enviamos o convite para a presidência do júri, Scorsese estava em plena finalização de *Kundun*. Nós lhe demos um mês para dizer sim ou não. Como seduzi-lo? Não me lembro mais de quem partiu a ideia da Legião de Honra. Marty ficara surpreso pelo fato de a condecoração ter sido entregue a De Niro antes dele. Francamente, ele não deixava de ter razão: o que seria De Niro sem ele? Então insinuei a Donato que pedira a mesma coisa para Marty e que a entrega estava prevista em Cannes. E, para surpresa geral, Scorsese mandou estudar o adiamento de seu próximo filme. Era bom sinal.

Contudo, quando entrei em sua suíte no Plaza, os dados não estavam lançados. Eu só sabia por um bilhete de Thelma, sua montadora, que a presidência lhe interessava. Ele se levantou, vestido todo de preto, como um bom

* Colaborador próximo, responsável pela Coleção Scorsese.

companheiro da história, e me cravou nos olhos seu olhar intenso. Scorsese já viera a Cannes sete vezes, onde ganhara a Palma de Ouro (*Taxi driver*, 1976), o prêmio de direção (*Depois de horas*, 1985), e eu o pusera na abertura em 1983, com *O rei da comédia*. Demo-nos tapinhas nas costas como mafiosos. Como de hábito, ele falava numa velocidade vertiginosa. Ainda tinha suas grossas sobrancelhas no estilo Groucho, e me pareceu mais atarracado que antes. Mas, desde que se animava, quer dizer, o tempo todo, já não se notava sua pouca altura. E a palavra presidente me pareceu servir-lhe de pernas de pau.

Helen, sua nova mulher, entrou no salão, fez menção de se retirar, mas Marty insistiu para que se sentasse perto dele. Ele me perguntou o que eu queria beber. Pedi o famoso coquetel de Thomas Hardy: "*brandy* para acalmar os nervos, soda para destruir o efeito do *brandy* e leite para suavizar a soda". O que eu ficava sabendo, de fato, não era muito reconfortante: Marty não gostava das viagens, nem da diferença de fuso horário, nem dos hotéis da Croisette. Também não gostava das entrevistas, das fotos, dos coquetéis, dos filmes em matinê ("Quem alguma vez me viu sorrir antes do meio-dia?"), dos jurados muito tagarelas ("Suportar Tavernier por um período tão longo, não, estou brincando!"), nem de ter de ver dois filmes por dia ("É demais para mim...") — assim era Scorsese, sempre oscilando entre o humor e o engajamento. Eu via bem que ele não estava decidido.

O que há de mais divertido no mundo do que formar um júri? Refletir sobre isso é comprometer-se um pouco. Assim, lancei-me à aventura com ele. Para animá-lo. Felizmente, Marty adorava Michelle Pfeiffer e Winona Ryder, propondo mesmo telefonar para elas. Não tinha nada contra Emma Thompson nem Kristin Scott-Thomas. Sigourney Weaver, Lena Olin e Barbara Hershey, *yeah*, isso teria uma bela presença. Jodie Foster? Antes o estofo de uma presidente. Maggie Cheung? *A darling*: ele adorava o cinema asiático e conhecia pessoalmente vários diretores chineses e taiwaneses. Gena Rowlands? Estupenda! E também, quem sabe se ele viria, Denzel Washington. Robin Wright era próxima demais de Sean Penn, assim como Annette Bening de Warren Beatty. Ele sugeriu Richard Lester. Eu estava contente: dera-lhe o que pensar e, visivelmente, esse pequeno exercício o excitava. Demo-nos tapinhas nas costas de novo e Rafaele me acompanhou até o patamar erguendo comicamente o polegar da vitória:

— Eu o conheço, está feito!

Eu mal havia voltado para casa, o telefone tocou. Era o agente de Scorsese, Emmanuel Nunez, cujo papel era conseguir mais do que o usual. Princípio de base: se lhe propõem cinco, peça dez para obter oito. O agente queria impressionar seu patrão, o patrão, mostrar ao cliente que defendia seus interesses, Scorsese, taxar o estúdio, o estúdio, fazer o Festival pagar, e eu queria Scorsese. Uma negociação não muito fácil.

Não é no Hotel du Cap que o Festival costuma hospedar seus jurados. Muito caro, muito longe. Com o tráfego, há toda chance de chegar atrasado para as sessões. Ora, como por acaso, foi esse único hotel que Scorsese escolheu. E, nesse hotel, o lugar dito "a *villa*" (isolado) e, nessa *villa*, a suíte principesca. Ainda não estava feito, mas se fosse sim, seria o Hotel du Cap. O Hotel du Cap ou nada, disse Nunez.

Evidentemente, o anúncio faria um belo efeito. Depois do turbilhão do quinquagésimo aniversário, a presença de um dos últimos grandes soaria como um novo começo. Tanto mais que ele sempre recusara os júris. Tudo isso bem que merecia enfrentar um agente. Muito rapidamente, as relações ficaram tensas. Toda vez que a negociação parecia terminada — e para mim estava —, Nunez enunciava novas exigências. Primeiro telefonema: eu podia rachar a passagem de avião de De Niro *do ano anterior*? Aquele sujeito queria pôr minha calma a rude prova. Eu disse não, secamente. Ele voltou atrás, mas eu bem sabia que me faria pagar caro por isso. Ele me fizera prometer dois Concordes, uma contribuição para o Hotel du Cap, uma suíte no Carlton. Agora Nunez queria um avião particular entre Paris e Nice. Eu não ignorava que Marty detesta avião: essa atenção, pela qual Nunez me agradecia, certamente o deixaria de bom humor. Mostrei que o avião particular era completamente impossível. Ele achou isso "de fato uma pena" e aproveitou para exigir um carro suplementar e dois quartos no Carlton "para os colaboradores de Marty". Ah, e além disso Marty chegará seis dias adiantado por causa do *jet-lag*, seria possível que ele passasse por Dublin, onde tem justamente o que fazer? Essa era a melhor! Nunez exigia mais a cada vez, agora queria um compromisso definitivo, quando ele próprio nunca podia dar resposta imediata. Será que estava encarregado de fazer a operação fracassar? Scorsese sabia dessa escalada de propostas? E por que Rafaele me dissera que cabia à CAA (a empresa de Nunez) pagar as despesas? Uma trapalhada, digo à minha mulher ao voltar para casa.

Uma negociação que pode parecer mesquinha mas, para o Festival, trata-se de fundos públicos. Fundos públicos significam regras, controles, necessidade de equilibrar o orçamento... Essas repetidas exigências me irritavam terrivelmente. O acordo com Scorsese estava cada vez mais distante, e só me restava procurar um outro. Para me consolar, pensei no meu bote secreto. A famosa Legião de Honra! Em todo caso, meu ponto de honra estava dado: sem presidência, nada de condecoração. Durante vinte anos, eu agira com a maior delicadeza com os americanos. Era hora de adotar seus métodos.

O CASO KUNDUN

Depois de me ter feito esperar uns dez dias, Nunez me envia um fax: restam apenas um ou dois pontos que o Festival não teria muita dificuldade em aprovar. "Telefone-me." Paralelamente, recebo, do escritório de Scorsese, sua declaração para o anúncio oficial, muito bonita. Cada vez mais exasperado, mando levar uma carta a Marty para lhe dizer que estou desencorajado, que estamos perdendo nosso tempo. E explico que era de nosso interesse comum publicar o comunicado antes do lançamento de *Kundun*. Infelizmente, na falta de acordo, isso se tornou impraticável...

No dia seguinte, Nunez me telefona, fora de si:

— Eu gostaria que se dirigisse a mim quando tiver algo a dizer.

Ele reformula as mesmas exigências, minimizando-as. Eu recuso em bloco e lhe anuncio que amanhã recapitularei minha posição. O fax não chega a ele — pelo menos foi o que assegurou. Mas Marty deve ter lhe feito um sermão, pois Nunez, moderado, me pediu que lhe enviasse uma cópia:

— Você está feliz? — diz ele. — Se está feliz, eu também estou...

Início de janeiro, proponho o furo a Frodon, do *Monde*, que o publica na primeira página. Satisfação geral. Nesse meio-tempo, *Kundun* é lançado. Críticas mitigadas. Público inexistente. Paradoxalmente, esse fracasso enche de contentamento Michael Eisner, o diretor da Disney que o produziu. É que os chineses, irritados, querem boicotar o parque de diversões que a Disney deve construir em Pequim. Então, nos Estados Unidos, *Kundun* se deixou morrer.

Belo filme místico, no entanto (sempre atual), em que Marty evoca os milhões de tibetanos mortos pelos chineses... Em fevereiro, Paul Rassan, que o comprou para a França, me diz que desejaria mostrá-lo em Cannes. Faço objeções: será que Scorsese não ficará embaraçado com essa publicidade, no momento de julgar os colegas? Será que os chineses não vão se aborrecer e impedir Chen Kaige (já convidado) de vir para o júri?

Paul me pede que telefone para Scorsese. Aviso a Paul que, se cair em Nunez, desligo. Naturalmente é uma cilada. Quando anuncia mr. Scorsese, a secretária me passa seu agente.

— Sinto muito — digo —, só falo com Marty. — Então ele me passa Scorsese, permanecendo na linha. Por duas vezes tenho de lhe dizer "*Stay out, sir!*..., mas eles falam entre si por cima de mim e eu quase poderia ir dar uma volta...

— Se é embaraçoso mostrar meu filme em Cannes? Não. Logo não se poderá mais fazer esse gênero de filme e ninguém me achará capaz de autopromoção.

Marty se dá 24 horas, mas a resposta será sim, posso daí em diante considerar que é sim, *não é, Many?* (Many é o horrível Nunez). Sim, sim, Many está de acordo. Paul exulta. Esclareço: nada de entrevista coletiva para *Kundun*, e presença de Melissa Mathison (a roteirista). Por que ela? Porque precisamos de uma estrela para entregar a Palma. E quem é casado com Melissa? Harrison Ford, veja só...

No dia seguinte, onze horas da noite: o telefone. Nunez, aposto. Na secretária eletrônica, a voz da secretária. Não atendo. De manhã, um fax. Nunez quer mostrar o filme em Londres, antes de Cannes: uma noite em honra dos tibetanos. Não terei oportunidade de lhe dizer o que penso sobre isso: três países não podem adiar o lançamento. Eu jamais sentira a alegria de perder um filme! Em fax a Paul e a Nunez, a quem pedi que não telefonasse para minha casa sob nenhum pretexto, cancelei *Kundun* na mesma hora. *Kundun* irá a Veneza e Marty... pois bem, em Cannes, aplaudindo sua bela condecoração, digo a mim mesmo que, a despeito do vermelho em sua lapela, sofri o diabo.

48. A vida é bela?

POLITICAMENTE CORRETO

Ainda estamos em 1998, preparando a seleção para o júri Scorsese. O excesso de intervenções é contraproducente. Roberto Benigni seria vítima disso sem saber? Apesar de um déficit de cenas cômicas, a primeira metade de *A vida é bela* me pareceu mais bem dirigida que os filmes anteriores de Benigni. Mas a segunda parte criava problema: vários integrantes do comitê se chocaram com a mistura humor-Holocausto. É possível lançar-se aos campos de concentração? Pode-se rir de tudo? Outros consideravam, ao contrário, que se tratava de um filme sobre a bondade. Recusando uma decisão rápida, decidi esperar os outros filmes italianos, sabendo muito bem que, com exceção de Moretti, não haveria outros desse calibre nem que dessem tanto que falar. Fatos são fatos.

Vindas da Itália, dos Estados Unidos e mesmo da França, as pressões me exasperaram: mas devia ficar atento para não recusar *A vida é bela* pelas razões erradas. Jean Labadie, o coprodutor, me avisou: os italianos fariam disso um drama nacional. "Fariam", ou melhor, *faziam*, sim! Sentindo, dessa vez, que não era o momento de me dar nos nervos, Harvey Weinstein, que comprara o filme para os Estados Unidos, se absteve de entrar em contato comigo. Mas uma francesa de seu escritório, Agnès Mentré, me confiou todos os seus números em Nova York, eu podia encontrá-la dia e noite.

Os dias e as noites passavam. Eu não me apressava. Uma noite, Depardieu me telefonou para me detalhar as qualidades do filme. Gérard filmava *Asterix*, justamente com Benigni, produzido por Berri. Claude Berri, ao contrário, permanecia em silêncio. Vira *A vida é bela* e achava a direção muito mediana. Evidentemente, Benigni não pediu a ninguém para intervir. Tive a confirmação disso quando lhe pedi que acalmasse suas tropas e ao lhe dizer o quanto apreciava que nem ele nem seu produtor tivessem se manifestado. Eu diria isso à imprensa se o caso se tornasse um Caso.

Não deu outra. Uma cronista do *Messaggero*, Gloria Satta, tomou, entre outros, a defesa do filme. Eu teria excluído "*A vida é bela* em nome do politicamente correto" e privava "o cinema europeu de uma arma capital contra os bilhões hollywoodianos". Respondi a Gloria uma longa carta que terminava assim: "As pressões de todo tipo, muitas vezes falsamente amistosas, as intervenções intempestivas, as indignações conjunturais não servem para nada. Os filmes jamais terão melhores defensores que eles próprios".

(Nesse meio-tempo, Roberto, sensível às nossas hesitações, retrabalhara seu filme. Acrescentara uma voz no início e no fim para esclarecer que se tratava de uma fábula e fizera algumas elipses.) Eu concluía: "O comitê deve rever o filme em breve e terá visto no intervalo os outros filmes italianos candidatos à seleção. Só então, e com a maior transparência, a presença italiana em Cannes será determinada".

Pouco depois, Depardieu me telefonou de novo. Dessa vez me adiantei:

— Gérard, em boa hora, vou ler para você o fax que acabo de enviar à Miramax [a sociedade dos irmãos Weinstein].

> 20 de abril de 1998
>
> Cara Agnès,
>
> Restam na arena dois filmes de igual valor (entre os quais *A vida é bela*) para... um único lugar. A decisão será tomada e anunciada quinta-feira de manhã, hora de Paris, quando de nosso comunicado à imprensa.
>
> Como está na hora de acabar com costumes que envenenam a atmosfera, decidi que todo pedido, pressão, telefonema feito daqui até lá por qualquer pessoa, sociedade, grupo de interesse, falsos amigos, ligados a um dos dois filmes, acarretaria a qualificação imediata... do outro.

Com isso Gérard perdeu a segurança. Balbuciou:

— Espero, meu Gilles, que você não me identifique com essa corja.

— De jeito nenhum, pois sei que você é um amigo, mas fiz questão de acalmar aqueles exaltados...

— Você tem toda razão. Mas você precisa conhecer Roberto, é um homem maravilhoso...

— Mas eu o conheço, Gérard...

— Então está bem... Em todo caso, se você aceitar o filme, estarei lá para apoiá-lo.

Revimos o filme. De fato, Roberto acrescentara uma voz em off muito explícita e cortara uns dez minutos na primeira parte, dando-lhe o ritmo que lhe faltava. A graça de sua atriz, Nicoletta Braschi, se destacava muito mais. Ele próprio era delicioso. Enfim, o campo de concentração (cenários, figurinos) era tratado num estilo não realista, quase abstrato. Mas, no comitê, ainda havia prós e contras.

Decidi em favor da competição.

As projeções em Cannes transcorreram bem. Houve ovações, uma muito longa na sessão da noite, e as críticas foram especialmente favoráveis. A gentileza e a disponibilidade de Benigni faziam maravilhas e dava para sentir que o júri não ficara insensível à emoção que emana do filme. Eram, como muitas vezes, personalidades bem diferentes e, dessa vez, a paridade homens-mulheres era respeitada: quatro homens, além do presidente: Alain Corneau, Michael Winterbottom, Chen Kaige, três cineastas e um *rapper*, MC Solaar. Mais Chiara Mastroianni, Lena Olin, Winona Ryder, Sigourney Weaver, atrizes a que se juntou a escritora Zoe Valdès. Para Scorsese, no entanto, não era uma Palma de Ouro. Um prêmio, muito bem, mas se a Palma fosse para um diretor tão limitado, isso lhe apresentaria um problema *incomensurável*.

— Vamos esperar — disse ele — que o Angelopoulos esteja bem...

Quem sabe?

FÚRIA ITALIANA

Veio a deliberação final. Havíamos escolhido um lugar diferente da *villa* Domergue. Considerado o número de atrizes, precisávamos de vários banheiros. A prefeitura de Nice, onde se instalava um prefeito cinéfilo, pôs à nossa disposição seus aposentos particulares. Era um júri competente e encantador, mas do qual vários membros, não apenas as jovens atrizes, mas principalmente elas, passavam as noites dançando. Mesmo na véspera da escolha! Na manhã da premiação, Winona Ryder, com a cabeça apoiada na mesa das deliberações, tinha dificuldade em manter os olhos abertos. MC Solaar explicou que gostava sobretudo dos filmes de ação, do gênero kung-fu! Não muito o estilo de Cannes...

Felizmente, Alain Corneau, Chen Kaige, Sigourney Weaver e Lena Olin estavam atentos, e ajudaram Scorsese a "arrancar" uma belíssima lista de premiados.* E Zoe Valdès, ainda que nem sempre se expressasse bem em francês, é um ser humano encantador. Em dez minutos, Angelopoulos se viu Palma de Ouro por unanimidade e, ao fim de um tempo mais longo, Benigni, grande prêmio do júri. Seu filme não se assemelhava em nada à definição do grande prêmio tal como figura no regulamento do festival: "um filme que manifeste um espírito de pesquisa e de originalidade", mas já não se chegava a esse ponto.

Produziu-se então o espetáculo inimaginável que ninguém esqueceu. Scorsese acaba de chamar seu nome: Benigni se levanta, beija a mulher, cabriola até o palco como uma camurça sob efeito de ácido, depois ataca uma improvisação como jamais se viu em toda a história do Festival, mesmo quando Chaplin fez malabarismos com a bengala do ministro ou Groucho foi feito comendador. Roberto enlaça Isabelle Huppert, mestre de cerimônia, ergue-a do chão e a faz dar piruetas numa dança-abraço, ela que sem dúvida teme por seu vestido, seu penteado, sua maquiagem, mas que não pode fazer nada contra a "fúria italiana", e quando, enfim, no auge do êxtase, ele a põe de novo no chão, é para se precipitar sobre o júri, cujos membros beija sucessivamente, para surpresa de uns, alegria de outros, para afinal se prostrar diante de Scorsese, embaraçado pelo desmiolado que agora lhe beija os pés...

— Obrigado pela Palma de Ouro — bradou Roberto, roubando o show de Angelopoulos. E Théo se foi, mais lúgubre do que nunca, como se lhe houvessem roubado a Palma já bem tardiamente concedida. Por sorte, tinha-se o culpado: era o fantástico sujeito em seu hino à alegria.

* Apesar do esquecimento de *Krostaliov, meu carro!* de Aleksei Guerman.

49. A jaqueta preta

Ano de 1984. A primeira vez que vi Lars von Trier tive um choque. Estava longe de desconfiar que nos tornaríamos amigos. Foi numa escada do Carlton, em Cannes, na frente do elevador de serviço, num cenário de cabos e canos, e ele respondia pausadamente às perguntas idiotas de uma jornalista da televisão, enquanto um fotógrafo lhe pedia que fizesse um ar relax. À moda de Lars! Não sei quem escolhera aquele lugar de filmagem, que era bem compatível com a estranheza do personagem. Lars tinha então 28 anos. Aparência provocadora, jaqueta preta de couro, olhar claro: seu aspecto feroz tinha com que afugentar os fãs mais bem-intencionados. Lars raspara inteiramente a cabeça, embora respondesse à repórter que não, que apenas cortara o cabelo com tesoura aquela manhã mesmo. Mas que o preferia com dois milímetros, comprimento que achava mais cômodo para filmar. Essa conversa surrealista (ele caçoava visivelmente da interlocutora e reivindicava o direito de ser obscuro em seus filmes), sua figura (eu fora agredido com violência por punks num estúdio de televisão ao vivo e guardara disso uma desconfiança por quem se parecia com eles) não me diziam nada que valesse a pena. Mas havia o filme, *O elemento do crime*, que eu não hesitara em pôr na competição, decisão raríssima em favor de primeiros filmes, considerados muito verdes para tomar o lugar de um "figurão". Impossível negar que se assistia ao nascimento de um talento singular, de um verdadeiro diretor na linhagem de Orson Welles, de Dreyer e de Stroheim. Beleza das imagens, música estridente, sobreposição, lanternas, tatuagens, universos úmidos de subterrâneos, vigas, fundos marinhos, Lars impressionava com esse pesadelo insone. Ganhou um prêmio.

Pouco a pouco me acostumei com ele, selecionava seus filmes (nove vezes), a começar pelo seguinte, que tinha a particularidade de que a cada imagem um carimbo se abatia sobre a tela imprimindo a palavra *Epidemia*: não exatamente um modelo de filme para grande público. Aceitei novamente o seguinte, *Europa*, depois todos os outros, com exceção de *O Reino*, cujas datas não se ajustavam ao Festival.

Paralelamente, aprendemos a nos conhecer, a nos entender, a nos respeitar. Compreendi mais tarde o quanto Lars era frágil: tinha angústias que não eram fingidas, a ponto de precisar deitar-se, claustrofobias que transformavam em suplício todo deslocamento, em qualquer meio de transporte. Mesmo estendido no carro, tinha medo de não poder deixar a autoestrada em caso de necessidade. Quanto a *Ondas do destino*, sem dúvida seu melhor filme, premiado e aclamado no Festival, já a caminho de Cannes ele precisou desistir da viagem. Foi Emily Watson quem teve a ideia de telefonar da sala para seu celular, no fim da projeção, e fazê-lo escutar a longa onda de aplausos. A delegação dinamarquesa chorava.

Lars agora usa uma barba curta, cabelos bem cortados; em 2000, camiseta e calça clara; em 2005, ele me diz:

— Veja, pus um terno.

É assim que os rebeldes se banalizam. Nossa estima se transformou em amizade, e essa amizade, em sentimento filial, pois foi essa relação pai-filho em busca de identidade que adotamos há muito tempo. Quando Lars voltou a Cannes com *Os idiotas, Manderlay* ou *Dançando no escuro* (enfim a Palma de Ouro!), havíamos feito um acordo: Lars se sentaria na ponta da fileira reservada à equipe do filme e, ao lado dele, num assento adicional, meu filho Laurent estaria alerta e facilitaria sua saída discreta no escuro, em caso de mal-estar. Nosso trabalho, tal como o concebo, é também de tranquilizar os artistas em plena aflição. Para Lars, que não subestima de modo algum o próprio talento, não se trata de temer as críticas: sua perturbação é existencial e ligada a circunstâncias de sua vida que o afetam dolorosamente. Cannes não é um paraíso para as almas sensíveis. Então, a cada visita, vou esperar Lars na escada do *photo-call*, recebo-o, o chamo um pouco de lado, protejo-o dos importunos, e falamos de tudo e de nada, como velhos amigos trocando coisas insignificantes, balançando suavemente a cabeça, sorrindo, como figuras de cãozinho no para-brisa dos carros, enquanto o outro fala, até que as coisas estejam no lugar e que a angústia se acalme. Depois nos escrevemos de tempos em tempos, nos repetindo que tudo vai bem, como se o tempo não passasse.

50. Sr. Sergio

Dia 30 de abril de 1989. A rádio anuncia o falecimento de Sergio Leone. Em sua casa romana, Sergio teve um ataque cardíaco. É domingo, sua mulher tentou tudo para conseguir um médico, socorro. Quando chegaram, já era tarde demais. Algumas semanas antes, no Harry's Bar, Sergio — nunca esquecerei que ele me dera para Cannes *Era uma vez na América*, sua obra-prima — me contava os primeiros planos de sua *Batalha de Stalingrado*. Era tão preciso, espetacular, evocativo que eu teria adorado ser seu Tácito. Ao fim de um quarto de hora, ele ainda estava na primeira cena, alucinante. Sergio era um narrador dos mil e um filmes. Foram-lhe necessários dez anos para convencer os financiadores e, sobretudo, os russos. E então, quando tudo estava concluído, financiado, assinado, rubricado, preparado, organizado, o elenco encontrado, as datas fixadas, ele morreu.

Era, nos dois sentidos da palavra, um homem de envergadura. Ele gozava de uma fineza e de uma vivacidade de espírito de que seu físico imponente teria posto em dúvida. Cineasta, ele imaginou passar sem transição de um grande plano de rosto em *cinemascope* ao plano geral de uma imensa paisagem. E, também, fazer esperar interminavelmente a chegada de um trem na estação, sobre notas lancinantes (na harmônica) de Ennio Morricone. Ao fazer isso,

Sergio repôs a temporalidade na moda. Reconstituiu em estúdio um gênero dependente da reconstituição em externa.

Um dia, almoçávamos, no habitual restaurante dos cineastas ao lado de Cinecittà, Marco Ferreri, Mario Natale, Ciccio Alessi e eu. Acabávamos de ver um filme de Marco, não me lembro qual, mas era um filme que iria a Cannes. Marco estava de bom humor. Oferecia-nos grossos charutos e aforismos vingadores. Explicava-nos, rindo consigo mesmo, que Godard era *um nada*. De repente o garçom nos trouxe cerimoniosamente uma garrafa de champanhe que não havíamos pedido. Surpreso, olhei em volta. A algumas mesas dali, insensível às rabugices de Marco, em cujas águas territoriais penetrava em lesa-majestade, Sergio, semierguido, levantava seu copo à nossa saúde. Um cavalheiro, eu lhes afirmo.

51. *Van Gogh*

O CHARUTO DE DUTRONC

— Seria bom se abríssemos com *Van Gogh* — me diz Toscan um belo dia de novembro de 1989 —, estaríamos prontos em fevereiro, mas no ritmo em que Maurice está indo...

Exultei por dentro. Propus a Daniel lhe reservar a abertura ou o último dia da competição: ninguém resiste à maravilha de Cannes. Pialat também, eu tinha certeza, morria de vontade disso. Depois da bronca em torno de sua Palma de Ouro por *Sob o sol de Satã*, ele tinha contas a acertar, e Maurice era a favor de acerto de contas... Ainda que fosse preciso suscitar catástrofes para melhor insultar com elas.

Mas logo vieram os aborrecimentos. Pialat pôs Daniel Auteuil na rua (Daniel assinara contrato para uma peça de teatro, em uma data que não era a da filmagem, mas para Pialat ele devia ficar disponível). Depois, foi Jean--Hugues Anglade. Não muito tempo. Então os coprodutores de televisão — no intervalo, tinha-se ido procurar Jacques Dutronc — acharam que Dutronc não "vendia" tão bem quanto Auteuil (eles não tiveram conhecimento do episódio Anglade!) e exigiram uma redução de sua contribuição...

No conselho de administração da Films A2, debatíamos isso apaixonadamente. Nina Companeez, Claude Pinoteau e Pierre Tchernia representavam o cinema. Segundo eles, Dutronc acentuaria o lado sinistro das últimas semanas de Van Gogh. Ève Ruggieri tendia para o lado deles. Eu era de opinião que Pialat já demonstrara que era um grande diretor de atores. Jean-Michel Gaillard, o diretor de então, concordou comigo.

A filmagem atrasou. Precisava-se do verão para os montes de feno de Anvers-sur-Oise, o chapéu de palha do dr. Gachet, os raios de luz na vegetação rasteira. Como muitas vezes, Maurice hesitava, descontente com seu trabalho. Culpava todo mundo. Era sua maneira de correr riscos e também de expor seus atores. Sucessivamente, ele se livrou de seu diretor de fotografia, de seu assistente, de sua montadora... Ficava dias sem filmar. Fez-se vir um trem em uma linha desativada, que depois foi mandado embora sem chegar a ser utilizado. Mais tarde, o trem teve de retornar.

Maurice não falava mais com seu produtor, que evitava ir ao estúdio. Maurice era Maurice: o homem que só consegue criar sob tensão, em ambiente de insegurança para ele e para os outros, de incapacidade para as relações humanas, talvez desprezo. Ele não tinha nenhuma dificuldade em se pôr na pele de Van Gogh.

Nem por um segundo a ideia de que o filme não estaria pronto me passou pela cabeça. Até o dia em que Daniel me disse, com ar arrasado:

— Paro a filmagem, não há mais dinheiro. Acho que seria sensato procurar outro filme de abertura... Maurice se comporta como um irresponsável, ou antes como um marginal, aliás, não falo mais com ele... Iremos a Veneza.

Quinze meses mais tarde, abril de 1991, o filme ainda não está pronto. A seis dias da seleção francesa, Toscan decide mostrá-lo a mim assim mesmo, "só para você", no maior segredo. Estamos num sábado. Ao descer para o subsolo da Gaumont, na Avenue de Neuilly, escuto um rumor e descubro, na frente da pequena sala de projeção, uma dúzia de pessoas. Nicolas Seydoux passa um prato de *petits fours*. O dono da casa pensou em tudo antes de atacar as três horas do filme... Surpresa maior ainda, Francis Bouygues está lá, com seu chefe de estado-maior, Jean-Claude Fleury, que me olha fixamente: acabo de lhe recusar *La reine blanche*, com Catherine Deneuve... Quanto a segredo, eu estava bem servido.

De uma poltrona diante de nós se elevam volutas azuladas: o charuto de Jacques Dutronc, também convidado. Só faltava meu comitê de seleção! E a imprensa.

Mas fico imediatamente enfeitiçado. Esquece-se que o filme tem figurinos de época para se interessar apenas pela grande questão de Pialat: a captação da vida... Meia hora depois, pressinto que se trata de um grande Pialat, talvez do maior... Um pouco mais tarde, não tenho mais dúvidas quanto a isso.

No fim, quando Vincent vai morrer e sua mão agarra a de Theo, quando o vemos encolhido, o rosto contra a parede e que, depois do rito fúnebre, a vida retoma seu curso, a vida com sua violência, a porta da adega que se fecha sobre o pé da patroa, que solta um grito de dor "Ai, que coisa, agora vai levar meses...": é tão belo quanto a morte de Dom Quixote ("Dom Quixote morria e, no entanto, isso não impedia a sobrinha de comer, a governanta de beber e Sancho de estar de bom humor..."). De repente — presença do gênio, impressão de "ter" ali uma Palma de Ouro? — percebo que chorei. Em todo caso, sei que não esquecerei mais Dutronc-Van Gogh, nem a "pequena" London (Marguerite Gachet).

Corri para felicitar um Dutronc todo feliz que mamava com mais gana ainda seu havana. Bouygues estava encantado: ele, que cochilara um momento por volta da segunda bobina, levantara-se no fim para dizer "Eu compro!". O sujeito me espantava: tinha mais faro que seu diretor artístico. Lá fora, pequenos grupos haviam se formado; Toscan ia de um ao outro.

De fato, não havia mais um tostão para terminar o filme, a Gaumont pagaria seu adiantamento de distribuição apenas na entrega da cópia zero, a Erato (a companhia de Toscan) estava exaurida e, no Canal +, René Bonnell se fazia de rogado para voltar a desembolsar. Então Toscan pensara em Bouygues: já que ele queria tanto ir a Cannes e falhara com *La reine blanche*, por que não lhe arrumar *Van Gogh*? Ele resgataria as partes do Canal, e o caminho para a escadaria vermelha estava aberto! Daí a projeção com o homem de Cannes que tornaria plausível essa hipótese. Mas o que eu descobria me deixava pouco à vontade. Uma aliança objetiva Nicolas Seydoux/ Jean-Claude Fleury estava em vias de se instaurar para impedir que o filme fosse mostrado no Festival:

ambos achavam o filme belíssimo, mas "havia 45 minutos a serem cortados", eles até mesmo podiam dizer onde.

Para mim, o filme era uma obra-prima. Cumprimentei Maurice que chegava e, tomando-o de lado, exortei-o a não cortar nada. Ele sorriu e me disse:

— Você sabe, caso se queira o filme pronto para Cannes, não se poderá fazer muita coisa. Você tem mesmo a banda dupla lá? — Garanti a Maurice que a tínhamos.

52. Nossos bilionários

Para me consolar, à espera do início da projeção secreta, Toscan me explicara:

— Veja, há dois tipos de grandes industriais em nossa profissão.

Um é Marcel Dassault. Por que o gênio da aeronáutica se pusera a produzir? Ele gostava de ir ao cinema no domingo à tarde, um dia havia fila e estava lotado, então ele comprou o Paris, o cinema mais próximo de seu semanário, *Jours de France*, na rotunda dos Champs-Élysées. Naturalmente, ele se interessou pela programação e, horrorizado com os filmes de violência americanos, decidiu investir para passar, em *seu* cinema, os filmes que gostaria de ver. Daí a Productions 2000, uma sociedade que trabalha com a Gaumont. Os filmes são ridículos: *Drácula, pai e filho* ou *Gloria*, ainda menos divertido, a partir de um folhetim de mme. Dassault, com Maurice Biraud, ator mal pago, mas que ele discretamente compensava. Uma mania de Dassault era distribuir à sua volta notas de quinhentos francos, das quais sempre carregava um maço. Por exemplo, vindo visionar umas tomadas, para marcar sua satisfação ele escorregava para as montadoras uma nota de quinhentos. Ofendidas, as moças queriam fazer greve. São acalmadas. Então, ao fim de três semanas recebendo, a cada visita do patrão, um complemento de salário não desprezível, elas se inquietaram: por que ele não vem mais?

O outro bilionário igualmente surpreendente é Francis Bouygues, mas este por um bom motivo. Como fumar três maços por dia lhe custou um pulmão, é em Saint-Jean-Cap-Ferrat que seus médicos o fizeram comprar uma propriedade, e como ficava muito entediado ali, veio dar uma volta no Festival. Acabou gostando, ficou louco por cinema, contratou cineastas acostumados com Cannes, total, vocês sabem tanto quanto eu: três Palmas de Ouro em cinco anos (entre as quais *O piano*, de Jane Campion, aconselhado por Pierre Rissient, o célebre descobridor de filmes através do mundo) para Ciby 2000, a casa que Bouygues criou. Não surpreende que ele se interesse por *Van Gogh*.

53. *Van Gogh* (continuação)

VOCÊ VIU O *JDD*?

Van Gogh ainda não estava em Cannes: era preciso o acordo do comitê, ao menos foi o que Maurice Pialat, que sabia das coisas, me fez lembrar. A projeção transcorreu bem, não mais que isso. Eles achavam que era preciso cortar. Pialat teria tempo para isso? Afirmei ousadamente que sim. Na quinta-feira, o filme estava selecionado. Pialat, Rivette e dois jovens, Bouchitey e Bagdadi: a seleção fazia boa figura... Todo mundo estava encantado.

Todo mundo? Três dias mais tarde, Toscan:

— O negócio com o Bouygues não vai bem, jantei na casa dele ontem à noite. Ele estava de acordo. Mas depois me enviou seus "esbirros". Com eles, as condições logo se tornaram inaceitáveis: vamos ficar no Canal. Ah! Pialat está furioso. Eu lhe dei seu telefone pessoal.

— Como assim, furioso?

— Nada, ele leu no jornal o resto da seleção francesa. Acha isso injurioso, o fato de estar com nulidades. Isso vale principalmente para Rivette, que ele considera um dos piores diretores franceses. E, ainda por cima, com um filme sobre a criação artística, *A bela intrigante*, diante de *Van Gogh*, ora!

— Mas, Daniel...

— Não se preocupe, ele sempre faz isso. Eu, de novo, não falo mais com ele... Eu lhe dou a bula. Você põe o aparelho ao seu lado na mesa e a cada dez minutos se manifesta. Instale-se confortavelmente, prepare-se para uma hora... Você me telefona depois?

Evidentemente, Pialat achava que era um golpe baixo, que fora burlado com um outro filme que, como por acaso, punha em cena, enfim, *punha em cena*... um pintor, uma ideia imbecil, qualquer coisa... Ele deixou uma mensagem na minha secretária eletrônica, eu o escutei, mas não atendi.

Ao mesmo tempo, começava a circular no meio o gênero de adivinhação que Toscan adorava: em que momento a cópia de *Van Gogh* se partiria, sendo a cópia de trabalho a única que podia ser vista, com suas quinhentas emendas? Ainda mais que os projetores de Cannes, que lançam a luz a trinta metros, puxam a película como uns condenados! Para minorar esse perigo, decidiu-se que haveria uma única projeção: sem repetição, sem projeção de imprensa. Eu dissera sim, é claro, mas não perdia as esperanças de fazer uma segunda, senão seríamos massacrados. Segundo Michel Fano, presidente da comissão superior técnica, responsável pela direção técnica do evento, havia risco. Risco de quebra e, se aquilo se partisse — estava-se em banda dupla —, era preciso retomar o filme no começo da bobina, e se a ruptura acontecesse ao fim de, digamos, quinze minutos, o público teria de rever imediatamente as mesmas imagens, e seria preciso fazer um anúncio. De fato, nao era o ideal...

Outra complicação (ainda Fano): os projecionistas não aceitarão ser responsabilizados. Como sair dessa? Pois bem, colaremos duplamente com fita adesiva todas as emendas, mesmo que a espessura excessiva crie um leve desfocado a cada passagem. Pior a emenda do que o soneto! Pialat jamais aceitará. O laboratório havia apresentado uma bobina de experiência em que a cópia estava colada sobre suporte de poliéster, "e acredite-me, caro senhor Jacob, as emendas são tão sólidas que os seus projetores é que vão quebrar primeiro!". Essa visão de apocalipse me encantou. Em Paris, no entanto, o rumor crescia, os comentários... Os concorrentes excluídos não usavam luvas de pelica. Sem contar aqueles, muitos, que invejavam Toscan. Tema principal da campanha: é um escândalo apresentar um filme não terminado...

Resolvemos lançar um comunicado: "A noção de conclusão de um filme não depende de seu aspecto técnico, nem da presença ou não dos créditos; apenas a vontade do diretor determina se sua obra está concluída ou não". (Lei de 1958 sobre a propriedade artística.) O comunicado foi publicado em *Le Journal du Dimanche*. No mesmo número estampava-se uma grande entrevista de Toscan sobre *Van Gogh*.

Eu acabava de chegar a Cannes. Mensagem de Sylvie Pialat: telefonar de volta com urgência. Como sempre, tive a impressão de que Maurice segurava o fone. Sylvie me diz:

— Você viu o *JDD*?

— Não.

— Pois bem, posso lhe dizer que, se Maurice o ler, não vai a Cannes! É sempre a mesma coisa: Daniel mais uma vez disse asneiras sobre Maurice...

— Ele deve ter caído numa armadilha: mas me garantiu que não atenderia mais os jornalistas ao telefone...

— Escute, leia, e depois você me liga de novo... Vamos esperar que Maurice não caia em cima, veja, eu escondi o jornaleco, mas outro dia ele estava no dentista, voltou furioso, sempre Daniel, um jornal largado na sala de espera...

Desliguei, li o artigo sobre *Van Gogh* de lápis na mão. Uma hora depois:

— Alô! Sylvie? Acabo de ler a matéria, de fato, há... coisas... mas no fundo o que ele diz é antes gentil, primeiro ele compara Maurice a Fellini, a Bergman e a Tarkóvski, em seguida, ele diz: "Maurice me mata, mas é um grande artista...".

— Mas você não entende: Maurice é completamente indiferente a que se diga que é um grande artista... A questão não é essa, o que ele não suporta é que Toscan repita em toda parte, há seis meses, nas mídias, que Maurice o enlouquece, que o arruinou e arruinou sua saúde...

— Bom, telefono para Daniel e lhe garanto que ele não fará mais nenhuma declaração...

— Do que ele se queixa? — riu Daniel — É verdade que ele me arruinou!

— Mas você deu uma entrevista ao *JDD*?

— Não, apenas no telefone, três frases...

— Três frases que rendem três colunas... Agora, por favor, pare...

O Festival começou. Tenho um milhão de coisas a acertar.

— Gilles, é Maurice...

— Ah, Maurice... posso ligar de volta?

— Sim, pode, mas escute, o que tenho a lhe dizer não vai levar mais de dez segundos, aqui está: não vou mais a Cannes... Primeiro, Daniel mentiu para mim: programou nas minhas costas uma segunda projeção, não era isso que estava combinado, vamos deparar com uma sala meio vazia...

— Não foi Daniel, Maurice, fui eu. Os testes são conclusivos, assumo a inteira responsabilidade por isso. E o que é que você está me dizendo? Uma sala vazia, no domingo de Pentecostes... para um Pialat?

— De qualquer maneira, não tenho vontade de subir a escadaria com um senhor que há seis meses não para de propagar as piores calúnias sobre mim, ainda ontem de manhã no rádio, aliás eu não sou o único, você vai ter Dutronc...

— Maurice, como quiser, você sabe muito bem que respeito... — ele não vinha mais, mas e o filme? — mas então vou precisar de uma declaração, uma palavra, alguma coisa...

— O que você quer que eu lhe diga?

— Ouça, me dê seu número de fax, eu lhe envio um projeto, você o arruma como quiser e me manda de volta, assim isso fica com cara de mau humor de Pialat com os jornalistas, *Van Gogh* não deve ser vítima das besteiras de Daniel...

— Ponto final... Sylvie! Dê a ele o número de fax do SIS, Sylvie, você está me ouvindo?...

— Maurice, pense bem, você pode muito bem chegar alguns minutos depois de Toscan...

— Não é nem isso, não tenho *mais* vontade... Quando um sujeito ataca a gente durante seis meses, o que a gente quer fazer? Não se pode lutar. Ele tem todo o tempo do mundo, e ainda por cima fala bem. E também há um problema de dinheiro: não estou mais recebendo, desde 1º de maio, e como, depois de Cannes, me restarão umas boas quinze semanas de trabalho para terminar o filme, será preciso achar uma solução...

Dutronc por sua vez me telefonou:

— Olhe, acho que não irei. Toscan du Plantier com Maurice, ele não se comporta, entende?...

Eu entendia.

Não digo nada a Toscan. Passo um fax a Pialat com um projeto de carta a ser endereçada a mim. Três dias se passam, nada de fax, nada de notícias de Maurice, nem de Sylvie. Na véspera da projeção, Sandrine Roudman, a assistente de Toscan, me telefona:

— Maurice chega amanhã, por Hyères, será preciso ir buscá-lo...

— E Dutronc?

— Jacques? Ele já está em Cannes...

Acredita-se ter visto tudo, ouvido tudo, mas os desdobramentos da tragicomédia são incontáveis.

O VEUZINHO PRETO

Chegou, enfim, aquele famoso *Van Gogh*: a equipe se encontrou ao pé da grande escadaria. Por sorte, a coreografia dos degraus permite muitas variantes. Para Pialat, desci até a esplanada (o máximo em consideração). Cumprimentei Dutronc, apertei as mãos de Maurice e ele me diz:

— Permite que o abrace?

Era bem a cara dele. Abraçamo-nos e jamais saberei qual de nós dois estava mais comovido. Em seguida, mergulhei na segunda fileira onde Sylvie estava encolhida, como que esquecida, abracei-a, empurrei-a para a primeira fila, entre Maurice e Jacques. Perto deles, Gérard Séty, Alexandra London e os outros, todos os outros que bem mereciam estar ali. Daniel, bem perto também, subia as escadas balançando o corpo como o ciclista Lazaridès nos Pireneus, era a trégua, e subíamos, todos juntos, felizes. A multidão aplaudia. Lá no alto, Dutronc se virou, óculos escuros, uma subida do charuto, os fotógrafos, obrigado, senhores, e desaparecemos na sala. Todos sentiam bem que era o grande dia, os aplausos explodiam. Não passava de história antiga o famoso braço erguido por *Satã* ("Se vocês não me amam, saibam que também não amo vocês!"). Assisti à projeção em um canto do camarote. Por prazer e porque queria ver o que ele tinha mudado.

De repente, Sylvie acorreu: Maurice gostaria que aumentassem o som... Fomos num galope até a cabine; Yann Dedet, o montador, estava lá: não abandonaria a cabine nem por um segundo, como também não na projeção de imprensa da manhã "em que nada se partira". Segundo Yann, era possível aumentar o som, isso não mudaria nada. Por aqueles estúpidos problemas de dinheiro, Pialat parara de trabalhar em 1º de maio. Ele dissera ao mixador para continuar, "limpando" apenas as interferências. Mas quando dizem a um mixador para limpar, ele limpa... Uma vez na sala, Maurice "não escutava mais" seu filme. Era uma pena! Três anos de trabalho! Tanto esforço! Eis o resultado da teimosia, do masoquismo ou, como afirmava injustamente Toscan, da preguiça. Na sala, na verdade, o som parecia particularmente abafado. Apesar de tudo, um elemento positivo: Maurice acrescentara uma sequência. É o fim do filme, os anos passaram, Marguerite Gachet sai de casa, está toda de preto com um véu preto, não está envelhecida por maquiagem. Ela segue o caminho de Auvers, para diante de um jovem pintor. Falam por um momento e ele lhe diz: "Você conheceu Van Gogh?". Ela ergue o véu, olha para o espectador e responde: "Era meu amigo". Depois desce novamente o véu... Escuro.

Mesmo medianamente interpretado pelo ator que faz o pintor, esse fim é sublime, e completa o filme. A sala que viera (vai se partir? não vai se partir?) com gosto de sangue na boca reagiu de forma magnífica, aplaudindo ruidosamente. A emoção durava, se prolongava. Em pé, Maurice e Dutronc se abraçavam...

54. Till, o diabrete (um exemplo clássico)

ROMAN, PRESIDENTE

Num canto do salão de Roman Polanski há um *punching-ball*. A verdade sobre o *punching-ball* é que proporciona bem-estar e relaxamento. Montado sobre um eixo flexível que salta como uma mola — ser batido, voltar —, é um parceiro limpo, sempre disponível. Como poderia imaginar que se tornaria para mim o símbolo do sofrimento silencioso naquele ano terrível?

Início de 1991, o ano de *Van Gogh*, almoçamos, Roman e eu, no Montaigne, 15, na cobertura do Théâtre des Champs-Élysées. Inteligente, grande cineasta, mundialmente conhecido, a ideia é que ele presida o júri. Escolha indiscutível. Conhecemo-nos desde que publiquei um artigo elogioso sobre *Armadilha do destino*, em 1966. Hoje Roman saltita de uma ideia a outra, como exasperado com a própria lentidão. A gente que trate de segui-lo. Ele próprio se interrompe por um "O.k.?" que em sua boca se torna "Okéie". Dois indícios, no entanto, deveriam ter me enviado um sinal de alarme: a) sua impaciência com os garçons; b) seu filme preferido do momento, *O vingador do futuro*, um divertimento bem distante do grande cinema de autor que Cannes reivindica.

Quanto à presidência, Roman pede para pensar, mas sinto que está interessado.

Para dizer a verdade, bem poucos cineastas resistem a essa honra. Carlos Saura e Andrej Wajda me disseram não: questão de moral — eles não querem julgar seus pares.

Polanski não é assim, mas deseja estar associado à formação do júri. Lidar quinze dias com alguém de que não gostasse estaria acima de suas forças. Finalmente, ele aceita.

Em 18 de abril, o Festival fará sua coletiva de imprensa. Se o presidente do júri participasse seria uma grande estreia. Eis o que agrada a Roman: fazer algo inédito, romper com a tradição. Nessa ocasião, ele gostaria de passar no telejornal da TF1. Mas, por mais que eu garantisse o furo ao canal, a guerra ao vivo não deixa nenhum espaço ao anúncio de um festival que nem sequer se sabe se poderá acontecer (guerra do Golfo, psicose das armas químicas e por aí vai).

O júri é formado. Roman e eu descobrimos o diálogo por fax. Os dele são ornados de caricaturas muito parecidas. Percebo isso quando convidamos Alan Parker. De fato, é ele que se faz convidar. No ano anterior, seu filme, *Bem-vindos ao paraíso*, teve uma acolhida não mais que morna. Então Alan me diz:

— Já são cinco vezes que venho e jamais ganhei a Palma, no próximo ano quero estar no júri.

Por delicadeza, digo: por que não? Ele compreende, sim, e em fevereiro me passa um fax: "Eu pensei que estivesse no júri". Nenhuma objeção do presidente. É então que, louco de alegria, Alan me manda uma caricatura (também ele é um excelente desenhista): cingido por uma palma, um indivíduo escreve sobre uma mesa a palavra *desforra*, enquanto se lê num balão: "*At last, I get to be in the firing squad instead of standing against the wall wearing a blind-fold*" [Enfim consigo estar no pelotão de execução em vez de ficar contra o muro, com uma venda nos olhos].

Eu o transmito a Polanski. No dia seguinte, ele o completou: é o mesmo desenho, apenas um pequeno personagem satânico, retrato fiel de Roman com seu nariz comprido e sua guedelha juvenil, aponta um revólver para a têmpora de Alan, e ele acrescenta: "*That's what* he *thinks*" [Isso é o que *ele* pensa], marcando assim sua preponderância de presidente! Mas primeiro a guerra de nervos. Parker quer saber onde será alojado. No Martinez, em uma grande suíte dando para o mar. "M. Parker se sentiu ultrajado, comenta seu *entourage*; é o Majestic, evidentemente, ou ele cancela." Como se vê, a vida de

Paulette Blondin (encarregada do alojamento) não é um mar de rosas. Felizmente, Jean-Paul Rappeneau, um de nossos grandes cineastas, e a notável produtora Margaret Mennegoz não criam tanto caso. Tenho dificuldade em impor Férid Bonghedir, cujo primeiro filme de ficção, *Halfaouine*, deu a volta ao mundo. Roman sempre o considerará sem importância. De modo algum impressionado, o vivo Férid responderá com um excesso de cortesia: "Com todo o respeito que lhe devo, senhor presidente...". Negócio fechado também com Natália Negoda, a jovem atriz de *A pequena Vera*. Roman quis pessoas conhecidas. Eis outras. Em primeiro lugar, Vangélis, o músico de *Carruagens de fogo*, "por causa de suas qualidades humanas". Vangélis quer uma suíte dupla, mais um quarto com duas camas para alojar assistentes e material: várias centenas de quilos sem os quais ele não se desloca jamais. O Carlton acabará por liberar o apartamento vizinho ao meu quarto (ai! o homem do sintetizador compõe à noite?). Em seguida, Vittorio Storaro, diretor de fotografia, tricampeão de Oscars. Falta uma estrela. Faye Dunaway está filmando, mas pede que a mantenhamos na lista, Nicholson vê basquete em casa, Meryl Streep espera um filho. Os dias passam, e nada de *punching-ball* para me relaxar. Conseguimos a divertida Whoopi Goldberg (como eu, ela foi caixa de banco, isso cria laços). Quem teria dito que ela tem mais exigências hoteleiras que todos os outros juntos? Eis o júri completo, que na verdade faz uma bela figura. Será que os jurados se entenderão?

Hotel Lutétia, coletiva de imprensa. Roman está atrasado. Erlenbach, o secretário-geral do Festival, me passa bilhetinhos: "Não se apresse!...". Depois: "Fale mais devagar!". Enfim: "Polanski não está aqui", que chega em má hora, pois Roman faz sua entrada. Cabe a ele anunciar o júri. Mas pôr os óculos é para os velhos. Roman não aparenta sua idade (isso nunca acontecerá), mas se atrapalha com suas notas. Nenhuma importância: os jornalistas tiveram sua estrela.

No dia seguinte, comentaristas retomarão uma frase que passou despercebida. Roman:

— Eu gostaria de levar meus colegas do júri a votar em um filme que nos tenha proporcionado duas horas de prazer.

Quem não concordaria com semelhante definição? Em seu texto para o catálogo, Roman bate na mesma tecla: exorta o júri a não se deixar influenciar por obras "pretensiosas, feitas para embasbacar os críticos" e, segundo ele, "de um tédio incomensurável". Pobre de mim! Tinha ido atrás do homem que demoliria nosso projeto recorrente: ajudar autores ambiciosos a tornar-se conhecidos e a se promover!

Roman está encantado. Na capa das revistas, sua foto, de braço dado com Emmanuelle Seigner, sua mulher, celebra a imagem da felicidade. Em Cannes, generalíssimo vitorioso recebendo as chaves da cidade, ele se enfia em seu Tower Suite, e o diretor do Carlton não desgruda dele.

Na primeira reunião do júri, ele mandou instalar um videocassete — coisa jamais vista! É para mostrar a cerimônia de abertura do ano anterior: tudo o que, segundo ele, não se deve fazer. No dia seguinte, ele próprio organizará as entradas do júri. Cada jurado irá apertar sua mão ao subir ao palco.

— Como vassalos — sopra um deles. No fim, Roman se dirige à sala:

— Vocês estão diante do mais belo júri do mundo. Espero que os filmes estejam à altura. — Parece que ele já tem sua opinião.

A caminho, agora, para o *photo-call.* Inspetores nos escoltam. No corredor, Roman abaixa um interruptor: todo o andar se apaga. Ele ri. Explicam-lhe que a segurança vai intervir, teme-se um alerta de bomba... Ele não diz nada, dá três passos, zás!, ele recomeça. Restabelece-se o contato. Dois outros passos, pumba!... O menino mimado se afasta do *respeitável* com molecagens... Mas quando perceber que sua suíte está situada embaixo da boate e que, às três horas da manhã, o DJ eleva o som ao máximo, o diabrete Roman, voltando a ser presidente em toda a sua majestade, irá, no dia seguinte, resmungar em meu escritório.

NADA MAIS MESMO?

Pierre Viot e eu nunca assistimos às reuniões preliminares, mas acabamos por saber mais ou menos seu clima. Corria o boato de que toda vez que um dos jurados defendia um filme de que ele não gostava, Polanski o cortava:

— Nem pense nisso, não falemos mais nisso... Okéie? — O que ele queria, presumo, era levar os jurados a segui-lo, quando chegasse o momento, como o flautista de Hamelin. No júri, um vento de revolta começava a soprar. Ao fim de três dias, Roman me telefona:

— Você não nos mimou...

Fervo por dentro. Na projeção de *A bela intrigante*, um filme cujo talento compensa por suportar sua duração, o diretor do CNC está sentado entre Roman e Vangélis. Eles se debruçam por cima dele para trocar sarcasmos. Dominique Wallon me confia ter ficado muito perturbado com isso. Atrás, Boughedir resmunga. No dia seguinte, Rappeneau se preocupa:

— Você sabe que ele não gosta de nada?

Consolo Jean-Paul o melhor que posso. E eis uma estreia na história do Festival, o insulto supremo: Vangélis perguntou à secretária do júri se eles eram *forçados* a dar a Palma de Ouro. Fascinante! Como se nenhum filme, nenhum mesmo, fosse digno dela.

— Sim? Mesmo que a gente não encontre nada?

Eu o confirmo categoricamente.

Os filmes se sucedem: nenhum cai nas boas graças deles e devo dizer que Alan Parker (mais uma excelente ideia!) não é o último a atirar. Mas, por enquanto, é Spike Lee que entra na arena: seu *Febre da selva* entusiasma vários jurados. Dessa vez não é Roman que toma a iniciativa de contrariá-los, mas Parker. E também Whoopi, que detesta Spike quase tanto quanto Spike a detesta: ele teria dito, um dia, que ela usava lentes de contato que tornavam suas pupilas azuis porque tinha vergonha de ser negra... Os mexericos levam a culpa. Jean-Paul está desesperado.

Todos os dias, chegando ao alto dos degraus, como na escadaria de *A dança dos vampiros*, Polanski me dizia com ar sardônico:

— Isso é tudo que você encontrou? Não havia realmente mais nada?

Eu teria podido replicar, mas preferia atrair seu olhar com uma doçura que surpreendia a mim mesmo.

Estamos no segundo sábado, a 24 horas da premiação. Guardei grandes cartuchos para o fim. Falta ver *O passo suspenso da cegonha* (mas, com aquele júri, Angelopoulos não tinha nenhuma chance), *Barton Fink: Delírios de Hollywood*, dos irmãos Coen, e *Van Gogh*. Milagre: à saída de *Barton Fink*, Polanski sorri. Ele vem a mim, me toma pelo braço e me diz:

— É bom, não?

No momento, a situação não permite que eu banque o esperto, mesmo que, no fundo, eu prefira *Van Gogh*.

— Ah, você notou? Esse filme é uma homenagem a Polanski...

— Você acha?

— Sim, está cheio de referências, *Repulsa ao sexo, Armadilha do destino, O bebê de Rosemary*, todos os grandes...

Seu rosto se ilumina na mesma hora e ouço claramente os sinos do júbilo. Eles repicam, repicam com toda a força, me inundam, me invadem, me anestesiam — agora é um diabinho que puxa a corda rindo como um louco, e na ponta, pendurado ao tímpano, há um enforcado, e esse enforcado sou eu.

Tudo bem com você? — Abro os olhos. Roman ainda está na minha frente.

— Sim, sim, um simples atordoamento...

Roman sorri. Encontrou sua Palma, seus vencedores. Jovens, pouco conhecidos, um cinema próximo de seus próprios primeiros passos e, não esqueçamos, muito talento. Mais tarde, Rappeneau passa por mim, aliviado:

— Até que enfim ele gosta de um!

E eis que quase todo mundo no júri também gosta de *Barton Fink*. Eu estava aliviado. Sem perder de vista que ninguém, em nenhum momento, havia pensado: e Pialat?

55. Denise

Na minha família, ninguém jamais gritava, nas alegrias ou nas tristezas, nos bons ou nos maus dias. Sofria-se *recto tono*, nem uma palavra mais alta que outra. Mas sofria-se. Minha mãe sofria mais; sim, mamãe, você dizia sofrer mais que os outros, repetia que nos dera tudo, e às vezes era enervante! Pois a *mezzo voce* não impede as mágoas. Meu pai tinha suas queixas, certamente um monte delas, mas não falava nisso com os filhos. Era particular. Desde que conhecera Irène, implicava com minha mãe por existir. Ela atrapalhava seus planos. Ela atrapalhava. Ele se fora, mas voltava de vez em quando. Era uma separação sem situação clara. Uma situação para a qual eu e meu irmão não estávamos preparados. A constituição robusta da amante contrastava insolentemente com os medicamentos de nossa mãe, seus médicos sempre renovados, seus cuidados aleatórios. Como ela manifestou, por volta dos sessenta, sinais de confusão e um pensamento hesitante, meu pai pusera na cabeça interná-la numa instituição mental. Para o seu bem, dizia ele. Era para se livrar dela? Ele abordara discretamente um dos médicos sobre o assunto. Reprovação. Acima de tudo, os filhos Jacob se fecharam em sua recusa. Houve várias cenas penosas. Ele tornou a falar nisso, sob pressão da outra, depois suas investidas cessaram. É claro que mamãe soube disso e ficou mortificada. "Eu, louca, imagine!". Mas ela não dizia nada, a não ser para nós. Queixava-se de ver o marido abandonar a família. Foi Jean-Claude, mais sensível que eu, como já disse, que muitos anos mais tarde pagou por esse desmantelamento; a depressão que tive quando jovem o devastou por volta do fim da vida, muito mais forte que a minha, como se, tardiamente, ele não pudesse suportar a penosa tensão que minava a família. Na verdade, minha mãe era como uma mulher espancada sem violência física. Apenas as torturas da vida cotidiana. Temia o marido, mesmo reconhecendo sua retidão. Como ela não queria ouvir falar de divórcio, nem de separação, a ameaça psiquiátrica servira de alavanca. Mas ela recusava a ruptura, de maneira incompreensível. *Isso* não se faz, eis tudo.

Depois de sua morte, em 23 de dezembro de 1985, encontramos uma carta, numa letra firme, "a ser entregue a meu marido depois de meu falecimento". Dessa carta, que conservei religiosamente, destaco um trecho, mesmo que esse gênero de escrito não costume sair do círculo íntimo. Mas hoje, quando as pessoas se separam com tanta facilidade, quis mostrar como era antes:

> Sei que é um homem de palavra, mas compreendi que você podia sofrer outras influências. Minha vida com você nunca foi fácil e perdi uma a uma todas as minhas ilusões. Sempre fiz por você tudo o que pude sob todos os pontos de vista. Durante sua doença,* você teve uma atitude inqualificável. No entanto, para que nenhum nervosismo arriscasse comprometer sua convalescença, preferi ser covarde. Depois, soube aceitar o que nenhuma outra mulher teria aceitado, para simplificar sua vida, pensando apenas na sua saúde em detrimento da minha, já abalada por outros golpes duros dos quais você por certo se lembra... Você sempre quis viver ao seu modo, esquecendo em que situação punha nossos filhos e logo nossos netos.
>
> Por você, joguei um jogo penoso; para eles, garanto o futuro.

Por essa carta datada de 18 de abril de 1968 (dezessete anos antes de sua morte), ela deserdava o marido.

E, como para indicar que esse legado de além-túmulo lhe dava a última palavra, ela o assinara acrescentando a menção "sã de corpo e de espírito".

Essa carta, que dizia tudo, esperou dezessete anos para ser lida por seu destinatário. Mas era tarde demais: seu estado de saúde não o teria permitido.

* Um infarto.

56. A investida de *Barton Fink*

ENTRE CAROLE E GERALDINE

Ah! Roman. Que foi feito de Roman?

Van Gogh não agradou ao júri. Para eliminá-lo, eles aventaram argumentos mais que contestáveis, por exemplo: os figurinos não funcionam; ou: já se viu um holandês com sotaque de menino de rua parisiense? Ou o ataque supremo: é um disparate apresentar a profissionais um filme em semelhante estado! O caso estava fechado, e Dutronc, que esperava tanto do Festival, não será lembrado no debate final.

Na véspera, à noite, eles tinham se reunido às escondidas, pelo jeito para justificar os prêmios de interpretação. De fato, Polanski queria forçar a decisão e os tinha convocado sem testemunha para decidir a Palma de Ouro. Injustamente, desconfiava de nós. Por volta da meia-noite, a secretária veio me procurar:

— O júri o está chamando.

Esse é um dos privilégios do ofício, eu terminava um jantar entre Carole Laure e Geraldine Chaplin. Saí dali a contragosto e subi à suíte 329. A atmosfera ali parecia de caserna e do baile das Beaux-Arts. Jurados superexcitados, berrando e rindo às gargalhadas, rodeavam um Polanski também bem alegrinho. Ele me estendeu um copo cheio de um líquido azulado que devia ser bebido de um trago, enquanto oscilava no aposento, o tronco empertigado, com giros bruscos à moda de Michel Simon. Então ele bradou, com seu sotaque inglês:

— Vamos! De um trago! Como? Você se recusa a brindar comigo? — Fingi molhar os lábios naquela beberagem obscura, mas o cineasta com a orelha ornada de um pequeno diamante se tornava ameaçador... Por sorte, uma olhada de lado para meu amigo Joël Chapron, o tradutor, me revelou a fraude. Roman me representava a comédia do bêbado, ao mesmo tempo porque estava encantado com o resultado e sem dúvida para me punir por "todos aqueles filmes ruins". Enfim, e principalmente, para impedir meu espanto com aquela reunião inopinada. Como se eu pudesse me dar ao luxo de protestar...

PINGUE-PONGUE VERBAL

No dia seguinte, os carros chegaram às dez horas à *villa* Domergue.

— Primeiro falamos um pouco? — propôs Rappeneau, apesar de rouco.

— Não vejo por quê — retorquiu Roman. — Ontem à noite estávamos todos de acordo, não? — E passando ao inglês: "*Look, guys, what's happening to you? Last night, everyone agreed, remember, now, let's go...*" [Vejam, caras, o que acontece com vocês? Ontem à noite todo mundo estava de acordo, lembrem, então agora vamos lá!].

Foi assim que, em três minutos, com mãos levantadas, *Barton Fink* obteve a Palma de Ouro. Tranquilizado, Roman consentiu que se discutisse. Mas para ele estava claro: nenhum filme além de *Barton Fink* merecia o segundo prêmio: grande prêmio do júri (e assim por diante para todos os prêmios). Mal um jurado expunha sua opinião, ele retomava a palavra: nada de compromisso, era sua bandeira. Durante esse tempo, Alan Parker desenhava pequenos croquis (que surripiei para nossos arquivos). Storaro erguia a mão. Uma hora depois, não se avançara um milímetro. Eu tinha uma preocupação suplementar: avisados tão tarde, os premiados que já haviam deixado Cannes estariam de volta a tempo? Alguns jurados teriam a intenção de premiar *A bela intrigante*. Alguém (Alan?) se lança então numa violenta diatribe contra o filme de Rivette, um filme "que ia esvaziar as salas pelos próximos seis meses". Os rivettófilos já curvam a cabeça quando o mesmo retoma a palavra: votará por Rivette, sim, vocês ouviram bem, por respeito, estima e amizade pelo grupo dos que o defendiam até o fim. Mas quatro votos não bastam. A oportunidade para Roman trocar o voto que falta pela unanimidade para *Barton Fink*. Negócio fechado! Apesar de seu tema (as fronteiras, as pessoas desalojadas) que concerne a todos nós, *O passo suspenso da cegonha* não empolga. Tampouco *Lune froide*, *Assassinato do tsar* ou *A vida sobre um fio*, em que Chen Kaige enriquece o tema do músico cego. Prêmio de interpretação feminina: Irène Jacob (*A dupla vida de Véronique*); masculina, aposto que não adivinham: Turturro em... *Barton Fink* — e atenção! Esclareçam bem que não é por sua interpretação em *Febre da selva*. Nada de compromisso! Trabalho perdido para os outros. Abreviemos: já dois prêmios para os irmãos Coen, agora se trata de bater o recorde de Wim Wenders quando era presidente do júri e fez dar dois prêmios a *Sexo, mentiras e videoteipe*. Rappeneau, ainda com uma deficiência vocal por um começo de angina:

— Vocês não acham que dois prêmios, isso fica... um pouco... — Não, Roman não acha. Então, prêmio de direção: os irmãos Coen por *Barton Fink*. Fim da lista de premiação com o prêmio, para Spike Lee, do melhor papel coadjuvante ao irmão que interpreta o drogado em *Febre da selva*... Uma bofetada, por assim dizer. Spike é que vai ficar contente! E nada para *Van Gogh*, naturalmente. Aí está a premiação mais radical que já se viu, ao lado daquela, mais tarde, em 1999, de Cronenberg em favor de Bruno Dumont. Mas de repente Whoopi também se sente mal. Que ano! Chamam o SAMU. Angina. Medicamentos. O Festival acabou, mas ela não poderá pegar o avião. Pelo menos não imediatamente. Seu marido precisa ir embora e a confia a nós.

QUANDO NASTASSJA DIZ NÃO

Sim, que ano! No palco, o júri estava sentado no segundo plano, e Roman, em pé, anunciava os prêmios com voz forte. Mas não estávamos no fim de nossas penas. Perdi o espetáculo: chamavam-me com urgência aos bastidores. Vestida, penteada, maquiada, soberba, Nastassja Kinski se recusava categoricamente a entregar a Palma de Ouro. Era a Spike Lee que ela pretendia dar um prêmio e aferrava-se a isso. Tentei lhe explicar que estava combinado assim, que o prêmio para *Febre da selva* era embaraçoso. (Spike subirá ao palco mesmo assim e aproveitará para fitar Roman com um olhar insistente e desdenhoso.) Mas não, Nastassja não queria saber de nada. Era Spike ou nada. No último momento, acabamos por convencer a bela amuada, e Dennis Hopper entregou a Spike seu diploma.

Outro incidente: Lars von Trier ganhara dois prêmios por *Europa*. Naturalmente, era a Palma que ele teria desejado. Não o prêmio da Comissão superior técnica... Tomou-se então bastante cuidado em lhe esclarecer, *backstage*, que ele tinha uma outra recompensa. Ele se apresentou, acompanhado de um desconhecido.

— Como me dão sempre um prêmio técnico em Cannes, eu trouxe um técnico! — depois se foi, encantado com a brincadeira. Mas quando voltou, para o prêmio do júri, compreendeu-se que também ele estava louco de raiva. Inclinou-se para o microfone: —*Thanks to the midget and to the others members of the jury!* — O *midget*, isto é, o anão. Um anão, talvez, mas com corpo robusto e flexível como um tigre. E uma vivacidade sedutora a que poucas mulheres resistiriam. Roman ficou impassível, como ainda há pouco sob o olhar mortífero de Spike. Os jurados riam dissimuladamente.

Em sua crítica da premiação, intitulada "Três vezes um: demais", Danièle Heymann (*Le Monde*) acusou o presidente de imperialismo. E exigiu que se proibisse a acumulação. Fúria de Roman. Ele respondeu por uma entrevista intitulada: "Polanski se irrita". "Se um único filme ganhou três prêmios", explicou ele, "é que se recusaram as repartições diplomáticas habituais, e não é minha culpa se o cinema internacional..." Ele teve até mesmo uma palavra, falsamente gentil, dirigida a mim. Minha vez de ficar irritado. Vi aí uma certa desaprovação da seleção. O que era aquela cruzada que o arrastava? A guerra de um profissional saído de uma escola de cinema contra os pobres sujeitos da Nouvelle Vague e seus herdeiros. Os diretores contra os autores. A perfeição técnica contra o tremido da vida. Adoro os irmãos Coen, dos quais mostrei dez filmes, mas sem dúvida Roman teria podido perceber que, ao dar três prêmios a *Barton Fink*, ao praticar essa dopagem que deveria ser proibida como entre os esportistas, ele esmagava sob um excesso de honra um filme que, apesar de tudo, não é *Em busca do ouro*. Às vezes nossos atos ultrapassam nossas intenções. E as tornam derrisórias. O tenaz Roman ficará na história do Festival por ter desferido um grande golpe. Ou melhor, uma saraivada de golpes!

* * *

No Festival, convicções tão opostas às vezes levam a irônicas reconciliações. Em 2002, onze anos depois daquela presidência, digamos, complicada, Roman ganhou a Palma de Ouro com *O pianista*, um filme inspirado e comovente. Ele nunca soube disso, mas foi exatamente naquele dia que deixei de ficar amuado com ele. No íntimo.

57. Aprender (continuação)

UM ESTRANHO OFÍCIO

Relatei em detalhes o episódio Polanski porque é muito raro que um presidente de júri, aliás perfeitamente livre em suas escolhas, chegue a tratar com rudeza a própria instituição. Por certo, um dia, em Locarno, Toscan fora mais longe ainda: não concedera nenhum prêmio e só fora salvo pela proteção da polícia. Roman, e eu lhe agradeço por isso, não chegou a tanto. E, no fundo, tudo foi culpa minha. Deveria ter me dado conta de que ele se vingava de uma parte dele mesmo hoje desaparecida. Deveria ter lembrado que existem dois Polanski. O diretor audacioso dos primeiros filmes e dos curtas-metragens. E o outro, o dos grandes filmes com vocação popular, bem-sucedidos ou não. Um, inventor de surpresas, de formas cinematográficas, de achados estranhos (as batatas que germinam na geladeira de *Repulsa ao sexo*, os ovos em *Armadilha do destino*); o outro, mais acabado talvez, porém mais previsível também. Até *O bebê de Rosemary*, que reúne os dois (por inúmeras ideias visuais, ele torna palpável o fantástico no cotidiano), podia-se considerar que Roman ainda se interessava pelos progressos da escrita cinematográfica. Em seguida...

O ideal seria, evidentemente, constituir um júri *depois* de ter terminado a seleção, segundo se trate de filmes de autores formalistas ou de filmes de grande público, mas isso seria descortês. Por outro lado, como detectar os gostos em matéria de cinema? Como estar certo de que, para ser presidente, não se chegará até a dissimular suas verdadeiras tendências? E compor um júri em função dos gêneros de filmes não é já influenciar a decisão final? Preestabelecer uma lista de premiação por procuração? Acrescentemos que a confiança dos grandes diretores que se arriscam ao aceitar a competição se baseia antes de tudo na imparcialidade do diretor do Festival que os incita a vir.

Para o diretor do Festival é a mesma cantilena. Sem cair na paranoia, ele desconfia de tudo, vê todo mundo contra si. O presidente do júri raramente está satisfeito, os críticos contestam suas escolhas, os cronistas se encarniçam contra o menor passo em falso, os produtores o censuram por não aceitar seus pedidos (enquanto eles são juiz e parte), os cineastas não escolhidos dizem cobras e lagartos, os escolhidos têm uma ideia muito precisa do que desejam obter: Cannes/não Cannes, competição/não competição, uma sessão, duas sessões, três sessões, não o primeiro dia, não o segundo, não o último, não o penúltimo, não o 13, não às 22h30, não à meia-noite, não em Um Certo Olhar, não no encerramento, não na abertura, não na frente de um grande filme, não se a imprensa não o viu, não se a imprensa não gostou dele, não se os atores não podem vir, não se não há lugar no Hotel du Cap, não se o filme não foi lançado nos Estados Unidos, não se há outro filme com a mesma estrela na competição, não se fulano é presidente do júri, não se o diretor não pode dar uma resposta i-me-di-a-ta...

Então, a tudo isso que por vezes é contraditório, excessivo e mesmo intolerável, e a que se anseia responder não, não e não, a gente se ouve de repente murmurar, numa voz suave, sim, sim, sim. Sim a tudo, sim, seu filme é uma obra-prima, sim, a atriz terá sua suíte, sim, pagaremos as aulas de tênis de seu filho. "E seu bronzeador?" "E seu bronzeador." "E sua viagem de volta passando por Genebra, ou Londres, ou Tóquio?" "Passando pelo Polo Norte, se isso lhe dá prazer"

Em suma, como dizia aquela prezada Molly Bloom à beira do êxtase, é sim, sim, sim...

Assim caminha o exercício do poder.

Pois uma seleção não é um passeio salutar. Os filmes chegam, cada vez mais numerosos, cada vez mais diversos. É preciso aceitar visioná-los em um tempo cada vez mais curto. Transformar em atividade profissional o que deve continuar a ser um prazer e uma paixão. Não se pode conceder o tempo para degustar uma obra no ritmo que esta merece. É preciso dar uma resposta. Justificar-se, tranquilizando os autores decepcionados, resistir a produtores que nunca desistem. Ano sim, ano não, os grandes cineastas não filmaram. Angústia. Procura-se desesperadamente uma substituição. Já se ouvem os comentários: "Veja! Cannes não é mais Cannes". O ano seguinte, apreensão, a abundância de nomes célebres vai limitar o espaço para os desconhecidos. Imagina-se o discurso: "Estava fácil demais!". Sem dúvida, Vossa Senhoria, mas um Fellini menor sempre será preferível a um esforçado que se superou. Além disso, se são sempre os mesmos os aceitos, é porque fazem realmente os melhores filmes.

Esse pingue-pongue íntimo não para nunca.

E como reunir a melhor seleção possível sem ser atormentado pela diversidade geográfica dos países participantes, pela multiplicidade dos gêneros, dos formatos, das tonalidades, dos talentos? Num mundo em que a revelação de cinematografias ainda desconhecidas é do domínio do impossível, o encontro com obras singulares, a descoberta de cineastas emergentes ou o aparição de fantasmas que não se esperavam mais parecem também milagre. É preciso estar louco para continuar a aceitar este desafio: revelar, surpreender, fazer sonhar.

58. O “15”

É um erro se atormentar com um mundo de contrariedades de todo tipo, de decepções muito relativas, mas contínuas. Esse é o quinhão dos diretores de festival. Mesmo assim, com aquela louca alegria quando a pescaria foi boa... Enquanto esperamos, sentemos um pouco e retomemos o fôlego.

Passa-se por acontecimentos imprevistos. Em 1996, logo depois do Festival, estou em meu escritório com um chato. Tenho uma espécie de pontada de lado. O maçante se vai. De repente, como quando do terremoto, sinto algo que vem do interior, mas não da terra, dessa vez de mim. O aperto da dor, no meio das costas, se torna tão intenso que escorrego para o chão e não consigo conter um grito. Contra minha vontade, pedalo no vazio, repetindo às assistentes que me acudiram:

— Não é nada, vai passar.

Nicole e Marie-Pierre não perdem um segundo, chamam meu amigo, o professor Sicard. Depois sos Médecins. Elas falavam baixo, agiam depressa, eu me lembro de que estavam brancas. A picada, o SAMU, os bombeiros, a maca que quase tomba na curva da escada, a zeladora (parece que ainda a ouço): “Acho que a gente não o verá mais, pobre senhor”, o trajeto deitado de Malesherbes a Cochin, a ambulância que sacolejava, a sirene rouca, as folhas das árvores acima da minha cabeça, as árvores, a vida...

Didier Sicard me espera na frente do pavilhão Achard, onde fica a emergência cardiológica. Cuidados intensivos, tubos, eletros, pressão, coletas de sangue, exames, transfusão gota a gota, pílulas, calmantes, expectorantes, heparina, aparelhos de controle se reproduzindo na sala das enfermeiras, interno de guarda, primeira noite, barulho de passos no corredor, luzinhas de controle que piscam e soam sem parar, angústia, família, angústia.

De manhã, chefe de serviço. Conciliábulos. Estenose de uma artéria coronária. Maca de novo. Elevador. Intervenção. Invasão da artéria femural. Longa haste com uma microcâmera que serpenteia no interior da artéria, sobe até o coração, balãozinho, alargamento. A câmera progride, é acompanhada no monitor de controle, não se está adormecido, ligeiramente interessado. Momento delicado. Queda de pressão. Escuro.

— Senhor, senhor — me grita o médico que está tentando me salvar —, fique conosco, está me ouvindo, fique conosco. Feche os punhos, abra, feche, abra, feche. Isso...

Minha mãe (cena do tapa):

— Mas fui eu que dei a vida a você, meu querido.

59. A vida, modo de usar

Ao sair do hospital, como tudo parece magnífico! Aproveita-se o tempo para viver. E então, alguns meses depois, começamos a nos irritar de novo.

60. Wajda e Kieslowski

NÃO MATARÁS

Setembro de 1989. No Festival de Gdansk, um filme se destaca. É *O inter rogatório* (a tortura de uma mulher na prisão), de Ryszard Bugajski, proibido havia sete anos. A acusada é Krystyna Janda, uma das atrizes mais talentosas de seu país, renomada por seus papéis com Wajda em *O homem de mármore* ou *O homem de ferro*: mostrar esses filmes era nossa maneira de lutar pelas liberdades. *O interrogatório* desprende uma carga emocional muito forte, e não apenas para os poloneses. Imediatamente proponho a competição a Irena Strzalkowska, chefe das relações internacionais no Ministério da Cultura. Resposta: "Sinto muito, o filme está prometido ao Festival de Berlim". Ora, nós havíamos feito uma reserva desse filme desde 1982, eu assinalara então que esperaria o tempo que fosse preciso...

Dessa vez, exibi o aviso de tempestade. A despeito de tudo, eu não abandonaria o filme a oportunistas da undécima hora. Por telex a Irena, apontei a incorreção: aquele gesto inamistoso ia fatalmente perturbar "nossas boas relações". Um segundo telex pedia apoio a Jerzy Plazewski, da Associação dos Cineastas: quem havia devolvido a esperança aos artistas nas horas sombrias antes do Solidariedade?... Enfim, fiz uma visita a Kieslowski, que estava justamente em Paris para seu *Decálogo*. Com Krzysztof eu tinha uma relação privilegiada: desde 1987, havíamos mostrado *O acaso*: interesse muito vivo, mas a "bomba" não explode. Um ano mais tarde, *Não matarás* cria *a* comoção do Festival. Em uma noite, o autor é lançado mundialmente. E, para celebrar a ocasião com mais força ainda, convidei Kieslowski para o júri no ano seguinte e apresentei três episódios inéditos do *Decálogo*. (Realizar em um ano, quase sem orçamento, os dez capítulos, é um verdadeiro prodígio.) Então, eis Kieslowski enfim consagrado cineasta mais importante da década.

Reencontro com emoção seu sorriso juvenil no grande hall lúgubre do Hotel Régina, na Place des Pyramides. Krzysztof me traça o quadro da situação: a Polônia não tem mais provisões, dinheiro, nada. Nada além da liberdade. A liberdade de pensar, de falar, de fazer. Mas fazer o que sem um *zloty*? Naturalmente, se não há mais dinheiro para a indústria, há ainda menos para a cultura, e os cineastas estão na situação paradoxal de imaginar (enfim!) todos os filmes que quiserem sem poder filmá-los. Propus a Krzysztof ajudá-lo a encontrar fundos.

— Financistas já os oferecem a mim — ele me responde. Mas não quer aceitar nada enquanto jovens cineastas poloneses "bem melhores que ele" não estiverem trabalhando. Questão de moral.

UM ACIDENTE DE HELICÓPTERO

Quanto a *O interrogatório*, Krzysztof está bem a par. A decisão de enviar o filme a Berlim foi tomada coletivamente em razão da precariedade internacional. Em seis meses — e aí reconheço bem seu pessimismo — Gorbatchov terá perecido em um "acidente de helicóptero" e a tampa se terá fechado novamente, mais pesada ainda que antes da Perestroika. Por sua vez, privar Bugajski de ser reconhecido seria uma má ação. Ao mostrar seu filme desde fevereiro em Berlim, aumentam-se as possibilidades de que o "acontecimento" acima ainda não tenha ocorrido. Eu lhe proponho, então, me fazer enviar a cópia para Paris sem demora: comprometo-me a apresentar o filme em maio, "aconteça o que acontecer".

Fazer vir o diretor não seria nenhum problema: faz muito tempo que Bugajski emigrou para o Canadá. Kieslowski não respondeu, mas senti que estava tocado por minha determinação, e acrescentei: "se, por infelicidade, os acontecimentos evoluírem como você diz, uma projeção em Cannes mostraria a permanência da liberdade como uma pequena chama que brilha na noite". Kieslowski se limitou a murmurar:

— Pena que você não tenha dito isso há dez dias... — E me explicou que estava chegando de Toronto, aonde fora justamente para convencer Bugajski a apresentar seu filme... em outro lugar. — Eis o que vamos fazer — sugeriu ele —, você vai escrever uma carta para Wajda. Amanhã estarei na Polônia e a entregarei a ele. — Enquanto chefe do grupo de produção que patrocinara *O interrogatório*, Wajda era decisório nesse caso.

Wajda! *O homem de mármore*, meu primeiro filme surpresa em 1978 (eu acabava de chegar). Para fazê-lo vir clandestinamente, Tony Molière, seu distribuidor, passara as bobinas para velhas latas enferrujadas. Eu o fizera jurar que não falaria nisso com ninguém.

— O que eu posso marcar na etiqueta para a alfândega? — me perguntara Tony.

— Um título falso... ponha *Cuspirei em seus túmulos*, ao menos eu me lembrarei... — Foi assim que fizemos, meus filhos e eu, uma incursão, em pleno Festival, ao apartamento de Cannes alugado por Tony, em cujo patamar esperavam as famosas bobinas. Como os meninos eram muito jovens e essas peripécias rocambolescas inflamavam sua imaginação, o motorista, um sósia de Eddie Constantine, dirigia como se estivesse em competição, e os pneus cantando nas curvas os faziam soltar gritos de excitação. Em todo caso, a apresentação de *O homem de mármore* teve as honras do *New York Times* e, pela primeira vez para um filme, de um editorial nas páginas políticas.

No ano seguinte, parto para Varsóvia, com Tony, para ver *Sem anestesia*, o novo Wajda. Uma noite de neve e gelo. Na avenida Ujazdowskie, Tony escorrega e cai. Foi mais susto do que outra coisa. Jantamos com os Wajda em um restaurante sinistro e superaquecido, sob a vigilância de um agente do ministério. Mal-estar. Limitamo-nos a falar do frio, das restrições, do conforto nos hotéis para estrangeiros. Agito os pés de impaciência. Wajda, testa larga, olhos vivos amendoados, parece triste, fala pouco, sua mulher traduz, mas acabo por notar que Krystyna baixa o olhar com insistência. É um convite para pegar o papel que ela me passa sob a mesa. Não posso responder-lhe pela mesma via: seu bilhete está em polonês e preciso esperar até chegar a Paris para mandar traduzi-la; eis-nos de volta, sem sequer nos dar conta disso, aos tempos gloriosos da Resistência.

A essa evocação, e mesmo que não soltasse gritos de alegria como meus filhos, Krzysztof pareceu impressionado. Ele compreendia que entre Wajda e mim — não esqueçamos a Palma em 1981 para *O homem de ferro*, filme que chegou tão tarde em Cannes que o selecionei quando o Festival já começara! — havia laços de confiança, uma verdadeira cumplicidade. Será que eu o autorizava a dizer que, se me recusassem Bugajski, não aceitaríamos nenhum outro filme polonês?

— Sem dúvida alguma! É a pura verdade. — Mesmo assim, houve uma última hesitação: o que aconteceria se, em pleno Festival, as autoridades polonesas exigissem que lhes fosse devolvido um filme de que são proprietárias?

— Deixe-me contar uma historinha...

O CASO STALKER

Dessa vez, tratava-se dos russos e de Tarkóvski, artista maior que também sofrera muito com a incompreensão dos capachos. Havíamos decidido apresentar *Stalker*, sempre como filme surpresa, único meio de guardar segredo e evitar o confisco. Eu obtivera uma cópia por intermédio de Richard Delmotte, o diretor dos filmes Cosmos. Dizia-se que seu escritório, na Rue Berlioz, abrigava agentes secretos. A meu ver, ele dava prova de coragem, sendo os soviéticos seus únicos fornecedores e, sem dúvida, também seus acionistas. A menos que fosse com a autorização deles... Então, "programa surpresa" uma manhã, às dez horas, no Palais. Agora os jornalistas compreendiam o que aquilo queria dizer... Ora, muitas vezes havia confusão entre os russos e mim, como se viu. Portanto, havíamos multiplicado as precauções: cabine de projeção com cadeado, eu entrincheirado em meu escritório e Favre Le Bret retido em seu hotel.

No começo da projeção, Oleg Rudnev, imponente armênio de sobrancelhas espessas, levanta de sua poltrona, seguido pelos acólitos, e de um salto chega à cabine. Ele tamborila sem sucesso: como única resposta, uma trilha sonora eslavíssima que ele reconhece bem demais e o rom-rom exasperante de aparelhos bem azeitados... Compreendendo que a porta de aço resistirá a seus ataques, Oleg, suando, goteja até meu escritório. Ele desaba numa poltrona que solta uma salva de estalos. Então o diretor da Sovexportfilm se põe a proferir ameaças e invectivas: o que eu faço ali é pirataria pura e simples, banditismo, extorsão de cópia... Atentado à propriedade! Atenho-me a conservar o sangue-frio, fitando obstinadamente seus sapatos bicolores. São marrons e brancos com furinhos, como era a moda em Pigalle antes da guerra. Depois, transbordante de amabilidade, proponho levá-lo ao nosso presidente, jurisdição suprema de que depende aquele "mal-entendido".

Oleg não é tolo. O lado protelatório não lhe escapa, mas os russos têm um senso visceral da hierarquia. Pede apenas que nos apressemos a fim de parar o mais depressa possível aquela projeção "ilegal". No escritório de Favre Le Bret para onde arrasto o pequeno grupo, a secretária responde que ele ainda não chegou.

— Se desejar — sussurrei —, eu o levo ao Carlton...

Um motorista nos leva até lá em marcha lenta. Nova espera. Favre Le Bret faz as coisas em grande escala, ou melhor, como homem do mundo: primeiro, rasgo de gênio, ele recebe Oleg e seus esbirros de robe — um belíssimo robe de seda listado com uma borla — e pés sem meias nos chinelos ricamente ornados. Estamos na casa de Ali Babá e eu represento os quarenta ladrões... Como apressar um senhor que se entrega assim, em sua tépida intimidade ao sair da cama? Cordialidade primorosa:

— Os senhores preferem café, chá, chocolate, ah, por que não tenho aqui o samovar que me ofereceu aquela prezada madame Fúrtseva, sua ex-ministra da Cultura, e que faz uma infusão com um aroma...

Favre Le Bret se vale de uma velha manha digna do Quai d'Orsay: dá voltas na conversa como se levasse um cão para passear. E se lança a um de seus relatos favoritos sobre suas viagens à União Soviética em companhia do corpo de baile. Seguindo o, perseguimos os ratinhos nos bastidores do Kírov, curvamos sob nossos beijos bailarinas com pescoço de alabastro, sonhamos, sonhamos e, durante esse tempo, a projeção continua, e até terá acabado antes que os soviéticos... Vitória! A crer em meu relógio, ela *está* terminada — e, aliás, eles já não tiveram o bastante? A delicada urbanidade de Le Bret ("É preciso que voltem a me visitar") acaba de desarmá-los.

Tarkóvski, vetado no festival, sem dúvida nunca soube até que ponto a projeção de *Stalker* fora arriscada, mas Kieslowski podia, escutando esse relato, avaliar minha combatividade. Ele sorriu, e seu olhar azul-celeste me dava sua confiança. Despedi-me de meu amigo, e um oficial se aproximava:

— E dizer que sou eu quem lhe pede ajuda — fiz eu bem baixo —, gostaria muito de também fazer alguma coisa por você...

— Você já fez e sabe disso — respondeu-me ele com uma doçura infinita —, eu gostaria muito que a gente se revisse quando eu for a Paris... — À tarde, ele me telefonou. — Tenho uma ideia — disse. — Eis o número de Bugajski em Toronto. Ligue para ele de minha parte. Diga-lhe para telefonar para Wajda. Isso pode ajudar... — Soube mais tarde que, para os poloneses, esse telefonema foi determinante na decisão de nos dar o filme. E Krystyna Janda recebeu o prêmio.

Houve muitos outros poloneses em minha aventura de Cannes. Zulawski, que ajudei ao ressuscitar ali dois de seus filmes proibidos (*La troisième partie de la nuit* e *Le globe d'argent*), ao selecionar *Possessão* (prêmio de interpretação para Adjani) e também ao fazê-lo ter a nacionalidade francesa, tão importante para ele. Skolimovski, encerrado no júri com seus colegas, chamado com urgência para ser informado de que um de seus filhos tinha um problema grave. Ele precisava partir sem demora para Nova York. Motor rodando, um carro já o esperava. Então ele se sentou de novo à mesa das deliberações e se pôs a defender um filme, como se nada tivesse acontecido.

Houve Zanussi (*Espiral*, *Constância*, *O galope*), que tinha ar de cardeal.

Mas nunca nenhum me comoveu tanto como me comovi no dia — o último em que nos vimos — em que Kieslowski me confiou em seu inglês elíptico, entre duas baforadas de cigarro:

— Vou parar de fazer cinema. É um trabalho muito duro. Esgotante. Precisei rodar três filmes em dois anos. Filmados, montados, lançados. Cada um tinha por título uma das cores da sua bandeira. Como uma saudação à República. Agora vou dormir. Descansar. Mais tarde talvez retome meu trabalho de roteirista. Enquanto isso, vou voltar para casa junto dos meus, fumar um cigarro vendo o rio correr. Tudo o que amo...

Apesar dos apelos de Marin Karmitz, seu último produtor, Krzysztof, no fim de suas forças, manteve a palavra. Voltou para casa. Fumou. Mas, três meses depois, na hora em que as sombras se alongam, ele se foi de verdade ao longo do rio.

61. A arte e o estilo

Quando ela me telefona, sei que é ela desde a primeira sílaba: a entonação, suave, precisa, pausada, não mudou desde o ano em que a vi pela primeira vez, na casa de Toscan, na Rue de Monceau. Na verdade, naquele dia ninguém ouviu o som de sua voz. Daniel, como se diz, falava pelos cotovelos, e quando ele falava todo mundo escutava. Primeiro, porque ele era apaixonante, em seguida porque desfiava as frases sem que nunca se pudesse interrompê-lo. Ela escutava como os outros, um leve sorriso passeando por seus lábios. No entanto, não se viveu nove anos com alguém sem conhecer de cor todas as histórias que conta. Depois Daniel me levou a um quarto no fim do corredor, mostrou-me uma grande sacola de viagem aberta, uma pilha de roupa de baixo amontoada no interior, e me confiou, suspirando:

— Você está vendo, nunca se sabe o que ela vai fazer, nem se ainda estará aqui amanhã... — É verdade que, desde então, Isabelle Huppert traçou seu caminho. E daí em diante ela fala, e muito bem.

Da adolescente de rosto redondo coberto de sardas (em *Dois aventureiros e uma mulher*) à juíza seca gênero Eva Joly (em *A comédia do poder*), passando por *Violette Nozière*, *Salve-se quem puder: A vida*, *Les ailes de la colombe* [As asas da pomba], *Mulheres diabólicas*, *As filhas do rei* (eu poderia citar dez outros), que esplêndido, que impecável itinerário! De uma compostura perfeita, hábil em se moldar a um personagem, em compor com precisão e ardor um papel, caracterizando uma personalidade a partir de um nada, a hiperativa Isabelle pratica maravilhosamente a arte da elipse, da sugestão, a arte do silêncio. Desde os anos Toscan, desde sua inacreditável encarnação da cabeleireira triste de *Um amor tão frágil*, o silêncio lhe cai bem. O silêncio a habita, ela se destaca tanto no que mostra de si quanto no que esconde, no que diz e no que cala. É a fada da interioridade.

Jamais conheci outra atriz no mundo que tenha obtido tantas seleções em Cannes. Se, de brincadeira, fosse preciso conservar dela uma só de suas interpretações, poderia ser a pianista frustrada de Michael Haneke ou a prostituta zombeteira de Bertrand Tavernier em *A lei de quem tem o poder*. Não, pensando bem, seria um suspiro em *Loulou*, de Pialat. Loulou (Gérard Depardieu) vai fazer amor com Nelly (Isabelle). Ele estende sobre ela seu grande corpo esmagador, pressente-se que a cama vai desabar, e Isabelle (ou Pialat) tem aquela inspiração de gênio que resume todo o filme; ela lhe murmura:

— Ufa, você é pesado...

Com certeza, em nosso cinema, Huppert ocupa um lugar à parte: ela está ao mesmo tempo no centro e à margem. Capaz, como acaba justamente de fazer em 2008, de refugiar-se durante dois meses, à beira de uma autoestrada búlgara desativada, para encarnar uma estranha mulherzinha no primeiro filme de uma desconhecida, Ursula Meier, como de ser a atriz fetiche de grandes diretores, de Godard a Losey, de Tavernier a Chabrol (seis vezes). Capaz também — agora estamos no teatro — de se lançar nas experimentações de Bob Wilson bem como de despertar o riso dos espectadores na nova peça de Yasmina Reza.

Superexigente, sobretudo com si mesma, Isabelle tem a tremenda coragem de querer tudo ao mesmo tempo — família, filhos, trabalho, cultura —, como se esse agrupamento fosse convocado para alimentar sua inspiração, como se a impaciência de submeter sua vitalidade a rude prova a levasse a essa sorridente determinação.

Na vida, Isabelle também é múltipla.

Passeei com ela na Quinta Avenida em Nova York, encontrei-a no Boulevard Raspail, em Paris, sem maquiagem, um pequeno impermeável nos ombros, sem que os transeuntes a reconhecessem, eu a vi preparar um barbo com ervas aromáticas em sua cozinha, ouvi-a cair na risada no café da Place de L'Isle-en-Dondon, perto do castelo de Toscan na Haute-Garonne, cumprimentei-a oficialmente subindo a escadaria em Cannes, como princesa da tela que sabe o que lhe cai bem, admirei-a quando ali apresentava um filme, em coletiva de imprensa, com modéstia e agudo conhecimento de seu trabalho, com fineza para responder às perguntas mais estapafúrdias, telefonei-lhe quando ganhou seus prêmios de interpretação e nas duas vezes ela chorou...

Com Isabelle, no entanto, temos de longa data dois motivos de discórdia. Ela não tolera que eu não vá vê-la no teatro a cada nova peça. E eu fiquei muito tempo sem coragem de lhe dizer que, por mais notáveis e contemporâneas que sejam, as cadeiras de papelão reciclado de sua sala de jantar são uma tortura para costas frágeis. Felizmente, há pouco ela as trocou. Está melhor, mas recomendo levar sua almofada.

62. Quem quer matar Robert Bresson?

Robert. Robert Bresson. Sua magnífica cabeleira branca. Seus olhos azul-claros. A escolha das palavras. As notas sobre o cinematógrafo. A troca entre as imagens e os sons. Bresson, o pesquisador. Deveriam lhe ter dado o prêmio Nobel de química. A escrita. Os modelos. O "estranho caminho". A graça. "Lute! — Eu luto!" "Fique! — Eu fico..." O rosto das mulheres: Anne Wiazemsky, Dominique Sanda, Florence Delay... Filmar o mistério; o desconhecido. O burro. O cura. O condenado. O batedor de carteiras. A menina. Mouchette rola para o rio, seu vestido fica preso. Monteverdi. Escuro.

Bresson, Vigo, Tati, Renoir, Pialat, Resnais: um bom ponto de partida para uma videoteca. Mas a questão não era ser o primeiro. Bresson era à parte. Pulôver de caxemira jogado nos ombros, calça de tecido combinando, ele tinha a sedução de sua elegância e o orgulho de sua solidão. E ele até reivindicava essa solidão. Afirmava jamais ver os filmes dos outros. Mentiroso! Ele os conhecia muito bem. Entrava nas salas com o filme já começado e saía antes do fim. Também não queria que o filmassem nem fotografassem. Um dia de 1983, ele saía do Carlton para ir a uma festa por *O dinheiro* em uma *villa* dos Hauts de Cannes. Fotógrafos de agência estavam lá. Ele os nota. Avança para eles. Lança a mão para tapar a objetiva. Abaixa-se quando percebe a câmera. Trata-os de modo familiar. Insulta-os. Toda noite, esse jogo de esconde-

-esconde. Desviar-se. Pôr a mão na frente do rosto. Resmungar. Fugir. Sair correndo na noite.

Jornalistas também o perseguiam:

— Você recebeu adiantamento sobre as bilheterias porque Caroline Lang [a filha do ministro] trabalha em *O dinheiro*? Vai ganhar a Palma de Ouro?

— Mas não sei nada sobre isso — respondia Bresson. E Tarkóvski, também orgulhoso, também em competição aquele ano, dizia:

— Sou como Bresson, é a Palma ou nada. — Graças a isso, não apenas não ganharam a Palma como lhes deram um prêmio em conjunto que não agradou nem a um nem a outro.

Em outra ocasião, Bresson veio a um encontro comigo e Favre Le Bret. Ao chegar ao escritório, não quis sentar. Estava irritado. Soubera que haveria projeção de um curta-metragem antes de seu filme (era o costume, na época) e não queria isso. Ou então, dizia ele, é preciso deixar um intervalo de meia hora entre o fim do curta e meu filme. Favre Le Bret lhe explicou que não era possível, que as pessoas quebrariam as poltronas. Mas o mundo de Bresson se adapta mal a outro universo. Antes da projeção, ele precisa de silêncio e recolhimento. Robert se voltou para mim. Nós nos conhecíamos fazia muito tempo. Eu estivera na casa dele, na ilha Saint-Louis, em Droue-sur-Drouette. Sobretudo, eu o vira filmar. Nem todos os filmes de Bresson são bem-sucedidos. Acontece de os famosos "modelos", esses não atores, comprometerem o filme. Mas a coerência do conjunto, o ar rarefeito das alturas a que ele nos arrasta e suas quatro ou cinco obras-primas absolutas (*Pickpocket: O batedor de carteiras*, *Um condenado à morte escapou*, *Mouchette* e *A grande testemunha*) me porão sempre do lado do artista.

Eu me lembro de uma sessão de gravação: o simples tinido de um jarro de leite para *Mouchette*. Enfim, simples... Ao fim de umas trinta tentativas de sons diferentes, o engenheiro de som pensava estar enlouquecendo. Mas o cineasta sabia exatamente o que queria, encontrou e tinha razão, tanto assim que a recompensa é um filme de Bresson.

Houve um grande intervalo depois do curta-metragem.

63. O complô

O BEIJO DE INGRID

No começo, tive meu período "Casimir".

O aposento é retangular, espaçoso, talvez vinte metros quadrados. Há uma escrivaninha de madeira clara, dois telefones, uma mesa de reunião, uma lareira, uma biblioteca onde se amontoam livros, dossiês, cassetes. Um sofá de couro cor de canela e seis poltronas giratórias. O cômodo é tão escuro que a luz elétrica (uma lâmpada halógena e a famosa luminária que o contador me recusava) brilha continuamente — menos no verão. Na porta do corredor, um *post-it* esquecido: "Não entre: entrevista em curso". Mas estou só.

Quando cheguei ao Faubourg Saint-Honoré, as paredes estavam nuas, com exceção de um quadro ruim deixado por meu antecessor. No lugar, afixei Casimir, um personagem dos primeiros tempos do cinema. Nessa cópia da Gaumont, Casimir banca o importante diante de oficiais ridículos: antídoto? Mais tarde, Casimir me cansou; preferi fotografias. A mais visível, e não a menos comovente, é a da exposição Truffaut, em Chicago: François está usando sua famosa echarpe branca. Embaixo, com grossa caneta preta, sua assinatura corta o retrato em toda sua extensão. Há outras; as mais belas são em preto e branco: foto mágica de Marlene, famoso beijo de Ingrid Bergman e Cary Grant em *Interlúdio*, o cartaz de *Bird* com dedicatória de Clint Eastwood. Outros ainda, de Fellini: o navio *Rex* surgindo da noite, Gelsomina de costas na praia com seu pequeno tambor... Na biblioteca, o pastel multicolorido do cavalo empinado, por Kurosawa. Enfim, uma prova fotográfica. Ela vem de uma exposição da FNAC: a escadaria do novo Palais, com seu tapete vermelho, a guarda de honra de luvas brancas e dragonas, um dia de abertura, 1990, 91? O ministro está lá, no patamar intermediário. Habitualmente, Lang passa por trás. Mas naquele dia — a foto é testemunha — ele se adiantou, desceu alguns degraus e espera as estrelas. A foto é bela porque sua composição é a de um quadro: embora seja colorida, o preto é absoluto. Um preto que tremula e instala de imediato os tons da tragédia. A peça pode começar.

O MINISTRO ESTÁ FURIOSO

Estamos em 2 de junho de 1991, bruma leve sobre a capital, volto de Cannes exausto. Nesse instante, soa a campainha do telefone. Parece que ela dialoga com o sax de Charlie Parker, a sirene do navio *Rex*, e faz empinar o cavalo de Ran. Atendo:

— Monique Lang quer vê-lo...

— É urgente?

— Muito urgente! — Nem bem encerrado o festival, essa convocação não prenuncia nada de bom. Pierre Viot e eu cedemos a ela, sem entusiasmo.

Pierre foi nomeado presidente em 1984, sou diretor-geral desde 1978, por assim dizer, desde a noite dos tempos. O Festival se passou bastante bem, mas um diretor está sempre sob alta vigilância, e sua autorização de permanência pode ser cancelada depois de cada seleção — ou é como se fosse. Enquanto subimos as escadas da Rue de Valois, gastas pelos solicitantes de subvenções, os artistas favorecidos, os dignitários nomeados, promovidos, postos na rua em cinco minutos, penso na frase de Juin: "Não se convoca um marechal como um trombeteiro...". Mas, em face de sua tutela, um alto funcionário como Viot não tem muita escolha. Eu o sigo.

Passada a contemplação dos Alechinsky azuis postos ali por Michel Guy, somos introduzidos perante uma espécie de tribunal. Presidente: a ministra (é assim que Monique Lang é chamada no gabinete). Dois esbirros lhe fazem as vezes de assessores. Compreendemos bem depressa que Monique, máscara severa dos maus dias, não está para brincadeira. E, principalmente, *ela permanece em pé.* A audiência começou.

— Bem — diz ela sem preâmbulo —, eu quis esclarecer a situação com os senhores imediatamente, e devo lhes dizer que o ministro não está nada contente. *Nada* mesmo...

Sabemos por experiência própria que Monique se serve de três eventualidades: quando o sol brilha, ela diz "Jack e eu..., Jack acha que..."; quando o céu está levemente encoberto, é "Meu marido", como em "Meu marido está surpreso..."; se é um ciclone que alarma as estações meteorológicas, então Monique emprega "O ministro". Exemplo: "O ministro está furioso...". O que está acontecendo, afinal? Acontece que houve mais descontentes que de hábito, que os ingressos para o jantar de abertura (desde a chegada de Lang, é o ministro que convida) foram entregues muito tarde, que as duas equipes (protocolo do Festival-ministério) se atribuem mutuamente a culpa, que os mensageiros não levaram todos os convites aos hotéis, acontece que isso irrita, e muito. Entre os convidados pessoais do ministro, Jean-François Josselin (*Le Nouvel Observateur*), proveniente de Paris, não recebeu seus ingressos no Majestic, telefonou uma ou duas vezes, então decidiu deixar de lado o filme para ir apenas ao jantar, enfim, como chovia a cântaros, acabou por achar divertido passar a noite em seu quarto na frente da televisão. "Um filme risível, aliás..." Como ele é naturalmente perverso, saboreou a ideia de ter ido a Cannes para nada, para no dia seguinte cobrir os Lang de sarcasmos.

Nesses momentos de cólera contida, Monique sempre tem o ar de quem refoga alguém na frigideira. Ainda que deteste levar uma descompostura diante de subalternos, Viot exibe uma cara agradável. A que ele exibiu quando Michèle Rocard (pronuncia-se Michelê), "no fim das contas", como ela dizia, "a mulher do primeiro-ministro da França", o crivou de censuras durante um (outro) jantar de abertura: o filme (era *Homicídio*, de David Mamet) era "sinistro e, ainda por cima, 'antissemita'"... Ora! Em seguida, para ir jantar numa tenda próxima — continuava chovendo! —, Michelê perdera sua capa (presente do marido), começava a resfriar-se, e repreendeu Viot por não a ter instalado com os artistas, na mesa de Lang, que não a queria ali... Em suma, uma humilhação! Enfim, para acalmar a megera, Viot primeiro levara na esportiva:

— Tudo vai muito bem, senhora marquesa. — Depois, no fim, não aguentando mais: — Senhora — retrucou ele, e seus olhos faiscavam —, senhora, compreendi que não ficou satisfeita... — E, nas reuniões familiares, nos jantares, ele às vezes citará esse epigrama cuja insolência, ainda hoje, o fazia morrer de prazer, bela Michelê...

SOLICITUDE

— No ano que vem — prevê Monique —, derrubarei os conselheiros do ministério.

— Falemos dele! — Eu lhe envio um míssil à minha maneira. — Foram eles, justamente, que torpedearam a condecoração de De Niro: o lugar escolhido era microscópico, me dei conta disso ao verificar tudo... Foi preciso transferir às carreiras, para a sala de jantar, estrado, microfone, projetores. Seis homens para carregar o estrado! Foi uma balbúrdia... — Então Monique lança outro petardo:

— Não deveriam ter posto na mesma mesa Carlos Fuentes e seu primo François Jacob — *como ela sabe que somos primos?* —, e não se soube explorar a presença dos Nobel nos jornais... E Michèle Rocard, no fim das contas mulher do..., estava furiosa... Sabiam que roubaram a capa dela? — (*Sabemos... sabemos...*) Enfim, a estocada: — Além disso, o filme não era de modo algum pertinente. Por que não ter posto, de preferência, um filme francês? Ou, vejam, o filme de encerramento? (*Parece que é muito bom!*) Ou o filme de Spike Lee, um figurão da Universal (*quem?*) disse (*a quem?*) que eles teriam ficado encantados de fazer a abertura.

O que mais me enerva são os boatos. Mas eu relevo. Atrás dessa discussão absurda transparece em filigrana uma desaprovação muito mais séria. Monique Lang me repreende todo ano por não levar estrelas suficientes para sua noite de abertura — Fique ciente de que é pelo Festival que fazemos tudo isso, Jack e eu — e por não programar, desde os primeiros dias, filmes com essas famosas estrelas, no meio das quais o ministro, bem visível para todos, seria filmado. Lembrando-se de Raimu* no famoso jogo de cartas, Monique concluiu

* Raimu (1883-1946) foi um ator francês; o jogo de cartas é uma cena do filme *La fille du puisatier*, de Marcel Pagnol. (N. T.)

sua descompostura com uma expressão muito em voga: — Quer que lhe diga? Sua noite de abertura não me sai da cabeça! — E, juntando o gesto à palavra, leva às têmporas o indicador e o dedo médio de suas mãos que esvoaçam deliciosamente sob os ouros da República.

Eu poderia facilmente lhe responder que convidar jornalistas políticos talvez sirva aos interesses do gabinete, mas não aos do Festival; que, acolhendo tanta gente, ela nos deixa mal com jornalistas de cinema, com profissionais, com estrangeiros para os quais já não há lugar suficiente na sala; que os atores em competição querem se preservar para a subida da escadaria de *seu* filme; e que nós, enfim, não temos só uma noite para promover, mas doze! Doze que é preciso animar, equilibrar, alegrar, senão o marasmo se instala, *e quando o marasmo estiver lá, e todos os pretendentes tiverem vindo arrastar-se em seus corredores murmurando que Cannes, realmente, não é mais o mesmo, que se está em vias de matar o Festival, o que dirá, madame?*

Naquele mesmo ano, Monique decidira convidar ela própria as estrelas. Talvez achasse que bastaria convocá-las em papel com o timbre do ministro para que acorressem. Mas as estrelas, as verdadeiras, desconfiam dos políticos. Aceitam vir ao Festival sob certas condições, e nem sempre. Em maio, muitas estão filmando ou em preparativos. E, além disso, onde estão as estrelas? Em Hollywood! Monique que, verdade seja dita, não tem medo de nada, mobilizou a filha Caroline, que trabalha na Time-Warner, em Nova York. Caroline, pensou Monique, num piscar de olhos vai convencer Steve Ross, o chefão, a vir ao Hotel du Cap, amontoaremos umas vinte estrelas em seu jato particular, e aí está.

— Você vai ver: minha filha, ela é extraordinária. — Então Caroline, ao telefone, assediou atores e agentes, fazendo-se passar por sua mãe, sem que ninguém se espantasse que a mulher de um ministro francês permanecesse tanto tempo em Nova York. Naturalmente, o resultado foi próximo de zero, mas não por culpa da viva e encantadora Caroline. Os agentes não se interessavam, as grandes estrelas nem sequer respondiam. Já descontente com esse fracasso, Monique estava mais aborrecida ainda pelo fato de eu testemunhá-lo. Uma testemunha que fazia todos os esforços para esconder isso.

Sempre tive admiração por uma mulher que luta e dedica sua vida à glória de seu marido. Outra circunstância atenuante, os Lang não eram de Nancy, como meu pai? Ao nos acompanhar até a porta, Monique me estendeu a mão.

— Você parece fatigado — diz ela. — Precisa descansar... — Havia doçura em seus olhos.

HIDROTERAPIA

Eu era o caçula, perdoavam-me mais coisas que a meu irmão, riam de qualquer bobagem que eu fazia. Nada nos preparara para ser privados de nosso pai tão cedo e nunca nos havíamos separado. Então, em 1940, estávamos em Vichy. Em tempos de guerra, a vida das crianças não goza da mesma independência dos tempos de paz, sobretudo se elas provocam dramas. Houve a bola no guarda do Boulevard Haussmann, houve as bombas de água sobre o exército de Vichy. Depois da saudação à bandeira, oficiais entravam e saíam do Hotel du Parc (não tínhamos sorte: antes de se meter na armadilha do Vercors, o hotel de Pétain!). É preciso saber soltar o objeto alguns metros antes da vertical. Venço Jean-Claude: minha bomba de água atinge um coronel em pleno quepe e o molha. Dou um salto para trás. Os militares têm menos humor que os guardiães da paz?

— A senhora se incomodaria de vigiar seus filhos?

É claro que não, de modo algum. A verdade é que fizemos as malas, e depressa. Jamais retornei a Vichy, mas revejo a fonte de hidroterapia onde se misturam em minha lembrança os personagens grotescos de Fellini fazendo fila, com seu copo graduado na mão, diante de uma moça toda de branco que infelizmente não é a Claudia Cardinale de *Oito e meio*.

Mesmo que não assistíssemos a combates ou a bombardeios, a guerra nos perturbava; transtornava nossos hábitos, nos forçava a mudar constantemente de casa, transformara a despreocupação em uma inquietação que não nos abandonaria mais.

Os estados de espírito de Monique sempre foram calcados no humor de Jack. Ora, nas altas esferas a cólera se transformara em exasperação: Lang não digerira a premiação: os três prêmios para *Barton Fink* — além do mais, um filme americano pelo terceiro ano seguido; a atitude de Roman Polanski, supostamente amigo da França; sobretudo a presença, cada vez mais avassaladora, de Michel Mouillot, o prefeito de Cannes, que Jack detestava instintivamente, sem desconfiar que mais tarde ele seria condenado a pena de prisão por corrupção. No momento, Mouillot ocupava o terreno, subia a escadaria todas as noites, convidava seus amigos para o camarote... Diante dessa onda eleitoreira, no ministério as pessoas começavam a agitar-se. Lang se abriu com Toscan du Plantier, ao qual teria proposto, segundo este último, a presidência do Festival. Mas para Toscan, que acabava de fazer cinquenta anos, um posto honorífico e não remunerado era precoce demais. Ele queria continuar seu trabalho de produtor. Em compensação, para o posto de vice-presidente, em posição de espera, ele não dizia não. De modo algum...

No dia seguinte — sem dúvida não se perde tempo nas altas esferas — Dominique Wallon nos recebe em seu escritório do CNC, na Rue de Lubeck. O cômodo não mudou, mas falta alguma coisa. Falta minha foto, que por muito tempo ocupou um lugar de honra ali e que deve ter sido levada por Jérôme Clément, o antecessor que fora fazer milagres na Arte.* Quando digo minha foto, exagero. É a foto de François Mitterrand apertando a mão de Jérôme, por ocasião de um almoço no Élysée. Só que no meio das duas cabeças, a sereníssima e a respeitosa, está a minha, intimidada apenas o necessário, e impossível de apagar, a menos que se retocasse a cópia com guache. Foi assim que imperei, durante quatro anos, diante dos visitantes do diretor-geral, vendo tudo, escutando tudo, registrando as conversas mais secretas, as recriminações menos confessáveis...

* Rede de televisão franco-alemã. (N. T.)

Hoje é Wallon que ataca e estou novamente nos primeiros camarotes, mas dessa vez em carne e osso. Oh!, sei muito bem como me definem os que não gostam de mim: pastor anglicano, frio e tedioso, diplomata de colarinho postiço, Maquiavel em miniatura, empertigado... (Da velha escola, teria acrescentado Monique Lang, me assimilando a Favre Le Bret.) Evidentemente, o pastor anglicano é malvisto. É verdade que não sou dado nem a familiaridade nem a tratamento informal. E que faria cair de costas aqueles a quem dissesse que o que mais gosto na vida é rir.

Wallon começa por reconhecer que achou o Festival "formidável". Comumente, críticas, repreensões; elogios, jamais. Saboreio esse momento, mas eis que ele abre fogo: é preciso modificar o regulamento para que não se possa mais dar vários prêmios a um mesmo filme, consolidar o recrutamento dos jurados, cuidar da diversidade geográfica (pum em Hollywood!).

Eu esperava por isso; assim, empunhei uma estatística sobre dez anos: seis vezes em dez, abertura e encerramento foram americanos sem despertar o menor murmúrio. Comparo os filmes franceses e americanos selecionados: para o mesmo período, o número dos filmes americanos aumentou um quarto, os filmes franceses dobraram. Dominique admite e sorri. Então denuncia a presença muito forte das estrelas hollywoodianas no encerramento. Dessa vez, tiro uma carta do responsável pelos atores. Para Dominique Segall, os franceses se fazem tanto de rogados que ele ameaça desistir. Diante de meu dossiê argumentado, descubro um clarão de estima no olhar de Wallon. Chega o prato de resistência: a presença insuportável de Mouillot na escadaria, em comparação com a presença discreta de Viot. Para o ministro, a encarnação do Festival deveria ser consideravelmente... enriquecida. Então, por que não nomear um terceiro vice-presidente, já que nem Wallon nem o representante do Quai d'Orsay — ambos vice-presidentes — não têm tempo de nos ajudar? Pierre retruca que não podemos estar em toda parte, e que não vê ninguém desse gabarito. O tempo fica suspenso. Wallon pigarreia. Sinto que ele tem um nome na cartola, mas reluta em tirá-lo. Ele estima Pierre. Trata-o com consideração. Velha cumplicidade entre altos funcionários... Viot o olha, por sua vez. É o momento decisivo: se a missão transcorrer mal, Lang ficará furioso e exigirá decisões muito mais devastadoras. O nome não é difícil de adivinhar, circula em Paris. Viot desconfia de alguma coisa? Estou certo de que sim. Então Wallon dá um salto no escuro (são oito horas, ele deve ter um jantar):

— Por que não... Toscan? — Em uma situação similar, Favre Le Bret teria farejado o perigo. Teria berrado. Viot permanece impassível. É preciso acabar com aquilo.

— É uma ideia a considerar — digo. — Toscan tem prestígio, notoriedade internacional, e desconhece a mesquinharia. — Ele poderia mesmo nos servir de conselheiro o resto do ano, o que Pierre contesta, "pois o homem não é discreto".

Ganhando coragem de repente, Viot empilha os obstáculos: Toscan não faz parte do conselho e ninguém pode entrar nele sem a concordância do Conselho de Estado. Wallon fica com ar sombrio. Diz que bastará um simples decreto que Lang assinará muito rapidamente. Vice-presidente seria mais demorado: o tempo de uma modificação dos estatutos. Não um tempo longo demais, implora Dominique, que deve prestar contas. Acompanho Pierre: um sujeito decente, constata ele, como se houvesse guardado da conversa apenas o elogio inicial, destinado a nos tornar confiantes. O velho sábio salvou o possível? Está aliviado de escapar sem muitos danos? É verdade que, com Toscan, tudo se passaria com elegância. Mas em compensação, em caso de disputa, não seria ele que perderia seu posto para proteger alguém. Então o argumento de Wallon, a defesa do Festival contra a politização (em outras palavras: enquanto estivermos lá, enfrentaremos o prefeito de Cannes), valia apenas o que valia: estratagemas, ou, para ser indulgente, uma maneira de fazer as coisas avançarem.

Elas avançam a toda velocidade. O decreto nomeando Toscan é assinado e definimos nova estratégia e distribuição dos papéis. Ele se encarregará da cerimônia de abertura, das relações com Monique Lang, dos convidados, da composição da sala, de tudo, menos dos filmes. Não sabemos como se dará essa nova coabitação, nem o que o futuro nos reserva. Toscan tem 51 anos, o tempo trabalha a seu favor. Ele se torna mesmo o aliado objetivo de Viot, não querendo substituí-lo tão jovem. Viot não é tolo.

— Não é ruim que haja algum movimento — me diz ele. Tradução: Não se esqueça de que enfiaram nós dois no mesmo barco. O da guilhotina?

64. Ettero Scola

O COMEÇO DA TELEVISÃO

Dia 23 de maio de 1980. A cerimônia de encerramento do 33º Festival se anuncia sob cores vistosas: é a segunda vez que se apresenta a premiação ao vivo e a televisão fez todo o possível.

No começo, o apresentador Michel Drucker (como era jovem, então) quis marcar seu território. Por seu lado, Favre Le Bret, que fazia questão de anunciar ele próprio os prêmios (não ousei lhe dizer que deixasse o presidente Kirk Douglas agir), tinha três desvantagens: a fadiga, uma ignorância televisiva e óculos de leitura, que punha e tirava a toda hora.

Eis Marie-José Nat, convidada a entregar um prêmio. A quem? Para Favre Le Bret, era a Jack Thompson, ator australiano. Para Drucker (sempre essa ânsia da televisão de não se arrastar), já se estava no prêmio do júri. A quem? Krzysztof Zanussi.

Foi Jack Thompson que subiu. Então Drucker, sem se impressionar com aquele sotaque britânico bem pouco praticado às margens do Vístula, disse:

— Creio, senhor presidente, que saltou uma linha, mas *isso não é trágico*: é *Constância*, de Zanussi.

— Bravo! — exclamou Marie-José, mas gostaria de saber se se trata mesmo de Krzysztof Zanussi...

— Sim — decretou Drucker —, já a mandando de volta: muito obrigado, Marie-José.

A essa altura, Jack Thompson decide dar sua contribuição:

— *Thank you all very much, this is for the Australian film industry...* — E agita orgulhosamente seu diploma.

Drucker:

— Agora, senhor presidente, vamos aos segundos papéis...

— Chamo Jack Thompson — enreda-se Favre Le Bret, não sem solenidade.

Houve certa hesitação na sala. Desci do balcão aos saltos para intervir. Yvette Camp, nossa assistente, se antecipara a mim. Ela se aproxima do palco e Drucker vem discutir.

— Monsieur Thompson não está aqui — prosseguiu o animador que acabava justamente de levá-lo de volta. — O diploma lhe foi entregue há pouco por engano, foi um mal-entendido porque o senhor saltou uma linha, senhor presidente... Monsieur Zanussi volta num instante, *não se preocupem...*

Mas Favre Le Bret prosseguia:

— Prêmio do júri pela qualidade da direção...

Era visível que Drucker tinha outra lista:

— Prêmio de melhor roteiro e diálogos... — cortou ele.

Favre Le Bret já vira muita coisa:

— O prêmio é de Krzysztof Zanussi! (Ele pronunciava bravamente Zanúdzi, com o acento tônico na segunda sílaba.)

Aí, Drucker se irritou:

— Não, escute, senhor presidente, acho que agora vou até o fim sozinho...

— Espere! — diz Favre Le Bret, impávido.

Drucker:

— Era o filme de Scola...

Favre Le Bret:

— É outra coisa, aqui. Prêmio de roteiro e diálogos: *Ettero Scola.* (A famosa inversão de que tanto se falou!)

Então Ettore Scola avançou para o palco, todo espantado de participar de um espetáculo digno de O Gordo e o Magro junto com os Irmãos Marx.

Ettore Scola (bastante seco):

— ... Devemos agradecer, creio, a monsieur Favre Le Bret: é a primeira vez em Cannes que se ri durante a premiação...

(Prolongados aplausos na sala.)

Na segunda fila, vi Alain Resnais olhar o relógio.

Foi então que Drucker tomou a iniciativa:

— Senhor presidente, antes de ir adiante, é preciso receber monsieur Zanussi, *é muito natural*. Monsieur Zanussi que nao recebemos ainda há pouco. Monsieur Zanussi, venha!

Zanussi subiu, apanhou sua recompensa e se foi, sem dúvida telefonar para as emergências psiquiátricas.

COMO ATOR

Mas agora Kirk Douglas, presidente irritado, disputava com eles o centro das atenções. Houvera desacordos durante a noite. Kirk telefonara para os Estados Unidos para anunciar que Bob Fosse ganhara a Palma de Ouro.* Enquanto isso, os outros jurados teriam a intenção de votar de novo e dar a Palma unicamente a Kurosawa. Diante do perigo, Kirk se fechou em seu hotel, mandando dizer que estava adoentado.

Drucker:

— Como vocês estão vendo, o presidente está em ótima forma...

Kirk, de repente de excelente humor:

— Há vinte e seis anos, ganhei o maior prêmio: propus casamento à minha mulher — ela trabalhava no Festival — e ga-nhei!

A brincadeira não teve o efeito esperado.

Mas Favre Le Bret não estava mais em sua primeira gafe:

— Grande prêmio especial do júri conferido a René Resnais...

— ... Monsieur *Alain* Resnais, por *Meu tio da América* — retomou Drucker, como se Le Bret não existisse mais.

Resnais subiu, muito ereto, e Jeanne Moreau, por iniciativa própria, lhe entregou uma rosa amarela, "pela unanimidade", disse ela.

* Junto com Kurosawa.

No fim, com a ausência de Bob Fosse, Kurosawa recebeu sozinho a Palma de Ouro, como os jurados haviam desejado.

— Da próxima vez — diz o imperador — tentarei trazer-lhes um filme melhor. — Ele me repetirá a frase no jantar.

Michel Drucker presenteou-se com a palavra final:

— Monsieur Favre Le Bret me prometeu voltar *como ator* no próximo ano!

Scola tinha razão. Nunca mais riremos como rimos aquela noite no Festival de Cannes.

65. Sophie

IMPERCEPTÍVEL REQUEBRO

Toscan não podia interromper seus negócios nem desistir, tanto mais que perdera bastante dinheiro em duas transações imobiliárias, uma na Goutte d'Or, onde por um tempo tivera seus escritórios, a outra na cidade de Malesherbes, onde comprara uma casa e fizera grandes obras. Então viera a crise e ele tivera de revender tudo. Com prejuízo, mas isso não o preocupava. Sempre tivera várias funções importantes. O dinheiro entrava, o dinheiro saía, não era importante. Seu capital era sua notoriedade. No terminal aéreo de Toulouse-Blagnac, era a ele que se pedia um autógrafo, não a Fabius, sentado à minha frente, a três metros dele. Ele soubera valorizar o que havia de reconhecível em sua figura, a esplêndida cabeleira imaculada, o belo bigode, os olhos azul rei atrás dos óculos. Caminhava com um imperceptível requebro como fazem os personagens importantes, sabendo-se observado e gostando disso. Mesmo que nem sempre se conseguisse dar um nome a seu rosto, ele era reconhecido por causa da televisão. Estava lá toda vez que podia, sempre disposto à publicidade. Em programas, debates, ou se alguém morria, costumava ir proclamar seus méritos. E era sempre inteligente, vivo, justo e certeiro. Seu capital era também ter posto seu talento e sua inteligência a serviço de nosso cinema, uma vocação tardia, mas eficaz. Ele não poupava esforços, o Estado o reembolsava em consideração e honras. Tornara-se uma espécie de Senhor Cinema Francês através do mundo, um brilhante e insubstituível ministro plenipotenciário. Como outros têm sua garrafa de champanhe permanentemente numa boate, ele tinha *sua* garrafa de Perrier no Concorde. Adorava os discursos, os brilhos da República, os palácios presidenciais, as viagens oficiais, as embaixadas no exterior que de bom grado ocupava de forma indevida quando de suas estadas, e sobretudo adorava falar. E como falava bem! Devolvera ao cinema francês uma dignidade que este perdera, e todo mundo, mesmo os inimigos, lhe reconhecia esse imenso talento. Ele tinha uma crônica semanal em *Le Figaro Magazine* em que lisonjeava os inimigos para garantir suas boas graças ou sua neutralidade. Os amigos o criticavam por isso, mas ele os neutralizava com um sorriso, e era assunto encerrado. Produzia cada vez menos filmes, presidir a Unifrance lhe bastava: a estrada que devia afinal levá-lo à presidência do Festival se abria muito naturalmente à sua frente.

UMA FRANCESA NA IRLANDA

Então um dia, anos depois, a coisa mais horrível que podia acontecer aconteceu. Sophie, a mulher de Toscan, tão bonita com seu rosto sorridente e doce salpicado de sardas, Sophie, por quem tinha tanta ternura, foi à Irlanda por alguns dias, para o antigo aprisco que Daniel lhe oferecera. Exposto ao vento. Nem mesmo isolado. Ela ia lá para escrever, correr na charneca, trabalhar. Para retomar o fôlego: ser mulher de Toscan não era coisa fácil. Ela deveria voltar aquela noite.

Estamos na véspera da festa do Natal de 1996. Minha mulher e eu passamos o dia na casa de Daniel, em Ambax, e voltamos para jantar em nossa nova casa de Fabas. As notícias na televisão. Uma francesa assassinada na Irlanda. De início, não acreditamos. Acho até que brincamos. Depois, quando o Ministério das Relações Exteriores telefonou, quando o próprio ministro telefonou... Então, refizemos o caminho em sentido inverso. Ir imediatamente para a casa de Daniel. Ficar com ele. Escutá-lo. Escutá-lo. Chorávamos. Os Pialat chegaram quase na mesma hora. Maurice e Sylvie. Maurice acariciou o rosto de Daniel. Sylvie o tomou nos braços. Será que compreendíamos o que se passava? Ouvíamos, mas não nos dávamos conta. Uma jovem mulher aniquilada. Tão bela. Um corpo espancado. Ensanguentado. Assassinado. Uma pedra que destroça um crânio. Sophie que agoniza no chão. Longamente. Um ser humano pode fazer isso? Será que se pode ser livre depois disso?

Quando saímos da casa de Daniel, antes do jantar, não havia lua. Apenas nevoeiro. Um nevoeiro de cortar com faca. Tínhamos de fazer doze quilômetros, doze quilômetros de estradinha sinuosa da Haute-Garonne. Havíamos rido, havíamos bebido um copo, disséramos até amanhã. Íamos festejar juntos, Sophie, Daniel e nós. E agora aquele nevoeiro. Uma estrada que se parece com outra. Não se sabe mais. Campos já preparados para o milho e o girassol, casas só pressentidas, raras e silenciosas. Os faróis iluminam apenas uma extensão esponjosa e líquida. Franjas esbranquiçadas. Brechas.

— Será que ainda estamos na estrada? Você pode descer para olhar?

— Eu preferia parar. Passar a noite no carro esperando que isso se dissipe. — O celular não funciona. Tudo está escuro agora. Paira um odor de cogumelos, de água estagnada.

— Logo vamos chegar ao entroncamento — diz Jeannette.

— Você tem certeza? — Ela diz que sim. — Não passamos por aqui ainda há pouco?

A morte de Rossellini. A morte de Sophie. Um campo íngreme. A curva da estrada. A névoa. O mar ao longe. O vento. O frio. Ela lutou, arranhou, se debateu. Correu, ele a alcançou, e então o horror. A barbárie. Daniel não quis ir vê-la, assim, desfigurada. Não pôde.

A justiça irlandesa investigou sem cuidado. A investigação foi feita de tal modo que não descobriu quem era o culpado ou, se o identificou, não pôde demonstrar quem era ele. Ele está em liberdade. Sophie está morta, massacrada por ele, e ele vai e vem.

O castelo de Daniel. A loira Sophie. Os campos de girassóis. Os fax que nos enviávamos, muitos. Fotos de Sophie, em Cannes na grande escadaria. Ela sobe os degraus, diferente das outras. Vestida muito sobriamente, como uma princesa discreta. Tão discreta. Apenas uma joia antiga, presente de Daniel, sobre um vestido de veludo marrom-escuro. Ela sobe os degraus, sorri para mim.

Daniel continuou a viver durante seis anos, casou-se de novo, teve outros filhos, mas alguma coisa nele havia morrido. E um dia, no Festival de Berlim, em 11 de fevereiro de 2003, no restaurante de seu hotel, ele se sentiu mal. Pediu para sair e caiu fulminado, o coração partido. Não se conseguiu reanimá-lo. O coração.

Nunca mais voltei ao castelo de Ambax e precisamos de tempo para retornar àquela casa de Fabas onde nos instaláramos graças a Daniel e por causa dele. Durante anos, toda manhã de verão, tínhamos tomado o café juntos sob a sombra das árvores de L'Isle-en-Dondon aonde ele ia fazer as compras, havíamos comentado as notícias, escolhido legumes no Charlie, À La Tomate Rieuse, comprado pão, jornais... Durante anos, voltávamos para casa, nadávamos em sua piscina, ele ficava horas telefonando em pé na piscina das crianças, tínhamos procurado uma casa para nós, rodeada de sebes, tínhamos percorrido estradinhas ensolaradas, bebido *pastis* com creme de leite, frequentado o antiquário da esquina, jantado sob o alpendre com o barulho repetido das rãs, partilhado uma garrafa de bom vinho, tínhamos visto o TV LCI e o canal meteorológico à noite, havíamos ido segunda-feira ao mercado de Samatan, fôramos várias vezes juntos a Toulouse, tínhamos rido como loucos, tagarelado, trocado confidências, havíamos nos calado também, como se o silêncio devesse prolongar eternamente todos aqueles momentos. Pouco a pouco, por "insistente pressão dos amigos", ele se deixou levar, bom, não recusaria ser nomeado para Cannes, era seu sonho: profissionais, ministério, Élysée, ele se encontrara com todo mundo, soltara uma palavra aqui e ali, reunira apoios, conquistara votos, e então, no último momento, porque era eu e tínhamos vivido muitas coisas juntos, ele me convidara para almoçar no Café de l'Alma, no primeiro andar, na sala do fundo, uma pequena mesa redonda, a mesa de m. Toscan, para me dizer que tomara sua decisão, que jamais faria nada contra mim, que esperaria. Isso foi algumas semanas antes de sua morte.

66. O quinquagésimo aniversário

NO ÉLYSÉE

— Por aqui, senhores, vamos conduzi-los. — Passava-se sob um pórtico de detecção, sua carteira de identidade era confiscada: pronto! Pierre Viot e eu estávamos no Élysée. É fato, um presidente da República nunca honrara o Festival com sua visita, mas então, para o quinquagésimo aniversário...

Mesmo quando, às vésperas do quadragésimo aniversário, Mitterrand se dera conta da importância do evento, ele se contentara em atrair Yves Montand ao Élysée para uma foto em casa, em 7 de maio de 1987. O almoço fora uma artimanha, imaginada por Frédérique Bredin, que ocupava, depois de Guimard e antes de Orsenna, as funções de conselheiro da Cultura do chefe de Estado. Yves acabava de ser nomeado presidente do júri e, farejando a manipulação, me pedira para acompanhá-lo, forçando-me a voltar de Cannes expressamente para a circunstância. Era a véspera da abertura, e Montand passou o voo Nice-Paris repetindo as linhas de boas-vindas que leria no palco no dia seguinte. Ao todo, ele tinha de lembrar doze linhas, sabia as de cor, porém, mais perfeccionista impossível, como ele teria dito com sotaque marselhês. E medroso. Sua mulher, Simone Signoret, desconfiava dos políticos. Mas não estava mais lá para aconselhá-lo.

Como de costume, Mitterrand fez todo mundo esperar em pé num salão do Élysée. Lembro-me de que se alinharam Jeanne Moreau, Michèle Morgan, Françoise Sagan, Costa-Gavras e Jérôme Clément (daí a famosa foto), entre outros convivas, e Pierre Viot, que naquele dia se sentia com o espírito do irmão Jacques, o embaixador, os apresentava sucessivamente ao presidente. Chegando diante de mim, Pierre teve uma palavra amável, o Festival lhe deve muito, ou alguma coisa assim, mas o presidente passou, majestosamente impacientado, dizendo:

— Eu sei, eu sei...

Aquele duplo desapontamento (Mitterrand não vai, eu importunava Mitterrand) não me faria mudar de opinião: a presença do presidente da República era indispensável para o êxito de nossa tarefa. Só que, em 1997, o presidente não era mais Mitterrand, mas Chirac. Se conseguíssemos fazê-lo ir, o fato provocaria grande rumor nas mídias, inclusive nas estrangeiras. Afinal, por azar, os franceses não têm a rainha da Inglaterra à disposição. Como, então, fazer as estrelas e os diretores dos estúdios hollywoodianos atravessarem o Atlântico? Pierrot Viot concordava em receber com grande pompa o presidente da República, mas não queria enviar convite oficial. Atinha-se ao protocolo: primeiro se manda perguntar se o convite seria bem-vindo... Só ele para inventar uma coisa assim, mas não mudava de ideia. Para ele, as possibilidades de êxito equivaliam a estourar um pneu a 160 por hora na autoestrada enquanto nosso filho caçula tapa nossos olhos gritando "adivinha quem é?"!

Já fazia algum tempo imperava uma agitação a esse respeito nos palácios da República. Agitação que permanecia um mistério. O problema era que todo mundo se metia nisso: Douste-Blazy, o ministro, Marc Tessier, o novo diretor do CNC, e mesmo Toscan. Pequenas nebulosas atraídas pelo astro elísio, eles giravam sobre si mesmos na via-láctea do poder. Embora estivéssemos em bons termos com cada um deles, aqueles conciliábulos discordantes não faziam progredir nossos trabalhos, mas todos se agitavam, se agitavam, e só isso contava. Mesmo assim, acabamos por marcar encontro.

Um gendarme nos precedeu até a conselheira da Cultura, cujo escritório de teto baixo dava para o pátio principal. Gerindo uma multidão de recusas educadas, grande, não rechonchuda mas delicada, com uma pele bonita, Christine Albanel lançava ao pequeno mundo dos solicitantes um olhar vivo e um sorriso de Gioconda. Caso simpatizasse com a gente, expandia-se em longas risadas cristalinas. Se não, deixava que o telefone fosse consumindo o pouco tempo que durava a entrevista. Devíamos lhe dar a impressão de caminhar sobre um campo minado em plena guerra do Yom Kippur.

— Então, madame, diga-nos como se apresenta nossa questão — pediu Viot, mais para Grand Siècle que para coronel do Exército de Defesa de Israel.

— Os senhores sabem, somos muitos conselheiros.

Seus lábios desenharam um sorriso elíptico. Em matéria de conselheiros, eles eram toda uma tribo: Dominique de Villepin, o secretário-geral, Maurice Ulrich, que Viot conhecia bem, Jean-David Levitte, chamado de o enviado, Christine Albanel, Jacques Pilhan, Claude Chirac...

— É preciso que ele vá a Cannes — diz ela, deslizando por mim um olhar sorridente, e faço disso uma questão pessoal.

E atrás dos longos cílios marrons, sentia-se todo um litígio com Claude. Através dos subentendidos, desenhavam-se atritos sub-reptícios. Mas Christine, que redigia alguns dos discursos do presidente, era discreta. Era "pena de" contra "filha de". Ela não dizia: "Que maldito ninho de cobras, o Élysée!", mas: "O que querem, somos muitos conselheiros". Tudo estava no "O que querem". Além disso, tudo muda o tempo todo... Que peso podia ter o Festival de Cannes diante de um eventual remanejamento ou da viagem à China, bem real, justamente em maio?

De fato, o presidente estava di-vi-di-do.

— Entre as obrigações?

— Não, entre os conselheiros.

Mas eu já não escutava. No pátio, tinha a impressão de ver todo um sistema de cordas, de roldanas, de grandes rodas de madeira, como no suplício sofrido por Fernandel em *François Ier*. De repente, quatro cavalos; a cada um se ata um dos membros do presidente, e Villepin os chicoteia, até que sua debandada espalhe no cascalho elísio os braços e as pernas dispersos de Chirac...

— Quero crer mesmo que esteja dividido, o presidente — diz Viot meneando a cabeça. Não soubemos mais nada aquele dia.

Foi Jean-François Boyer, conselheiro de Douste-Blazy, que me telefonou para um almoço *top secret* com "uma pessoa do Élysée". Eu só tinha de estar preparado, seria para logo. Alguns dias depois, ele me telefona de novo:

— Você conhece Jacques Pilhan, o conselheiro de comunicação do presidente?

— Ahn... de nome...

— Muito bem. Lembre-se, não fale sobre isso com ninguém...

Alguns dias mais tarde, Jean-François de novo:

— Está acertado. Nos encontramos quarta-feira às treze horas...

— Onde? — De repente ele falava mais baixo.

— Você está sozinho? — Eu estava.

— No restaurante de Thérèse, o Tong Yen, na Rue Jean-Mermoz.

— Estranho lugar para uma conspiração — digo-lhe ao chegar —, todo o audiovisual tem mesa aqui.

Mas não tínhamos tempo de debater isso. Noto um quarto lugar à mesa.

— É para Claude Chirac — me diz Jean-François. — Pilhan vai trazê-la, é bom que ela o conheça. Ah, é bom dizer: todo mundo no Élysée é a favor da ida do presidente. Menos a filha.

— E o presidente?

— O presidente é favorável, mas não faz nada de midiático sem a concordância da filha. Você está avisado.

— Acho que vou pedir patê imperial — digo bem alto para preveni-lo da aproximação de Thérèse.

Ela precedia Jacques Pilhan, ágil, preciso, rápido, parecia uma dessas crianças a quem se diz durante toda a vida que são pequenas para a idade.

Pilhan calçava número pequeno, mas enxergava longe: era o que se chama um portento. Conselheiro de comunicação de homens de Estado: Chirac depois de Mitterrand. Em caso de fracasso, os invejosos não deixariam de lhe reprovar essa sucessiva obediência. Mas Chirac se gabava de ter recuperado o conselheiro daquele que o vencera.

— Principalmente, nada de lantejoulas — me diz Pilhan, apertando-me a mão. — O *entourage* tem medo de que, com tudo que acontece, a visita do presidente seja mal interpretada. Por outro lado, seria inconcebível... (Ele compreendia tudo tão rápido que ele próprio... terminar suas frases... cabe a você não ficar para trás...)

— Não se esqueça — interrompi — de que nunca nenhum presidente foi...

— Esqueça... Tenho medo de que as pessoas se perguntem por quê. E que se diga que isso esconde uma armadilha...

Claude Chirac já se sentava, como se houvesse se materializado ali. Tinha um olhar agressivo, cabelos curtos, e compreendia-se que havia renunciado à elegância em proveito do trabalho. Olhou-me com curiosidade e falamos um pouco de cinema, que ela conhecia bastante bem, de seus amigos atores que lhe haviam falado de mim. Mas Pilhan não ia nos deixar esmiuçar nosso assunto. Entre eles, sentia-se estima e cumplicidade. Ele era a experiência e o profissionalismo; ela sempre teria a vantagem de ser filha do presidente. Ele tinha a rapidez; ela, a desconfiança. Visivelmente, a parelha andava numa bela harmonia.

Era preciso que eu lembrasse a famosa visita a Cannes. Claude me olhou com ar horrorizado, como se, no Jardin des Plantes, tivesse entrado por descuido na jaula das hienas. Tentei ser o mais realista possível e banir do programa tudo o que, de perto ou de longe, se relacionasse a lantejoulas. Nada de smoking, nada de subida da escadaria, nada de escolta de motos, nada. Tinha até mesmo imaginado que Pierre e eu tampouco estaríamos de smoking — não diríamos isso a ninguém para evitar o contágio, mas no último momento apareceríamos de terno escuro. Nós três, só.

Pierre esperaria o presidente na entrada dos artistas, eu o receberia no alto da escadaria, ele chegando de dentro, e ele receberia todos os cineastas ganhadores da Palma de Ouro, os quais, nesse exato instante, subiriam a grande escada. Era preciso acertar nossos relógios mas, afinal, digo sorrindo, não estávamos preparando o acontecimento do século. A ideia era apresentar os vencedores da Palma de Ouro ao presidente enquanto o produtor do programa transmitiria essa dupla chegada e os cumprimentos que se seguiriam, em grande plano, para as tevês do mundo inteiro. Por antecipação, essa imagem fazia Pilhan salivar. Mas eu via Claude fechar-se em si como as pétalas de uma dormideira. Continuei: em seguida o presidente se instala na sala no meio de uma plateia de estrelas, os outros oficiais, no camarote. O espetáculo começa: dança de Decouflé, Palma das Palmas, filme.

— Que gênero de filme? — perguntou Pilhan.

— Previ um *thriller* americano, *Cop Land*, com De Niro, Stallone, Harvey Keitel, algo vivo, brilhante, que ele não se entedie... Vocês sabem que gênero...

— Sei — deixou escapar Claude, como se acabasse de perceber que o taxímetro de seu táxi mostrava bandeira dois. De fato, ela se eclipsou pouco depois e fiquei abatido, com monsieur Jacques, Jean-François Boyer e minhas massas chinesas, que nunca passam de *vermicelli* fritos que tinham tido tempo de esfriar.

Mas, antes que ela desaparecesse, Pilhan, que a conhecia de cor, lhe dissera, como para nos fazer notar que fizera o possível:

— Então, Claude, ficamos assim, estamos de acordo?

— Sim, Jacques, a gente volta a falar nisso... — e ela apertou minha mão.

— Espero que vá — digo-lhe de maneira totalmente interessada.

— Não se preocupe — diz ela —, se o presidente for, estarei lá. — E nas margens do Tong Yen pairou uma espécie de nuvem de ameaças.

Por algum tempo ficamos observando sua partida.

— Ele irá — me diz Pilhan. A dissolução da Assembleia (21 de abril) ainda não estava decidida.

Ele veio, para um almoço muito rápido com o júri de Isabelle Adjani. Não era aquilo com que eu tinha sonhado, mas já era alguma coisa. Um gesto que não era mais que uma ínfima parte do dispositivo inventado para a circunstância. Primeiro, a foto de aniversário. Já que teríamos todos aqueles ganhadores de Palmas de Ouro (28) e todos aqueles grandes artistas, melhor imortalizar o acontecimento que jamais voltássemos a ver.

UMA FOTO DE GREG GORMAN

Com os diabos, o que é que ele fazia ali, bem no meio da sala, quando não fora convidado? John Boorman, com ar desdenhoso, me olhava, esperando que alguém se ocupasse dele. Eu me adiantei.

— Estou aqui em visita particular — diz John —, ouvi falar de sua festinha e pensei...

— Fez bem, John. Um minuto, vou avisar o fotógrafo.

Esquecêramos de convidar Boorman. Ou melhor — no final das contas, não era nem ganhador de Palma de Ouro nem ex-presidente do júri —, ele *não estava* convidado.

Três agências haviam se interessado bastante pela exclusividade da foto de aniversário. Greg Gorman fez a balança pender em favor da Gamma. Ele acabava de publicar em *Inside life* seus retratos das maiores estrelas do momento. Todas aquelas estrelas... Já as via subir a grande escadaria. As relações pessoais de Greg, amistosas mesmo, eu tinha certeza, iam facilitar nossos passos. Que felicidade! Só que estávamos longe da verdade: ele esperava que *nós* trouxéssemos as estrelas. Para ele, só precisávamos estalar os dedos para elas aparecerem.

Todo mundo estava em pé de guerra fazia uma semana. As tarefas tinham sido distribuídas entre o pessoal e uma multidão de voluntários arrebanhados para a ocasião. As forças da ordem se instalavam. A guarda republicana penteava suas plumas e polia seus sabres. Havia até mesmo deslocado sua fanfarra de cavalaria.

Num vaivém incessante, conduzíamos os ganhadores de Palmas de Ouro e as estrelas ao Salão dos Embaixadores, no alto do palácio. Pequenos grupos já se formavam, as pessoas eram recebidas calorosamente, se beijavam. Adjani se inclinava para Lauren Bacall, Almodóvar falava com Joel Coen por meio de gestos, Anouk Aimée sorria para Lelouch e Gina Lollobrigida passava o braço sob o de Charlton Heston. Reencontros. Steven Soderbergh se apresentava a Jeanne Moreau, Johnny Depp, a Vittorio Gassman. Altman e Sidney Pollack batiam papo como em Rodeo Drive, e Claudia Cardinale, a adorável Claudia, pousara uma mão afetuosa no ombro de Antonioni, sentado à margem, perto de Erica, sua mulher-enfermeira. Coppola recebeu com toda a naturalidade as homenagens de David Lynch enquanto Polanski e Scorsese, se não me engano, davam um aperto de mão pouco entusiasmado. Liv Ullmann saltou no meu pescoço... Nesse inventário estou esquecendo Jane Campion, a única diretora Palma de Ouro, várias mulheres "mais bela do mundo", um Tim Burton, um Bertolucci, dois Taviani, um Chen Kaige, um Wajda, uma Vanessa Redgrave, um amante de cerveja tcheca (Milos Forman) e muitos outros ainda. Por elegância, Johnny Depp veio, no momento em que a imprensa desancava *O bravo*. E também Geoffrey Rush, o pianista de *Shine: Brilhante*... A cada instante, a porta se abria para os maiores nomes do cinema, mesmo aqueles conhecidos por nunca ir a lugar nenhum. Só faltaram na foto as atrizes dos filmes de Bergman, surpresa da noite, que escondemos até lá...

Assombrados por contemplar em um mesmo lugar tantos e tantos de seus ídolos, os acompanhantes arregalavam os olhos. O pessoal se esforçava para não pedir autógrafos. Frédéric Mitterrand, que devia anunciar os convidados, à noite, na escadaria, viera farejar seus clientes. Ele já vira muito na vida, e eu não esperava que ficasse tão entusiasmado ao descobrir a lista, ele estava realmente pasmo.

Com um maço de papéis debaixo do braço, ziguezagueando como uma mosca raivosa, o assessor de imprensa com as iniciais D.B. desenhava grandes sinais geométricos entre os grupos.

— Vamos lá? — perguntei. A Gamma tinha interesse em esperar os últimos retardatários e eu, em começar. O emprego do tempo do presidente não me deixava escolha. — Vamos lá? — repeti à diretora da Gamma, que me encarou fixamente:

— Quando Depardieu estiver aqui, começamos...

Depardieu não chegou. Ao avião oferecido pela TF1, preferiu o jato particular de um amigo. Para chegar à hora que lhe desse na cabeça. Depois dessa lenga-lenga, nos dirigimos ao estúdio improvisado. O fotógrafo havia aprimorado sua luz, carregado suas máquinas, e se preparava para arrumar, segundo uma disposição mantida em segredo, os seres mais suscetíveis do mundo. Quando todo mundo estava instalado, Greg, um tantinho exibicionista, se pôs a explicar: ele utilizaria uma palavra um pouco menos gasta que "*cheese!*". Prontos? Mas sua máquina travou. O tempo de trocá-la e Adjani tinha voltado a pôr os óculos escuros dos dias ruins.

Nada fácil quando tantas estrelas devem olhar para a objetiva ao mesmo tempo. "Vamos tirar uma foto" é só uma maneira de falar. Greg fez pelo menos umas quarenta. Ou melhor, entre quarenta fotos, uma era aproveitável. Ele dizia um, dois, três e abria o obturador, um, dois, três, obturador... ele tinha várias máquinas, um ajudante, e trabalhava depressa, mas era preciso recarregar. O que escapara era o caráter iterativo da operação. No começo todo mundo se prestou de boa vontade, depois a melopeia de Greg e os estalos surdos das máquinas acabaram por cansá-los. Disposta a apoiar o professor por um tempo limitado, a classe se transformara em insuportáveis fedelhos barulhentos. Eles entonavam "um, dois, três", faziam a pose e tudo terminava num acesso de riso. O horror! Quando aquilo terminou, Greg estava nas últimas.

Consultei o relógio no momento em que meu celular começou a tocar:

— O presidente está em La Bocca — berrava o prefeito, como se chegasse dois minutos depois do tiroteio —, o que eu faço?

— Faça-o voltar! — digo de brincadeira. Mas a piada não o divertiu.

Segundo telefonema, Davy, assessor de imprensa de Depardieu:

— Acabamos de pousar em Nice. Estamos chegando... — Eu estava contente de ir à forra:

— Não vale a pena, Claude, já terminamos...

MUDANÇA DE MESA

Começava agora a parte mais delicada: separar os que eram convidados para o almoço dos que não eram. O Élysée avisara: nem um só convidado a mais, nem um só convidado que não esteja na lista, nada de mudança na disposição de mesa... Ao todo, os ganhadores das Palmas de Ouro, o júri, o presidente, Christine Albanel, Pierre Viot e eu. Mas como dizer sem rodeios a artistas: "Não, você, é por ali", mesmo que tivéssemos previsto um bufê na praia?

Cada um expunha seus desejos. Lelouch não compreendia que as mulheres não fossem convidadas. Ao contrário, o *entourage* de Scorsese negociava para que ele fosse dispensado... Adjani queria a assistente a seu lado. Como um avião que escapa ao radar, Bertolucci, que jamais recebera a Palma, se adiantava no centro do grupo italiano, Rosi, os Taviani... Como recusar Bernardo? As assistentes canalizavam as outras estrelas para o almoço na praia. Com sortes diversas: rechaçada pela segurança, Andie MacDowell ficou encurralada num corredor estreito; fizeram-na sair pelas cozinhas.

Eu fechei a porta e me aproximei das mesas para uma última verificação. Tudo estava realmente como combinado com o protocolo: em frente ao presidente, Coppola, ladeado à esquerda por Mike Leigh, Wenders e Scorsese e, à direita, por Lelouch, Wajda e Christine Albanel. Jacques Chirac tinha à sua direita Isabelle Adjani e à sua esquerda, Jane Campion, depois Rosi, Costa-Gavras e Lakhdar Hamina. Perfeita dosagem diplomática. Nesse momento, Michael Ondaatje se aproximou de mim rindo disfarçadamente e me disse:

— Ela não quer ficar na mesa do presidente...

Estremeci.

— Quem?

— Ela... — E me apontou Jane Campion. Na mesma hora me lembrei: os testes nucleares... Mururoa... e todo o resto. Normal: Jane era neozelandesa, pacifista, feminista, e filmava na Austrália...

Era preciso agir rápido. Já na escolta que precedia o presidente uma imperceptível agitação indicava que sua chegada era iminente. Preveni Claude Chirac.

— Mas que maneiras são essas — diz ela —, e quem é essa louca? Tanto pior! Substitua-a... Mas quem você vai pôr no lugar? — Propus Gong Li. — Boa ideia — murmurou Claude, acalmada. E rapidamente trocamos os cartões. Mas Gong Li não queria deixar Chen Kaige, que estava em outra mesa. — Ponha-o também! — Informado, o presidente deu de ombros:

— É história antiga! — E passou um excelente almoço em companhia de Adjani e de Gong Li. No dia seguinte, os jornais elogiaram a sagacidade do Élysée em ter posto Gong Li ao lado do presidente, a três dias de sua viagem oficial à China...

Mas antes disso era preciso apresentar os convivas a Chirac. Único a conhecer todo mundo, eu não podia me esquivar. "Todo mundo" não era inteiramente verdade: eu não visualizava nem Alan Bridges nem Sérif Goren e, portanto, procedia por eliminação. O presidente teve uma palavra amável para cada um, a começar por Coppola, que acabava justamente de ser nomeado cavaleiro da Legião de Honra. E passamos à mesa.

O protocolo previra que entre cada prato o presidente mudaria de mesa. Eu devia segui-lo e me sentar bem atrás dele. Continuando sua refeição, Chirac tomava o lugar do chefe de mesa. Foi assim que Pierre Viot viu o presidente comer com bom apetite o *barbotin à la nougatine* que era dele. Chirac se apoderava de um tema (compatriotas, arte, meteorologia) e não o largava mais. Ele cometeu um erro de principiante com Alan Bridges e remediou a asneira com Kusturica. Rindo às gargalhadas, parecia muito feliz com aquela operação de sedução. Adjani, ao contrário, parecia disposta a se esconder, mas o protocolo não teria permitido.

Quando eu acompanhava o presidente de volta à sua mesa, um repentino burburinho. Uma porta se abrindo com força. Um agitador, um atentado, um ajudante de cozinha em busca de autógrafo? Não, apenas Gérard Depardieu, que pretendia falar com Chirac e não se preocupava de não ser convidado.

Atrás, a segurança se agitava, acalmada por Claude Chirac, que abriu muito as mãos, em sinal de impotência. Chirac recebeu o tornado de boa vontade. Gérard estava tão apressado em lhe passar um papel que nem sequer me viu. O presidente pegou a folha e a pôs no bolso. Gérard falava, falava. Assistir a essa conversa particular me deixava pouco à vontade. De repente, Gérard me avistou e percebeu que ele e "meu Jacquot", como dizia, não estavam a sós. Então me abraçou e perguntou:

— Como vai meu Gilles? — "Meu Gilles" o tranquilizou sobre sua saúde e Gérard levantou acampamento, deixando em seu rastro seu grande riso cavernoso.

Houve ainda uma foto, aquela justamente para a qual Chirac viera. Foto de amador primeiro, se assim se pode dizer: Gong Li e o presidente, feita por Chen Kaige. Mas, principalmente, a foto oficial, a que apareceria nos jornais. Havíamos amontoado no patamar as agências e a equipe dos fotógrafos: era impensável ter mais que uns vinte deles, escolhidos a dedo. O presidente em pessoa tentou reunir todo mundo, mas faltava ânimo para isso. O almoço durara muito tempo, sobretudo para estrangeiros prestes a debandar. Perdemos alguns, que Claude Chirac não conseguiu reagrupar.

Mais uma vez Adjani conservava seus óculos escuros e segurava à frente seu impermeável branco. Gong Li retirou os dela e foi colhida por Chirac no centro da foto. A partir daí, Coppola não conseguia mais se integrar. Os franceses também se agarravam ao presidente, Jane Campion batia papo com os Coen, só posavam de verdade Lakhdar Hamina, Roland Joffé e o venerável Antonioni, cujo braço Chirac tomara afetuosamente. Duas horas e 39 minutos exatos depois de sua chegada, Pierre Viot e eu acompanhamos o chefe de Estado ao Safrane do prefeito. Claude Chirac me beijou:

— Você tinha razão — me disse ela.

Chovia lá fora. Havia tantos guardas e barreiras de segurança que a multidão não pudera se aproximar. Nem, aliás, as pessoas que tinham a ver com o Palais. Num dia como esse! E como a escolta demorava a se posicionar, o presidente esperou, nos saudando com a mão, no grande carro preto com os para-brisas pulsando no ar. Nós também permanecíamos lá, balançando a cabeça à espera de que o cortejo se movesse, e repetindo maquinalmente:

— Correu tudo bem, correu tudo bem... — Assim se encerrou, num embevecimento recíproco, a primeira visita de um presidente da República ao Festival de Cannes.

67. Desdêmona

Eu me lembro com muita exatidão de quando e como me tornei definitivamente viciado em cinema. Foi em 30 de setembro de 1949, uma sexta-feira, na sessão das catorze horas do Normandie dos Champs-Élysées. Eu tinha dezenove anos. Para dizer a verdade, fiquei apaixonado por Suzanne Cloutier, descobrindo-a naquele dia como intérprete de *Au royaume des cieux*, de Julien Duvivier. Fiz minha pequena investigação. Ela era três anos mais velha que eu, tinha uma segurança de ex-modelo e, algumas semanas mais tarde, estava no cartaz de *La langouste qui ne pense à rien*, no Théâtre Édouard-VII. Saímos juntos duas ou três vezes, depois que fui cumprimentá-la em seu camarim, no fim da representação. Nada mais.

No ano seguinte — estamos em 1950 — ela está longe de Paris, encarna Desdêmona para Orson Welles e roda cenas de seu *Otelo* em Mogador, no Marrocos. De repente tive muita vontade de ir surpreendê-la. Sob o pretexto de uma reportagem para minha revista *Raccords*, vou entrevistar Welles em sua filmagem, via Marrakesh. O tempo de deixar minha sacola, um assistente me diz que estão rodando uma cena muito importante, o enterro de Otelo e de Desdêmona que servirá de prólogo ao filme. Na verdade, era uma invenção de Orson. E o assistente me diz, rindo:

— Já que está aqui, vou requisitá-lo para estar no plano, não temos muitos figurantes.

Enfio o albornoz de linho branco que ele me estende e subimos na muralha. Ainda não fui apresentado a Welles, que está lá, dirigindo seus técnicos e seus atores, todo pintado com a maquiagem do Mouro de Veneza, que ressaltava o branco de seus olhos. Welles esperara a "hora mágica", aquela em que o sol poente cai obliquamente sobre a pedra ocre. À nossa volta, naquele cenário grandioso, as gaivotas gritavam acima das ruínas, a brisa do mar agitava as redes de pesca e os dois cortejos de monges retomavam seu lento andamento sob as ordens do diretor. Suzanne não filmava — por razões óbvias —, mas também avançava gravemente, para fazer número, como se acompanhasse o próprio enterro. Deslizei para perto dela e tomei-lhe a mão, ninguém percebeu minha manobra e ela não a retirou. Eu estava pronto, se ela consentisse, a transpor o limiar da intimidade.

— Sabe, eu queria ser freira — me sussurrou com um sorriso nos lábios, impressionada, como eu, com o esplendor das coisas.

No dia seguinte, no hotel, eu devia fazer minha entrevista com Orson. Bati à porta de seu quarto no momento em que ele e Suzanne discutiam. Compreendi que ela o enfrentava:

— Se você prefere a pequena Betsy — lhe dizia ela —, ainda dá tempo de ela pegar o papel.

Ele me gritou que entrasse. Welles estava confortavelmente estendido na cama. Fiz menção de voltar atrás mas, atirando as cobertas, ele se descobriu com um pontapé. Deitara-se todo vestido para me surpreender, numa farsa que só divertia a ele. Pediu-me para acompanhá-lo até um café mouro onde se tocava música. Um veículo puxado a cavalo nos conduziu até perto dali, depois subimos por uma viela inclinada. Era a hora da prece e, na sala deserta, um jovem *kauadji* veio nos servir chá de menta ainda fumegante.

— Estão me propondo rodar *Os subterrâneos do Vaticano*, você imagina? — Welles riu seu riso cascateante. — René Clément é que devia fazê-lo, mas sua mulher, Bella, tirou a sorte e a vidente previu que o filme não daria bilheteria. O que estou lhe contando é tão verdadeiro quanto o haxixe que aquele velho árabe está fumando em seu tapete. Não sei por que se pensou em mim — e seu riso recomeçou. — Quanto a Lafcadio... francamente, você vê William Holden como Lafcadio, sob o pretexto de que ele acaba de fazer um roteirista em *Crepúsculo dos deuses*? Porque será preciso rodar em inglês, naturalmente. Mas não diga isso em seu jornal, ainda não se tem a concordância de Gide. Você sabe que ele anda pelos oitenta anos?

Eu não o escutava mais. De repente me perguntava se Suzanne ficaria melhor no papel de Geneviève de Baraglioul ou no de Carola. Pela primeira vez, estava apaixonado: é assim que me lembro muito precisamente de como me tornei viciado na vida.

No dia seguinte, último dia de filmagem, Suzanne não apareceu na festa de fim de filme. O assistente — agora éramos amigos — me confiou que ela partira para o deserto, aquela noite, sem se despedir. Uma comporta cedera? De quem ou do que ela fugia? Na época, os jornais só se ocupavam da entrada das tropas chinesas na Coreia. Aquele desaparecimento passou despercebido.

— Quando você entenderá — me disse minha mãe quando voltei para casa — que uma mulher é imprevisível? — Suzanne só reapareceu duas semanas mais tarde, em Londres. Lá mesmo acabou por se casar, com Peter Ustinov.

Pensei muitas vezes naquela noite de Mogador que desfrutamos sem dizer nada. Ela era a mulher do Mouro de Veneza; eu era Iago. Seus cabelos claros brilhavam como uma coroa no clarão do entardecer.

68. O quinquagésimo aniversário (continuação)

A SUBIDA DA ESCADARIA

Já ao meio-dia, caíra em Cannes um daqueles aguaceiros rápidos que acontecem no verão. Apesar da chuva, milhares de pessoas haviam começado a se aglomerar atrás das barreiras. Sobre estrados, o pessoal de televisão cobria suas câmeras com sacos plásticos e os fotógrafos carregados de máquinas haviam posto seus melhores trajes. Eles tiritavam ligeiramente, menos por causa do frio que por aquilo que estava em jogo. Cada um sentia que nunca mais veria noite igual, seja porque não estaria mais neste mundo, seja porque as estrelas se mostram cada vez mais reticentes em... se mostrar. Tirando seus lápis, os olhos ainda cheios das imagens da manhã, os cronistas criavam antecipadamente as manchetes de suas reportagens fotográficas: "Cannes, a lenda!", dirá um. "Cannes, a foto histórica!", anunciará outro. Ou então: "Elenco de sonho na Croisette", "Cannes, um festival de estrelas!". E ainda: "Inesquecível: O álbum de fotos de todas as emoções!", "A mais bela ficha técnica da história do cinema!".

A tarde avançava. Enquanto a fanfarra da cavalaria se instalava ao lado do Palais, o céu tomava aquela estranha cor cinzenta que se vê no Sul antes da tempestade. Em frente, nos prédios da Croisette, as varandas, alugadas por alguns, estavam repletas de gente. As pessoas riam, olhavam de binóculo, passavam entre si rodelas de salsichão. Embaixo, todo mundo esperava. Embora um telão tivesse sido montado para retransmitir a cerimônia, as pessoas ficavam na ponta dos pés para ver melhor. Dessa vez, ninguém dizia uma palavra. Parecia que uma invencível timidez se abatera sobre a Croisette. Na direção do mar, a maré humana continuava a subir.

Exatamente às cinco e meia, foi dada a ordem de abrir as portas. Philippe Decouflé, que dirigia a cerimônia de abertura, tinha intenção de fazer outro ensaio, mas era tarde demais. A multidão dos primeiros convidados já se espalhava sobre o tapete vermelho, endireitando-se para subir a escadaria. Em quarenta minutos, o balcão ficou lotado. Às seis horas, o fluxo parou: só se deixava passar as cem estrelas que se sucederiam a cada dois minutos. No microfone, Frédéric Mitterrand logo desenrolaria seu novelo romântico — já havia começado!

A Croisette havia sido fechada nas duas extremidades: só podiam circular os carros oficiais que já se apresentavam, bandeirolas ao vento. Abria-se a porta, a multidão gritava um nome, a estrela descia, atenta a seu vestido, agitava a mão, mandava beijos. Depois se prestava às exigências dos fotógrafos que, amontoados em plataformas móveis, berravam seu nome em altos gritos repetidos. Em frente, os chamados redobravam. A estrela girava, sorria, girava mais uma vez, até que o mestre de cerimônias lhe fizesse sinal de avançar. Algumas faziam o deleite se estender. Depois se dirigiam a passos lentos para as escadas vermelhas. No patamar, elas se viravam, oferecendo à multidão seus olhos brilhantes e seu melhor perfil. Pelos clamores que subiam da esplanada, a cada movimento se media a popularidade. Então elas se iam denovo, cumprimentando na passagem a direção do Festival. Pierre Viot apertava demoradamente suas mãos nas dele. Tenho lembrança de estrelas, como Sharon Stone, Elisabeth Taylor ou Madonna, surpresas de se ver beijadas nas duas faces por um cavalheiro jovial que elas não conheciam. Habitualmente, os ministros se afundam nesse banho de glória como Popeia em seu leite de burra, mas dessa vez não haveria ministro: Douste-Blazy, apunhalado por um louco em Lourdes, se recuperava lentamente.

A guarda usara sabre desembainhado. Jeanne Moreau pedira para abrir o baile. Seu traje de Arlequim encarnava o *patchwork* de elegância que se seguiria. Estavam todas lá, as grandes damas (Lauren Bacall) e as jovens (Irène Jacob), os aristocratas (Vittorio Gasmann, Charlton Heston) e os príncipes herdeiros mais *british* que o natural (Hugh Grant), os belos incas melancólicos (Johnny Depp) e os Valmont de voz suave (John Malkovich). Scorsese parecia ter escurecido ainda mais as sobrancelhas. Enquanto Gasmann exibia uma dignidade de monarca, Geena Davis e Renny Harlin fendiam a multidão como altos *vikings* incestuosos. E Gina avançava, rainha de Sabá em aposentadoria antecipada, portando bravamente sua tiara. Anouk Aimée tinha escarpins com laços sob um vestido assimétrico. Esbelta, Alessandra Martines tocava de leve o braço de Claude Lelouch; Liv Tyler tinha movimentos de corça; Lena Olin estava elegante e, atrás das plumas de seu boá, Andie MacDowell sorria. Apareceu então Sigourney Weaver com seu olhar de brasa e sua covinha dupla. Do alto da escadaria, ela mandou um beijo para a multidão e desapareceu na sala. Depois, enquanto Liv Ulmann me acariciava o braço gentilmente, Angela Basset se insinuou atrás de nós, atriz de pele tão perfeita que sua maquiagem se reduzia a nada...

Era um assombro, uma verdadeira festa para os olhos. Eu não lamentava as batalhas que precisara travar para que dessa vez, apenas dessa vez, o tapete vermelho ficasse livre dos outros espectadores. Depardieu já subia a escadaria, segurando a mão de Carole Bouquet. Perto deles, Jeremy Irons, Judith Godrèche e Leonardo DiCaprio — toda a equipe do *Máscara de ferro*. Mas o antigo prêmio de interpretação se eclipsou: à cerimônia, Gérard preferia o jornal das vinte horas da TF1. Com a chegada de Stallone, a alegria subiu um grau na esplanada. Enquanto ele ficaria horas brincando entre as alas de fotógrafos, a discreta Claudia Cardinale se insinuou na sala, com chapeuzinho vermelho...

Martelaram-nos bastante os ouvidos com as novas estrelas que supostamente substituiriam as estrelas de cinema: as *top models*, os apresentadores de televisão, as estrelas do rock, os jogadores de futebol? Hoje, os atores haviam descido do Olimpo, e, em matéria de adoração amorosa, não havia equiparação com nenhuma outra categoria.

OUTROS TEMPOS, OUTRAS VEZES

Na grande saga do Festival, não se incluem mais, claro, os gloriosos atropelos. Eu me lembrava do quadragésimo aniversário, em 1987, em que Yves Montand, Paul Newman, Catherine Deneuve, Joanne Woodward, Charles Vanel, Monica Vitti, Claudia Cardinale, Jon Voight, Sophie Marceau, Dominique Sanda, Michael York e Elliot Gould haviam esperado Liz Taylor durante uma hora. (Um atraso que os historiadores compararam ao da princesa Margaret em 1966!) Uma espera tanto mais interminável porque apresentávamos nosso primeiro filme-montagem, *Le cinéma dans les yeux*, e estávamos mortos de medo... De ver que se tinha começado sem ela, o nariz de Cleópatra se alongou, e quando ela enfim se enfiou no camarote, o trecho que a mostrava em *Um lugar ao sol* já passara...

Mais longe ainda no espaço-tempo (era no antigo Palais), eu me lembrava da chegada em grupo, em 1976, das velhas glórias de *Era uma vez em Hollywood*: os fabulosos Fred Astaire, Gene Kelly, Cyd Charisse e Cary Grant, seguidos de Donald O'Connor, Marge Champion e Leslie Caron, retratos pungentes de alguns deuses de nossa juventude, todos vindos à abertura do Festival para esboçar um passo de dança melancólico, um minuto de sapateado de brincadeira ou, para Johnny Weissmuller, um último grito numa selva sem cipós. Mas era a última valsa de uma geração. O sentimento de um tempo que não existiria mais. Ao contrário, Kate Winslet e Kenneth Branagh, que passavam diante de mim no presente, eram cinema de hoje e de amanhã, ao menos assim se esperava.

O TRASEIRO DE VICTORIA

A esse engarrafamento de estrelas, a chegada do júri ofereceu um suplemento de glamour. Adjani pusera um conjunto de cetim amarelo. Mas nem seu colar de diamantes nem a capa com palmas bordadas conseguiriam afastar os olhares de seu rosto. A baudelairiana Mira Sorvino desprendia calma, luxo e volúpia. Enfim, esquecendo dessa vez sua máscara impávida, Gong Li, como outrora Garbo, se pôs a rir. Uma expressão alegre apareceu em seus lábios e, sob a plumagem de cisne negro, não se viu mais que uma simples vontade de se divertir numa jovem chinesa de hoje.

Divertir-se era o que Victoria Abril também queria. Ela e o costureiro Jean-Paul Gaultier tiveram a ideia de brincar de granada sem pino. Ela usava apenas um vestido preto muito curto: nada que incomodasse a polícia de costumes, mas enquanto passava na frente dos gendarmes em traje de gala, vimos que o decote das costas, fendido de alto a baixo, se abria sobre um traseiro tão perfeitamente recortado quanto uma lata pelo abridor. Só Katherine Hepburn ousara mostrar as nádegas em público, mas fora num filme. Victoria se adiantou bem real e, como esperado, seu traseiro fez furor. Sem dúvida, ela teria ficado bem embaraçada se um grosseirão tivesse agarrado o agradável convite. Mas, como todo mundo sabe, não há grosseirões no Festival de Cannes. E a foto deu a volta ao mundo...

A MÃO DE ANJELICA

Foi por uma estranha melopeia que se iniciou o espetáculo de Philippe Decouflé. Sobre fundo de flauta e percussão, um grande olho azulado girou lentamente como uma lua suspensa ao longo da cortina de palco. Depois, três dançarinas com véus brancos, falenas rodopiantes, se animaram numa cintilação leitosa: seus corpos desnudos eram riscados por fragmentos de filmes e de luz, e era belo como um curta-metragem de McLaren quando ele pintava diretamente a película. Dançarinos de fraque; equilibristas. Pequenos passos de dança multiplicados, calidoscópios, reflexos infinitos, figurinos que se ampliam ao som de um xilofone, cisnes, flores, rosáceas, estrelas-do-mar, pirilampos, combinatória de sonho e vigília em que dois homens de cabeça raspada dançam fronte contra fronte; essas rajadas de poesia introduziram a entrada de Jeanne Moreau em seus trajes de Arlequim.

— Esta noite é dedicada a Marco Ferreri. Tua peregrinação chegou ao fim; vai, meu amigo, vai, meu irmão... — diz Jeanne. A sala fica atenta. E Jeanne, antes de chamar os ganhadores de Palmas de Ouro, diz: — Eu lhes peço, aplau dam apenas no fim... — Grandes bandeiras brancas se elevaram então, agitadas por dançarinos tornados invisíveis por *collants* e capuzes pretos, e enquanto Jeanne desfiava os nomes, um de cada vez veio postar-se em semicírculo diante dos gigantescos espelhos que Decouflé mandara montar. Então todo mundo compreendeu o que aquele dispositivo, tão simples e tão bem introduzido pela dança, tinha de engenhoso. O público da sala se descobria nos espelhos que o refletiam e esse reflexo devolvia igualmente a figura dos cineastas. Eco refletido ao infinito e cujo efeito, onde quer que se estivesse sentado, era emocionante. Os mais antigos por ordem cronológica já haviam entrado. Vinte e oito homens e uma mulher, muitos vindos do fim do mundo, representando a maior reunião internacional de diretores, se alinharam diante de uma plateia de estrelas e de diretores que teriam gostado muito de figurar no palco.

Não havia sobreviventes de Palmas anteriores a 1961. Então Henri Colpi entrou primeiro. O autor de *A longa espera do passado* exibia um paletó amarelo-açafrão. Anselmo Duarte, o brasileiro, se juntou a ele, mas infelizmente não havia Visconti nem Jacques Demy para os anos seguintes. Sucederam-se então Richard Lester e seu crânio de intelectual calvo, Claude Lelouch, encantado de estar em companhia de Antonioni e de Robert Altman, Francesco Rosi, Jerry Schatzberg e Alan Bridges, Coppola seguido de Lakhdar Hamina, cujo rabo de cavalo, o ar radiante e o lencinho escarlate logo se multiplicaram nos espelhos. Depois Martin Scorsese, os irmãos Taviani, Vittorio retirando imediatamente seu célebre boné, Wajda e Imamura, que se adiantava com dificuldade enquanto as bandeiras se agitavam cada vez mais. Wim Wenders, Emir Kusturica, os olhos erguidos para o céu, Roland Joffé, Bille August não fechavam a marcha, pois restavam Steven Soderbergh, Joel e Ethan Coen e David Lynch, com o estranho chapéu com penacho. Enfim, foram Chen Kaige, com ar descontraído, depois Mike Leigh, e assistimos a vizinhos tão fabulosos quanto Coppola e Scorsese trocando breves apartes.

Nesse instante, Jeanne Moreau veio mais uma vez até nós, alegre. Como ela fizera bem em recusar antecipadamente o aplaudímetro da popularidade!

— E agora: *standing ovation* — liberando assim o entusiasmo contido até então. Foi uma imensa, uma ruidosa aclamação. Levantando-se de um salto, o público se pôs a bater palmas, o balcão acompanhando esses aplausos com um fragor de pés retumbante como um terremoto. Charlotte Rampling, Roman Polanski, Lauren Bacall, Jeremy Irons, Sidney Pollack, Vanessa Redgrave, Gabriel Byrne, Johnny Depp, Daniel Auteuil, John Hurt, Pedro Almodóvar, Helen Mirren, Terence Stamp, Michel Blanc e todos os que citei aplaudiam ruidosamente. Dennis Hopper soltava bramidos de alegria. Cada um sentia que se escrevia diante de si uma página da história do Festival e desejava que aqueles longos minutos durassem para sempre. Tive tempo de ver Sigourney Weaver trocar um bonito movimento de cabeça com seu marido, como para dizer: a classe... Logo lágrimas apareceram nos olhos de muitos, inclusive nos dos ganhadores de Palmas de Ouro, que, surpresos com tal entusiasmo, acabaram por aplaudir também. Pelo eco dos espelhos reverberando essa salva de palmas coletiva, estabeleceu-se uma comunhão entre o palco e a sala. Assim, dessa vez o público mais *blasé* do mundo se abandonou a sentimentos verdadeiros porque um espetáculo como aquele era o fundamento de sua própria vida...

Estávamos sentados, minha mulher e eu, perto de Hugh Grant e de Elizabeth Hurley. Sem poder conter as lágrimas, eu afundara na poltrona, tomado pela emoção, quando a mão de Anjelica Huston, sentada bem atrás de mim, veio pousar em meu ombro e ali ficou um momento. A tensão fora muito forte e percebi de uma só vez toda a dificuldade que havíamos tido para que o sonho se materializasse. Agora era preciso acalmar-se, voltar à terra...

A PALMA DAS PALMAS

Enfim, foi a vez da Palma das Palmas:

— Jane Campion, *please* — diz Jeanne —, *can you tell us who has won.*

— Ingmar Bergman — diz Jane simplesmente, e sorri.

Então Jeanne chamou Harriet Andersson, Bibi Andersson, Gunnel Lindblom, Lena Olin... Como eram belas, finas e delicadas essas atrizes tão invejadas por ter representado as heroínas bergmanianas! Elas avançaram sucessivamente, correndo até o palco com aquele ar de família que as tornava únicas. Enfim Liv surgiu, portadora daquela Palma concedida por todos os que haviam ganhado a Palma de Ouro àquele que já deveria tê-la recebido. Ela chamou sua filha Linn, que se aproximou, trêmula. Liv teve então um gesto comovente. Deu um beijinho gracioso no pescoço da filha, como para lhe dar coragem.

Embora não fosse atriz, mas jornalista, Linn parecia em seu ambiente entre aquele quinteto em uníssono. Eu pedira que elas se agrupassem, prestes a rodear o mestre sueco se ele tivesse podido vir. E era delicioso ver as mulheres de Bergman animadas de um tão doce vigor.

— Meu pai me encarregou de lhes pedir que perdoem um homem velho por não estar aqui esta noite — começou Linn com voz hesitante. — "Mas", diz ele, "depois de ter, por anos e anos, jogado com imagens de vida e de morte, a vida me alcançou e agora me sinto tímido e frágil. Com honra e humildade, digo obrigado a cada um de vocês."

Foi no Palácio dos Festivais, em Cannes, no domingo, 11 de maio de 1997.

69. Catherine

Embora sofrendo, reconheço-o de bom grado, de um leve preconceito, creio ser o Festival de Cannes um lugar único para inspirar a adoração. Dessa vez não é de uma americana que se trata. Não nos conhecemos intimamente, mas cruzei muitas vezes com Catherine Deneuve ao longo de nosso itinerário cinematográfico, e deu para perceber isso ao longo deste livro. Como todo mundo, sucumbi à sua sedução em Polanski, Buñuel, Demy, Cavalier, Deville, Truffaut, Berri, Corneau e, sobretudo, em Téchiné, de quem ela é um pouco a inspiradora. E guardo a lembrança maravilhada de Catherine em Jean-Paul Rappeneau (sua maneira de morder uma maçã ou de provocar Noiret em *A farsa do amor e da guerra*) e em Marco Ferreri, em *Liza*, em 1972, em que seus perturbadores cabelos loiros e seu ar inatingível a tornam muito simplesmente de uma beleza inaudita.

Uma noite de 1997, Catherine Deneuve esperava nos bastidores para entregar a Palma de Ouro. Catherine vem a Cannes como um soldado em serviço, mas não esconde que não acha isso a coisa mais divertida do mundo. Olhando-a aquela noite, eu dizia a mim mesmo que ela viera dezessete vezes em seleção oficial sem jamais receber o prêmio de interpretação que merecia sem a menor dúvida. E prometi a mim mesmo que um dia entregaria uma

Palma de honra a ela também. O que fiz, de surpresa, nos anos 2000, a pretexto de fazê-la dar uma "lição de cinema". Uma Palma por aquele ar solitário e naturalmente elegante, uma Palma por seu porte altivo, uma Palma por sua fotogenia. Por tudo que ela representa. Pelo prazer de dar prazer.

Para sua atuação de 1997, ela entrou no palco num vestido verde cor do Nilo, e a metade masculina da sala se viu como Yves Montand em *O selvagem*. Ela entrou, irradiante da beleza solar da estrela em tempo integral. Salvo para a composição de um papel, não se imagina Catherine mostrando-se despenteada, e ninguém poderia contestar que, passados cinquenta anos, ela continuava a ser aquela obra-prima de elegância e de harmonia. Ela entrou e, a partir daquele momento, só se teve olhos para ela. As outras, todas as outras, não existiam mais. Catherine recitou seu pequeno cumprimento: uma lembrança de sua primeira visita a Cannes com *Os guarda-chuvas do amor*, a Palma de Ouro que Jacques Demy ganhara e que agora ela ia entregar; a alegria de receber, o prazer da oferenda... Ela tinha horror de falar em público (por isso nunca aceitara a presidência do júri, simplesmente a vice-presidência, e porque o presidente aquele ano era Clint Eastwood), mas apenas uma ínfima fixidez se arriscava a traí-la. Ela não cedeu ao pânico e corou de prazer ao se ver assim rodeada (as duas Palmas em conjunto agora tinham sido anunciadas) por um cineasta iraniano (Kiarostami) e por um ator japonês (o de Imamura, ausente). Eles três encarnavam o cinema mundial naquela foto que seria publicada em toda parte, justamente. De repente Catherine teve a impressão de ser a última mulher ocidental sobre a terra e essa ideia lhe agradava muito.

70. O jantar

ZELDA

Estávamos ainda no inesquecível, no tempo suspenso da noite do aniversário. Agora se tratava de voltar ao mundo real. Saímos. Um estranho encanto aureolava a noite. A alguns passos, diretamente na praia, a tenda se abria para um imenso vestíbulo que dominava a sala. Havia algo do Campo do Pano de Ouro* naquele tecido escarlate e nas vastas janelas que dominavam o mar. Ao largo, sob uma garoa marinha, cortinas de água matizavam os contornos de uma palmeira.

Grupos de convivas já se sucediam. O ar começou a vibrar de conversas e de risos. Copos, prataria e louça enchiam as toalhas bordadas de flores pálidas. Mas o que maravilhava eram aquelas dezenas de lustres pendentes do teto, banhando as mesas com uma luz suave que dava à pele das mulheres um brilho leitoso. Era como se Zelda fosse aparecer, provocante e já alegre num vestido que a desnudava. Em seu lugar, foram Jeanne, o riso e o cabelo semeados de lantejoulas douradas, Gina, Claudia, Barbara, Isabelle, Sigourney e seus mala-

* Nome como se tornou conhecido local próximo a Calais, na França, onde se deu encontro histórico entre o rei Henrique VIII, da Inglaterra, e o rei Francisco I, da França. (N. T.)

res pronunciados, Geena, Charlotte, Andie, Vanessa, a sensual Angela, Anouk e as outras, todas as outras. Cartier, que também festejava seu aniversário, tirara para a ocasião seus tesouros históricos. Não se havia assaltado os cofres da burguesia, mostraram-se as joias dos reis. Outra diferença era que ali se tratava de uma noite única, entre artistas vindos do mundo inteiro e muitos dos quais não se conheciam. Amizades se formavam, tentava-se seduzir.

De repente um grandalhão ergueu os braços e uma nuvem de garçons e de *maîtres* saiu correndo das cozinhas em direção às mesas, enquanto em volta os *sommeliers* não paravam um instante. Quando, por uma noite, o mundo se engrandece assim, é bom que um incidente minúsculo, cuja trivialidade se presta ao riso, o reduza à sua dimensão familiar. Minha vizinha de mesa, Emmanuelle Seigner, pedira uma cerveja, o que, transmitido à cozinha, teve o efeito de um trovão despropositado. Trouxeram-lhe a cerveja. Emmanuelle ergueu os olhos para mim com ar travesso.

— Estou maravilhada — exclamou ela alegremente, sacudindo os ombros arredondados. Bebeu um gole, pousou seu copo e três segundos mais tarde a garrafa rolava na minha direção, espalhando-se no meu smoking... A julgar por seu ar ingênuo, não fica excluído que o tenha feito de propósito.

Passado o primeiro instante de surpresa, Gérard Jugnot e Michel Blanc, sentados conosco, se revezaram para deixar minha vizinha mais embaraçada.

— Roman sempre diz que sou insuportável — me confiou Emmanuelle para se desculpar —, você também acha? — Seus olhos exprimiam alegria de viver, um pouquinho de embriaguez. No dia seguinte, mandei-lhe uma caixa de cerveja.

Eu ia cumprimentar os convidados ao acaso dos vãos entre as mesas. Christophe Lambert me pareceu rosado como se saísse de um banho fervente. (Por ocasião de um jantar, esse humorista me fizera carregar uma ficha onde escrevera: "três molhos* seguidos, veja só!".) Barbara Hendricks tinha um decote acentuado num leito de rendas vermelhas. Coppola mantinha seu ar de professor gorducho. Até Scorsese se divertia. Apertei ainda algumas mãos, mas àquela hora avançada de um dia tão cheio eu não teria reconhecido minha própria mãe. A sobremesa, um bolo artístico, se aproximava. E com ela os dis-

* *Sauce* (molho) em gíria francesa também significa ejaculação. (N. T.)

cursos, as fotos, novamente a Palma das Palmas... Era mais do que eu podia aguentar, e pressionei a mão de minha mulher.

— Quando você quiser — me soprou ela.

Escapamos para fora um depois do outro. A chuva parara e a calçada brilhava. Assinalando a linha dos hotéis, uma rede de pequenas lâmpadas iluminava a Croisette. Batendo os pés para se aquecer, uma multidão de motoristas esperava, em pequenos grupos. Eu tinha as pernas bambas, mas o coração exaltado, e seguimos o mar, a cabeça ainda cheia das horas que acabávamos de viver. A água marulhava docemente contra o pontão do Majestic e ao longe se ouviam os acordes ruidosos dos bailes populares autorizados pela prefeitura para a ocasião. As ruas estavam enfeitadas. Um perfume de loendros subia dos jardins onde raros curiosos ainda se divertiam. Suave era a noite.

71. Intrépida Juliette!

Entre todas as atrizes que ponho nas nuvens, há uma que ocupa um lugar muito particular. Os críticos de cinema a incensam em Carax, Kieslowski, Minghella, Rappeneau ou Haneke, eles têm razão, mas eu a amo ainda mais quando é ela mesma, mulher desabrochada na verdadeira vida. Naturalmente, como disse Truffaut citado por Jean-Marc Roberts, nunca se deve forçar a porta daqueles que admiramos. Mas adoro representar na sombra, em segredo mesmo, o papel do admirador de serviço. Olhar Juliette Binoche é inventá-la. Não estou entre seus íntimos, mas há uma coisa que sei, é que ela é dupla. Há a Juliette de ar sério, aí, com certeza, somos seduzidos pelo charme e pela malícia de seus olhos pretos, profundos, vivos, inteligentes. Quando está alegre, as coisas se complicam, o nariz como o de Julia Roberts se franze, vemos seus dentes de brancura imaculada, como pedrinhas recuperadas do Pequeno Polegar. E seu riso não se descreve.

Juliette e eu nos enviamos de tempos em tempos fotos feitas por cada um de nós, uma recente paixão comum que ficou clara num dia de projeção na Central de Cinema onde não fui capaz de reconhecê-la. Que vergonha! Felizmente, a inteligência torna as mulheres brincalhonas: percebendo minha confusão, ela veio sentar ao meu lado e ficamos nos conhecendo melhor (peço desculpas por isso ao diretor do filme).

Mas quem é, afinal, Juliette Binoche? Uma atriz? Evidentemente sim, e uma grande atriz. Se surge do fundo de uma piscina azul, anda de um lado para o outro na Pont-Neuf como bela aventureira, salta de um avião com paraquedas, fotografa de espartilho uma Lena Olin tão sensual quanto ela, cuida como terna enfermeira de um doente amnésico ou cavalga à rédea solta na Provença de Giono, ela se aventura como uma força que se move ao acaso de um itinerário não programado. Com suas palavras, sua inocência no olhar, sua maneira de falar, de rir, de se mover, cúmulo da naturalidade e da simplicidade, ela eclipsa as outras, todas as outras. Hoje, além de pintar, ela escreve e dança. Em geral, os que tocam sete instrumentos não são bem-vistos. Mas quem não pressente que, lançando-se assim nos palcos mundiais em que reina a dança, ela ousa o desafio mais heroico? Quem não sente que ela realiza sua mais bela proeza, num intrépido dom de si mesma, como corajoso soldadinho — e ao diabo o sofrimento de um corpo martirizado para o qual nada a preparou? Ela, que é o retrato escarrado do júbilo e da alegria de viver, tem necessidade de se pôr em perigo para verificar que progride sem descanso e não se deixa apanhar pela rotina. Caso se estudassem as palavras que ela emprega com mais frequência e que lhe caem como uma luva, haveria liberdade, movimento, trabalho, aventura, improvisação, experiência, desafio, fogo, vento, paixão, sacrifício.

Então, Juliette, eu lhe pergunto de uma vez por todas, agora que Ingrid e Falconetti partiram, quando você fará Joana d'Arc?

72. Uma velha amiga

Que vida eu teria tido se houvéssemos ficado em Paris em junho de 1940? Eu teria estado no Carnot, usaria a estrela amarela, seria preso pela polícia francesa, um dia de 1942 de manhãzinha, teria passado pelo Vél d'Hiv, Fresnes ou Drancy e acabaria num campo de concentração. E, jovem demais para escapar, transpor a fronteira e alcançar a França livre, sem dúvida jamais teria voltado. Foi minha mãe quem quis nos proteger e que não disse a si mesma, como muitos judeus: "Essas medidas não nos dizem respeito...". Mas para que reviver hoje um passado que, para nós, não transcorreu assim? Talvez esse pesadelo seja o preço a pagar para voltar a ser o menino que eu era e receber, uma noite de 2007, a carta de um fantasma — ou melhor, de uma fantasma. A carta é longa, numa bela letra regular. É a carta de uma de minhas colegas do Carnot, que me diz ter resolvido arriscar. Ela me viu na televisão, será que sou mesmo o Jacob da sétima série A, que só tinha olhos para Nicole Bernard e não para ela? Ela guardou uma lembrança mais viva dos colegas porque seu pai fez uma pequena vinheta à pena com o nome de cada um dos alunos que figuram na famosa foto de classe com o orientador m. Constantini e a professora mlle. Lahoussoie, ao passo que eu quase a esquecera. Olho a foto, é de fato minha classe, são de fato os irmãos De Huster que, me lembro de repente, não gostavam de judeus; estou usando meu pulôver de losangos, Michel Biffe, sua gola Claudine, e se passaram quase setenta anos... A fantasma me conta sua vida, uma bela vida, com uma família, dramas, prazeres, uma história. Será que vamos nos rever? Hesito, talvez fosse agradável... talvez não. Se ela tivesse continuado a ser a mesma menina, eu já não a teria reconhecido, então em nossa idade... Naturalmente, teria sido ao mesmo tempo estranho e comovente estreitá-la nos braços, dizer-lhe alguma coisa, mas o quê? Que éramos sobreviventes, concebidos durante a crise de 1929, e que nos preparávamos para vir ao mundo enquanto em Wall Street financistas se jogavam pela janela? Ahn, eu não tinha algo mais alegre, mais terno em estoque? Mas que teríamos a partilhar, a não ser uma forte nostalgia da infância, e como redescobrir gestos e risos que teria sido preciso inventar completamente? Temos tão pouco em comum de um passado tão distante e que, na escala de uma vida, se resume a um instante. Quando se encontra alguém pela primeira vez, pode-se fazer um esforço para agradar-lhe, mas aqui, eu estava certo de que nem um nem outro queria saber de uma sedução requentada. Então, por que ela me escrevera? Talvez apenas para saber se eu era de fato eu, se era de fato assim. Pois, enfim, ela se *manifestara*. Parecia ter conservado daquela estranha época uma lembrança mais aguda que eu. Nós nos escreveremos duas vezes, nos contando nossas vidas por carta, preferindo — eu, em todo caso, ela não sei — o mistério do desconhecido à realidade de nossa aparência de hoje. Tanto para um como para o outro, continuamos a ser as crianças do passado.

Interpretei essa carta como uma mensagem vinda de fora me incitando a terminar meu manuscrito. Ela entrara em contato comigo, me informara do que eu devia saber sobre ela depois de todos aqueles anos, agora era a minha vez. Eu bem que tentei evitar, dizer a mim mesmo que essa história de sinais misteriosos de que falei no começo deste livro era uma série de bobagens saídas de minha imaginação. No entanto, a coisa me escapava. Mas, já que meu relato pretendia continuar por si só até sua conclusão, que ele não conte mais comigo.

73. *Amarcord*

Eu me lembro de Helen Scott, americana, obesa e culta, secretamente apaixonada por François Truffaut, que utilizava seus serviços em cada uma de suas estadas em Los Angeles. Como ele se recusava a aprender três palavras que fossem de inglês, telefonava toda manhã a Helen para que, de Nova York, ela encomendasse seu café da manhã ao *room service* do Beverly Hills Hotel.

Eu me lembro de Jean-Pierre Melville distribuindo, do alto de seu chapéu Stetson de aba larga e de seus eternos óculos escuros, gorjetas principescas para os integrantes da equipe do restaurante La Méditerranée, na Place de l'Odéon, depois de os ter mantido em pé até tarde.

Eu me lembro, quando tinha vinte anos, de ter considerado Élina Labourdette a mais bela mulher do mundo, junto com Rita Hayworth. As duas usavam meias pretas, as duas sapateavam. Hoje, meus gostos se orientalizam. Entre Gong Li, Zhang Ziyi e Shu Qi, como escolher?

Eu me lembro de ter encontrado uma definição da televisão. É o lugar onde se convida Michael Douglas, com um francês impecável, e a quem se pede para falar inglês porque há um tradutor.

Eu me lembro de ter visto Chabrol, no Café Le Luco, no Boulevard Saint-Michel, devorar um tablete de chocolate Suchard.

Eu me lembro da recepção do filme *Thérèse*, em Cannes. Vinte minutos de ovação, as pessoas em pé em suas poltronas. Aquela espécie de momento de que se diz: "Eu estava lá". Alain Cavalier me fala nisso ainda hoje. Em vez de se servir desse triunfo para relançar uma carreira artístico-comercial, Alain aderiu, ao contrário, a um cinema intimista, aos filmes de foro íntimo.

Eu me lembro do monóculo de Fritz Lang.

Eu me lembro de Mastroianni vindo a Cannes de avião particular antes de partir novamente para uma filmagem. Mas as pessoas são tolas e maldosas: a partir do (falso) rumor de que o diretor, Tornatore, acabava de ter um ataque cardíaco, o responsável pelas mídias cancelou a coletiva de imprensa. Foi assim que Giuseppe e Marcello, tremendo de raiva, foram levados ao meu escritório, onde os consolei o melhor que pude e lhes servi um *espresso*. Foi assim, igualmente, que Marcello, acompanhado até seu carro, me disse com sua inesquecível voz de barítono:

— Em suma, vim a Cannes para tomar um café com você. — E compreendi que nem sequer era um bom *espresso*.

Eu me lembro, ao chegar um dia ao embarcadouro do Lido, de ter dito a meu vizinho de *motoscafo*:

— Como estava Praga? — Eu acabava de tomar Bertolucci (que conhecia muito bem) por Milos Forman.

— Você deve estar enganado — soltou Bernardo, com falsa delicadeza. O que prova que se pode ser fisionomista, mas distraído e dado a gafes.

Eu me lembro de Jean-Luc Godard chegando ao palco dos Césars. Foi muito notada sua frase sobre "os profissionais da profissão", mas um pouco menos do que o fato de ele conservar seu impermeável no braço, sinal de que não ficaria.

Eu me lembro de que o grande Satyajit Ray, convidado para o júri nos anos 1970, cancelou no último momento, o Festival tendo feito a asneira de lhe mandar uma passagem de avião em classe econômica.

Eu me lembro de minha avó me dizendo:

— É uma pena ficar enfiado em casa com esse tempo bom.

Eu me lembro de Michel Piccoli subindo na mesa da sala de jantar onde eu acabava de lhe entregar um troféu e protestando, em sua maneira falsamente brusca e verdadeiramente afetuosa:

— Detesto ser tomado por um homenageado.

Eu me lembro de uma réplica de *Zero de comportamento* que pusera como epígrafe de um de meus primeiros artigos: "Senhor, ele pode ir lá, ele está com dor de barriga?".

Eu me lembro de ter proposto, no tempo de sua glória, a Michael Ovitz, grande agente hollywoodiano, diretor da CAA (Creative Artists Agency), dar um coquetel em sua honra, em Cannes. Manhoso, ele declinou nestes termos:

— Mas quem viria?

* * *

Eu me lembro do júri de Veneza em 1990, do qual era membro. Gore Vidal era presidente. As mulheres, muito feministas, se opunham aos homens, mais interessados por filmes em que prevalecia a direção. Dois, sobretudo, permaneceram na arena: um filme escandinavo do qual caridosamente me esqueci do título, mas não de que o diretor era uma diretora. Estávamos quatro contra quatro, e o voto de Omar Sharif ia fazer o veredicto pender para um lado ou para o outro. Omar declarou:

— Voto como as mulheres, elas sabem mais do que nós.

Diante dessa abdicação, foi preciso que o diretor do festival, Guglielmo Biraghi, um homem culto que fazia coleção de conchas, viesse suplicar ao júri que reconsiderasse seu voto: ele receava, dizia, ser demitido depois do escândalo que essa decisão não deixaria de provocar. Reconsiderou-se: foi assim que *Rosencrantz e Guildenstern estão mortos* ganhou o Leão de Ouro e o refinado Guglielmo não foi decapitado.

Eu me lembro de Louis Malle e Sven Nykvist filmando um ouriço na estrada de Lugagnac (Lot): eu fora entrevistar Louis na filmagem de *Lua negra* e ele me mostrara sua carteira de identidade. Profissão: truficultor.

Eu me lembro, em discurso de homenagem a Max von Sydow, de ter elogiado "seu aspecto de belo burgrave com a aquavita dada à tristeza". Depois disso, fomos brindar.

Eu me lembro de ter almoçado com Alain Resnais e de ter pensado, ao vê-lo afastar-se em seguida, na avenida — tênis, mochila, passos largos —, que ele estava cada vez mais parecido com o jovem botânico de *Cinco semanas em um balão.*

Eu me lembro de ter sido ator em *Estressadíssimo*, de Michel Blanc. Eu fazia meu papel de diretor-geral que precisa, com urgência, encontrar um quarto num grande hotel para o célebre ator Michel Blanc. Eu propusera a Michel um ligeiro desenvolvimento em que pegava em sua carteira uma nota com a qual apertava a mão do recepcionista. Michel achou que isso alongaria a cena.

Eu me lembro, em *À nos amours*, do pai (representado por Pialat) dizendo a Sandrine Bonnaire que ela tinha apenas uma covinha, e de ter prometido a mim mesmo verificar se continuava ali.

Eu me lembro, ainda a propósito de Sandrine, de ter passado a noite com ela. Era a filmagem de *Femme fatale*, em 2001, em que eu fazia papel de mim mesmo. Sandrine encarnava a atriz principal de um filme supostamente em competição e eu a recebia na escadaria. O diretor, Brian de Palma, imaginara um movimento de câmera complicado, recomeçava-se incessantemente e, para manter Sandrine acordada, eu me empenhava o melhor que podia para fazê-la rir. No fim, Brian, irritado, correu para mim:

— É costume rir assim na escadaria?

Eu me lembro de ter recebido várias vezes Jane Fonda no Festival. Por *Amargo regresso*, por *A síndrome da China*, por *Gringo velho*... Mas me lembro principalmente daquele momento mágico em que vi os olhos de Jane ficarem cheios de lágrimas na noite de 2007 em que lhe entreguei sua Palma de Ouro. E também de seu riso discreto quando lhe lembrei aquele dossiê de 20 mil páginas que o FBI reunira sobre sua pessoa, "classificada como subversiva". Para mim, sua verdadeira subversão era ter olhos como aqueles.

Eu me lembro de Emma Thompson subindo a escadaria descalça, de jaqueta de noite e jeans, me oferecendo uma caixa de biscoitos que conservei, sem abrir. Ainda a tenho; em que estado estão os biscoitos?

74. O deslizamento

MAIS UM MINUTINHO

As pessoas acreditam que o desaparecimento de alguém próximo reaviva a lembrança dos seres queridos, que também se foram, mas não é assim. A maior parte das vidas desaparece sem deixar vestígios. Desde que meu irmão partiu, sem que eu tenha tido tempo de fazê-lo ler estas páginas, penso nele, nos meus. Gostaria que sua memória não se perdesse por completo. Quando evoco meus pais, meu irmão, busco também a lembrança de minhas origens, fragmentos de vida que sobem à superfície, vestígios da família. Gostaria que nossa história fosse publicada em grande livro vermelho, com bom cheiro de cola, como os que o reitor do liceu oferecia por ocasião da distribuição dos prêmios. Gostaria de encontrar na capa a imagem em relevo de nossa cadela Muriel quando ela vira suas pupilas suplicantes para minha mulher pedindo para dormir conosco, encostada em nós. Essa família cresce com alguns de meus heróis familiares, François Truffaut está sempre ali, na minha mesa de cabeceira, e nós ainda não nos tratamos por tu. Carlitos se afasta pelas estradas, Woody senta na beira da poltrona e Orson implora um charuto.

O século XX, no qual se situa minha história, foi o de minha família e também o do cinema. Mas este inventário seria mais incompleto ainda se não mencionasse artigos, discursos, filmes, fotos e, enfim, milhares de cartas, sem contar minhas respostas às respostas. Conservei muitos deles, e esse conjunto dará, um dia, uma ideia da atmosfera da época, naqueles anos.

Nos livros de memórias às vezes subsiste uma lembrança que volta, a descrição de uma fotografia (não me privei disso), *a* cena de um filme amado.

Eu vi muitas vezes aquela, em *Cidadão Kane*, em que o jornalista consciencioso vai consultar os anais de Charles Foster Kane. Ele é introduzido numa sala gigantesca, fria, intimidante. Os passos da bibliotecária muito masculinizada ressoam sinistramente. A encadernação está empoeirada. A porta volta a se fechar com um estalo de cofre-forte. Uma luz crua, brutal, desenha um cone que aprisiona o repórter. E sua leitura começa...

De minha parte, gostaria de que, num lugar mais alegre, por exemplo, a bonita salinha de uma cinemateca calorosa, numa prateleira acessível e arrumada, um estudante das futuras gerações viesse folhear esses arquivos, para fuçar o que podem ter sido todos esses anos, esses tempos para ele desconhecidos. Não foram por certo os mais infelizes de minha vida e o cinema tampouco ia mal, ao que parece.

Quem prescreveria essa coleção, se consentir nisso, seria Nicole Petit, que me protegeu, no escritório, durante esse período bem cheio. E à noite, quando soasse a hora do fechamento, ela iria procurar o estudante.

Ele lhe diria:

— Tenho mais um minutinho?

E ela responderia:

— Não estamos com tanta pressa.

GENEALOGIA

12 de setembro de 1902, 2h30 da manhã, carta escrita à mão em papel timbrado da loja Paris-Fashion, Boulevard Saint-Michel, 31, telefone 810-52. À esquerda da folha há uma moldura em forma de quadro contornado, e o texto diz: "Enxovais para Cavalheiros, Artigos de Esporte, Seção Especial para a Medição, Casa renomada pelo bom gosto de suas criações". E a carta, numa letrinha fina e inclinada, dirigida a mlle. Marguerite Salomon, Place du Théâtre-Français, 5, diz:

Margot adorada, estou contente. A noite foi boa porque me fizeram uma promessa formal para dentro de um mês o mais tardar.

Essa carta do além, escrita por Lambert Lévy, meu avô, arrancando de minha avó uma promessa de casamento, me ensina mais sobre minhas origens que muitas histórias antigas contadas por meus pais. Farejando-a, tenho a impressão de sentir sua tinta como se ainda estivesse fresca.

Pelo lado paterno, uma árvore genealógica remonta a quatro gerações e indica que meu tataravô "Abraham Jacob faleceu em 27 messidor do ano 2 em Borst, atualmente Forschwiller". Mostra também que, ao contrário da história que se transmite na família, meu avô Jacob não tinha oito irmãs. Do lado de minha avó paterna, Jeanne Weil, nascida em Colmar, na Rue de l'Eau, 16 (o trecho de rua não existe mais), seu pai, Moïse Weil, nascido em 19 de janeiro de 1822, era negociante em Haguenau, e seu avô, Hercule Weil, era vendedor ambulante no século XVIII. Não se sabe muita coisa sobre eles, de fato absolutamente nada, salvo que, durante gerações, seu problema foi de sustentar sua família.

1965. Meu primo François, filho de Simon, que implicava comigo em Grenoble, recebe o prêmio Nobel de Medicina, em Estocolmo.

1941. Meu irmão Jean-Claude e eu corremos para o sol já alto no jardim do Hermitage, em Cimiez. É verão, somos crianças e corremos. Vamos nos enfrentar durante horas na quadra de tênis do hotel, nos remetendo bolas que, de tanto serem lançadas, perderam todo vestígio de seu envoltório penugento. Há uma foto que mostra o imenso jardim. Na frente de uma palmeira que cresce bem no meio do pátio de entrada, um letreiro: trevo. Mas não há mais gasolina. Agora que olho a foto, revejo o jardim onde eu era rei e cujas alamedas descem em suave declive para Carabacel. Um hectare, para uma criança, é o bastante para construir um império. Há palmeiras, moitas, arbustos que cheiram bem, principalmente um, maciços de flores, jardineiros, árvores raras, gramados que serpeiam, arcos que os margeiam e aqueles perfumes fortes do sul que sobem da terra regada por irrigadores. Zumbidos de insetos também. Os insetos: cá estamos! Correndo pelos terraços já quentes, chegando ao lugar onde há degraus, quis me agarrar a um arbusto e senti uma dor violenta, olho minha mão, ela está lá, morta por ter me picado, a abelha está lá, presa entre meu anular e o dedo médio, ela me causa horror e não sei como me livrar dela. Esther Agid (Alex, seu marido, é o proprietário do Hermitage), que passeia com seu poodle, percebe o drama que está se desenrolando, abaixa-se, me toma nos braços, retira o ferrão, solta a abelha; seu cachorro me lambe, preciso de afeição, de compressa fria, de quarto escuro... Na foto, Esther está cercada por seus filhos, já grandes. Todos estão em pé, vestidos para a ocasião. Jean-Claude e eu estamos sentados na frente, de calças curtas e casaco, em cadeiras de ferro, eu as reconheço, são feitas de tiras flexíveis pintadas de verde, cadeiras de jardim, mas se a gente não presta atenção e enfia a mão ao sentar, os dedos são cruelmente beliscados. Estávamos ali, a alguns dias da chegada dos nazistas, e eu me incomodava com picadas de abelha e cadeiras que machucam. Podemos nos deixar distrair dos verdadeiros horrores por tão ínfimas contrariedades?

22 DE JUNHO DE 1930

Acordei cedo, sem saber muito bem o que fazer de meu dia. Agora estava mais ou menos formado, estava bem. Não tinha nenhuma boa razão para sair de meu esconderijo líquido, mas já era tempo. Destinado à escola de Hollywood, eu precisava de um final feliz. Era o dia 22 de junho de 1930 e, segundo meu signo astral, o acontecimento estava previsto para as onze horas. Se meus cálculos estavam certos, ainda podia ficar tranquilo por duas horas. Melhor aproveitar minha primeira juventude. No interior do santuário, estava escuro. Aproximei-me da parede úmida e lisa e ali colei minha orelhinha. Ouvi ruídos surdos, o arquejo sibilante de minha mãe e uma voz desconhecida que lhe dava uma ordem. Eu não conseguia me levantar. Dizia a mim mesmo que precisava que alguém me ajudasse e não sabia quem chamar. Um momento intenso, em todo caso. Alguma coisa era iminente, mas o quê? Sentia-me amarrotado e ligeiramente febril. No momento em que percebi que não tinha nada para vestir, uma espécie de maremoto me arrastou mais para baixo, me oferecendo uma vista de tirar o fôlego do interior de minha mãe, no entanto mal iluminado. A visita guiada não me tentava, mas, sem querer, desci a ladeira no ventre. A caverna fazia uma curva, depois fiquei preso num corredor estreito.

Não encontrava palavras. Podia muito bem notar que era uma estreia, como a descida das corredeiras em *Uma aventura na África*, mas tinha de agir sozinho. Decidi não me afastar muito. Para me libertar, eu deveria me transformar em barquinho, estava prestes a consegui-lo quando avistei um clarão. Músculos à minha volta se contraíam, vasos se dilatavam, toda uma maquinaria se punha em movimento com intervalos regulares. Aquela caverna me agradava. Bem que eu ainda tiraria uma soneca, mas me pareceu que era esperado. Bastava se deixar levar para ser aceito no mundo? Não era um episódio a ser tratado levianamente, oh, não! Avancei de cabeça para a frente, mas avancei. Fazia calor. Eu não podia voltar atrás, mas isso me era indiferente. Agora eu estava pronto. De repente, tive consciência de ser expulso. O liceu Carnot, o Hermitage, o noviciado do Santo Rosário, Louis-le-Grand, *Raccords*, Jeannette, Toledo, Laurent, Didier, *Um dia, uma gaivota*, *Le cinéma moderne, L'Express*, Cannes, *Au coeur du festival, Chacun son cinéma*, Ilya, Marie, Francine, Ava, Dimitra, *a vida passará como um sonho*, era meu futuro, mas ainda não sabia nada disso. Não tinha outro projeto além de descobrir o solo de meus ancestrais.

Paris Fabas 2004-9

Créditos das imagens

Todas as imagens fazem parte da coleção pessoal de Gilles Jacob, com exceção das indicadas a seguir.

12. © Defait/ *Le Point*
13. © J -P. Lamy
19. © A. Schoenauer
22. © M. Gurrieri
24. © A. Serra/ In Visu/ Corbis
25. © A. Serra/ In Visu/ Corbis
26. © Angeli
27. © B. Rindoff Petroff/ Angeli
28. © D. Angeli, F. Garcia, B. Rindoff Petroff/ Angeli
29. © Gamma/ Eyedea
31. © M. Gurrieri
32. © E. Scorcelletti/ Gamma/Eyedea
33. © J. Andanson/ Sygma/ Corbis
35. © E. Robert, S. Cardinale, T. Orban/ Sygma/ Corbis
36. © S. Cardinale/ Sygma/ Corbis

Índice onomástico

Foram indexados filmes, atores, diretores e certas personalidades do cinema.

ESTA OBRA FOI COMPOSTA POR 2 ESTÚDIO GRÁFICO
EM MINION E IMPRESSA PELA GEOGRÁFICA
EM OFSETE SOBRE PAPEL PÓLEN SOFT DA SUZANO PAPEL E CELULOSE
PARA A EDITORA SCHWARCZ EM MAIO DE 2010